Ginette Raimbault

Trauernde Eltern

Ginette Raimbault

Trauernde Eltern

Isadora Duncan,
Sigmund Freud,
Gustav Mahler,
Eric Clapton –
Wie sie den Tod eines Kindes erlebten

Aus dem Französischen
von Christel Gersch

Argon

© 1996 by Editions Odile Jacob, Paris
Titel der Originalausgabe: Lorsque l'Enfant disparaît

© 1997 für die deutschsprachige Ausgabe
by Argon Verlag GmbH, Berlin
Alle Rechte vorbehalten
Der Verlag dankt dem Ministère français chargé de la Culture für seine
freundliche Unterstützung bei der Veröffentlichung dieses Buches.
Schutzumschlag: Vera Bauer, Berlin
Layout und Satz: Petra Florath, Berlin
Druck und Bindung: Clausen & Bosse, Leck
ISBN 3-87024-383-X

Inhalt

Einleitung

Gegenstand und Methode 9

Historische Rückblicke 15

Das Haus ohne Kinder! – *Victor Hugo*

Dichterliebe 27

Sophie und Léopold – Victors Kindheit 28

Sophies Fluch 31

Pauca meae – Léopoldines Tod 38

Macht und Ruhm 47

Verschwundene und Wiedergänger 53

Ein Nachmittag im April – *Geneviève Jurgensen*

Schreiben, um nicht so zu leiden 55

Leben, um zu verstehen – verstehen, um zu leben 60

Das Rätsel der Trennung 63

Nichts ist schlimmer als Schweigen und Einsamkeit 66

Kinderwunsch 68

Tears in heaven – *Eric Clapton*

»Kinder ohne Mutter« 73

»Tears in heaven« 76

The Swan in the Evening – *Rosamond Lehmann*

»Hand in Hand mit Sally« 81
Romanautorin zwischen den Kriegen 83
Erste Ehe, erster Roman, das Werk 85
Leitmetaphern 86
Tod und Parapsychologie 89

Kindertotenlieder – *Friedrich und Luise Rückert, Gustav und Alma Mahler, Sigmund Freud*

»Dies ist mein Loos« – Luise und Friedrich Rückert 100
»Mein armer Bruder Ernst« 104
Ahasver 108
Totenfeiern und Siegeschoral 111
Die Auferstehung 113
Auftritt von Alma, Putzi und Gucki 118
Putzis Tod: Die Trauerjahre 120
Das Abenteuer Amerika – Das Paar geht auseinander ... 125
Freud, Mahler, der Tod 131
Der Gnadenstoß 136
Freud, Mahler, der Tod – Zweite Folge 137
Alma nach Mahlers Tod 142
Manons Tod, Almas unendliche Trauer 145

Geschenk der Isis – *Isadora Duncan*

Deirdre und Patrick 156
Revolutionierung des Tanzes 158
Der Irrlauf 162
Tanz und Revolution 170
Adieu, Freunde, jetzt geht es ab in den Ruhm 171

Verfolgt vom Licht der Nacht – *Yuko Tsushima*

»Schreiben schließt immer einen Adressaten ein« 174
Die Tochter des Takasue 177

»Der Tod ist immer derselbe« 179
Sein Kind wiederfinden 180
Die Wiederholung 182
Der Körper meines Kindes 183
Die Krankheit der Trauer 185
Der Vater 188
Das Wirken der Zeit? 190

Ein »Grab« für Anatole – *Stéphane Mallarmé*

Tole Mamé: Anatoles Leben und Tod 193
Zwiesprache mit dem Schatten: Erste Trauer,
erste Verse 201
Stéphane und die andere Maria 208
»Für ein Grab für Anatole« 212
Nach Tole 221

Die Wege der Trauer

Kinderwunsch 225
Enthüllung des Mangels 227
Das sprachliche Universum 229
Auswirkungen des Verlusts 230
Eine Brücke über den Abgrund 231
Der Verarbeitungsprozeß 232
Identifikation 233
Rituale 237
Und wir? 238

Anmerkungen 241
Bibliographie 251

Einleitung

Gegenstand und Methode

In meinen Büchern habe ich bislang zu beschreiben und zu analysieren versucht, wie Kinder ihr Sterben auf sich nehmen. Jetzt will ich mich den anderen Hauptpersonen dieser Tragödie zuwenden, den Eltern, deren Kind gestorben ist. Welche Wege gehen diese Eltern – bewußt oder unbewußt –, um mit dem Trauma, mit der unerträglichen Situation fertigzuwerden, die durch den Verlust eines Kindes entstanden ist?

Aus den Gesprächen mit Eltern, deren Kind dem Tod entgegenging, weiß ich um die Hilflosigkeit, um die versuchten oder die gelungenen Auswege aus dem Schmerz, und weiß ich auch, daß alle diese Abwandlungen der Trauer ebenso wie ihr Verlauf in einer jedesmal besonderen, der Person ganz eigenen Vergangenheit begründet sind. So unvorhersehbar die Trauer manchmal auch verlief, war sie doch immer von gewissen grundierenden Voraussetzungen abhängig, einer Art »Kapital«, das sich aus früheren Erfahrungen sowohl jedes einzelnen Elternteils, Vater oder Mutter, wie auch des Paares gebildet hatte.

Diese Gespräche bezweckten keine Psychoanalyse, doch waren sie ebenso offen, wie ein Psychoanalytiker sie zu führen sucht[1]. Sie lehrten mich schnell, die Gültigkeit gewisser Entwicklungsschemata in Zweifel zu ziehen, die für eine »normale« Trauer, ihre vorhersehbaren Etappen und für die diagnostischen Kriterien einer »pathologisch« genannten Trauer gelten. Ebenso fragwürdig erschienen mir Ratschläge, die die verschiedenen Stadien der normalen Trauer unterstützen wollen, oder »Berater im Trauerfall«.

Wie stellen wir die verschiedenen Probleme nun dar, die sich aus diesen Gesprächen ergaben?[2] Die Zeugnisse jener Familien, die ich anläßlich der Krankheit ihres Kindes kennenlernte und anhörte, heute aufzuführen, erschien mir ethisch unzulässig, auch wenn die Dramen so viele Jahre zurückliegen. Dieser zeitliche Abstand zwischen Klinik und Forschung hätte Verlagerungen impliziert, die mit ernsthafter psychoanalytischer Forschung für mich nicht zu vereinen sind. Neue Begegnungen mit denselben Personen herbeizuführen, um in die Vergangenheit zurückzukehren, ohne daß sie von sich aus um therapeutische Hilfe ersucht hätten, wäre ein Einbruch in die Intimität und in das wiedergewonnene Gleichgewicht gewesen – um welchen Preis –, denn sie bargen die große Gefahr, willkürlich ein echtes Trauma aufzubauen!

Es gibt jedoch spontane Zeugnisse: Trauernde Eltern fanden im Schreiben eine Hilfe, sich mit den Gedanken und Gefühlen auseinanderzusetzen, die der Verlust ihres Kindes in ihnen hervorgerufen hat. In ihren Arbeiten über Werke von Künstlern (von Dichtern, Malern …) haben Freud und Lacan aufgezeigt, daß diese oft über außergewöhnliche Gaben gebieten, ihre Seelenzustände zu analysieren und zu formulieren, kostbare, erhellende Zeugnisse. »Seelenzustände«? Der Begriff stammt von Freud, doch wurde er von seinen sämtlichen Übersetzern abgewandelt oder sogar abgelehnt[3]. Die Fähigkeiten, sich auszudrücken, schließen in keiner Weise »Seelenzustände«, also Gefühle, Affekte, psychische Geschehen ein, die sich von denen anderer Personen ohne solche Fähigkeiten unterscheiden. Als Subjekte werden wir alle von Trieben, Wünschen, Phantasmen … bestimmt. Unterschiedlich ist nur die Fähigkeit, diese auszudrücken. Und eben wegen ihres allgemeingültigen Wertes habe ich Biographien und Texte von Schriftstellern auf jene großen Fragen hin untersucht, die sich aus dem Verständnis der geistigen und seelischen Prozesse von Eltern sterbender oder gestorbener Kinder ergaben.

Mein Projekt hat das ganz eindeutige Ziel, den psychischen Weg trauernder Eltern zu beschreiben und zu begreifen, um denen Verständnishilfe zu leisten, die diese höchste Not durchschreiten müssen, damit sie nicht blind leiden. Jeder Fall schildert einen oder mehrere Aspekte der unvermeidlichen seelischen und affektiven Erschütterung. Jedes Elternteil erlebt diese Seelennot auf eine bestimmte, nicht unbedingt dieselbe Weise wie ein anderer, mit dem es sich identifizieren könnte, ohne indessen alle Eigenzüge dieser Persönlichkeit zu teilen. Die vorgelegten Dokumente sind Bilder oder Fragmente aus einer langen Wegstrecke. Jeder kann darin Gemeinsames entdecken und sein Besonderes hinzufügen.

Wie werden gewisse rückgreifende Fragen gestellt?

Grundlegend ist immer die subjektive Geschichte eines jeden Elternteils, seine familiäre Geschichte vor dem Verlust dieses Kindes, insbesondere früher erlebte Tode und das, was sie umgab: auf immer eingegrabene, immer aufs neue befestigte Erinnerung, lebendige oder verdrängte Erinnerung, verleugnet oder verschwiegen, verworfen womöglich[4]. Die Prägung durch Tode in der Familie, die sich in der Kindheit oder Jugend ereigneten, zeigt sich besonders stark im Werk und Leben von Gustav Mahler und Stéphane Mallarmé. Obwohl der Sänger Eric Clapton in seiner Vergangenheit keine ausgesprochenen Trauerfälle erlebte, war aber das Verschwinden zuerst seines Vaters, dann seiner Mutter maßgeblich für seinen Wunsch nach Vaterschaft und für seine Reaktionen auf den jähen Verlust seines Sohnes. Wie bei Mallarmé setzten auch bei ihm Werkprojekte zu zweit, von Vater und Sohn, die Gegenwart des Sohnes fort.

Spielt das Geschlecht des Kindes bei den verschiedenen Weisen zu trauern eine wesentliche Rolle? Ist nicht vielmehr entscheidend, welchen Platz das Kind im Seelenleben seiner Eltern eingenommen hat? Alma Mahler zum Beispiel erlitt den Verlust dreier Kinder: Keiner hatte in ihr denselben Nachhall. Sie bleibt untröstlich nach dem Tod von Manon, während der Tod von Putzi sie vor allem erschüttert zu haben scheint, weil er Mahler so vernichtend getroffen hat. Freud fürchtete, vor seiner Mutter zu sterben: seiner Mutter den Schmerz um ein verlorenes Kind zuzufügen. Er war sich seines hervorragenden Stellenwertes bei ihr sehr bewußt! Treffend benannte er seine narzißtische Verwundung, als seine Tochter gestorben war, doch bekennt er später, daß der Tod seines Enkels Heinele ihn weit schmerzvoller traf, sosehr, daß seine übrigen affektiven Bindungen sich fast von Grund auf änderten. Anatole, Stéphane Mallarmés gestorbener Sohn, hatte bei seinem Vater den gleichen affektiven Platz inne wie Heinele bei Freud. Die Beziehung des Dichters zu seinem Sohn brachte ein »gemeinsames« Werk hervor: geschrieben vom Vater *für* den Sohn, *mit* diesem Opfer-Sohn, und *von* ihm. Léopoldine Hugo war nach ihrem älteren Bruder Léopold, der sehr früh starb, benannt (also vorbestimmt?) worden. Aber es ist Léopoldines Stimme, die Hugo in spiritistischen Sitzungen zu hören sucht, und die durch ihren Tod inspirierten Verse leben im Gedächtnis aller französischen Schüler! Isadora Duncan nahm sich für ihre beiden verunglückten Kinder, einen Jungen und ein Mädchen, vor: Sie sollten immer *zusammenbleiben* in ihrem Gedächtnis, ihren Visionen, Halluzinationen und in allem, was sie erlebte.

Nach dem Tod ihrer beiden Töchter beschließt die Schriftstellerin Geneviève Jurgensen, »*gemeinsam*« mit den Verstorbenen neue Kinder aufzuziehen, und es gelingt ihr. Ihr Bericht – und ihr Leben seit der Tragödie – bezeugen die Kraft des Wunsches, Mutter zu sein. Kraft oder Gewalt? Schriftliche Zeugnisse von Frauen im allgemeinen und zu einem Kindestod im besonderen gibt es bis in die jüngste Zeit relativ wenig. Vor dieser gewissen »Befreiung« (zumindest in der Literatur) sind wir vor allem auf Berichte von Philosophen, Beichtvätern und anderen Gelehrten

12

über die Stellung und Befindlichkeit der Frauen angewiesen. Wirkt aber in der leiblichen Beziehung der Mutter zum Kind nicht auch Gewalt, die Gewalt des Körpers über den eingeborenen, den ihr zugehörigen Körper, über die nie gesprochen wird? Und deretwegen manche Schriften noch schwer erschließbar sind? Der Bericht von Geneviève Jurgensen, so beherrscht er in seinem gegenwärtigen Zustand auch sei, legt von dieser Problematik jedenfalls eindeutige Rechenschaft ab.

Die Romanautorin Yuko Tsushima beschreibt eine Reihe unmittelbarer Reaktionen: Kummer, Niedergeschlagenheit, das Zurückziehen in sich selbst, Empörung und/oder Schuldgefühle, Anklagen, zeitweilige Empfindungslosigkeit, die Flucht in den Aktionismus. Ihre Beschwörung einer anderen Schriftstellerin aus alter Zeit verwandelt sich in einen Dialog beider Frauen über die Jahrhunderte hinweg, in dem die Lebensbedingungen der Frau, der Ruf nach dem Vater, die Einsamkeit der Trauernden, die Anhänglichkeit an den Körper des gestorbenen Kindes und sein schmerzliches Fehlen mit Würde und Zurückhaltung in einfachen Worten Ausdruck finden.

So bezeugen diese Autoren denn verschiedene Versuche, weiterzuleben, sich zu heilen, sich Ersatz zu schaffen: neue Mutterschaften, Militanz, Hinwendung (oder Rückkehr) zur Religion, Spiritismus, vor allem aber neue Produktivität. Sollte letztere ein Spezifikum der Trauer um ein Kind sein? Wie wir indes wissen, hat Freud nach dem Tod seines Vaters mit seiner Selbstanalyse begonnen und die theoretischen Grundlagen der Psychoanalyse entdeckt! Die Langzeitwirkungen können dramatisch sein: Scheidung der Paare (Mahler, Mallarmé), verschiedene Fluchten (Alkohol, Drogen), psychische Störungen (Visionen, Halluzinationen), sie können glücklicher in neue libidinöse Investitionen münden, in ein gleichsam zielloses Verströmen sogar (Victor Hugo), oder sie führen zur Loslösung von der Wirklichkeit, um ein Jenseits, eine andere Sphäre aufzusuchen (Luise Rückert, Rosamond Lehmann).

Tod, Trauer, das heißt Verlust, Riß einer Bindung. Dieser Verlust nun kann wie ein Ferment für eine künstlerische, literarische, musikalische, wissenschaftliche ... Kreation wirken, je nach den Gaben des Subjekts. Die Tatsache, endgültig beraubt zu sein, setzt in dem Fall einen Symbolisierungsprozeß in Gang. Wenn dieser ausbleibt, kann sich eine gefährliche Fixierung auf die Zeit der Verwundung einnisten, eine Verewigung des Schmerzes, wie die Geschichte der Niobe sie versinnbildlicht, die für alle Zeit Klagende, entpersönlicht, zu Stein geworden ist.

Die psychoanalytische Forschung hat sich im besonderen dem zeitlosen, subjektiven Prozeß der Trauerarbeit gewidmet. Zuweilen wird der Begriff »Trauerarbeit« angefochten: In der Tat handelt es sich ja nicht um eine organisierte, geplante, überlegte und bewußte Arbeit. Doch bezeichnet dieser Ausdruck, der wie »Traumarbeit« zu verstehen ist, jene Veränderungen, die sich ohne unser Wissen in unserem Unbewußten vollziehen, auf jener *anderen Ebene*, in der unsere ersten Vorstellungen, unsere frühesten affektiven Bindungen eingeprägt sind, von der unsere Triebe abzielen, jene Speicherebene der Bedeutungen, die in uns wohnen und uns für das ganze Leben bis zum Tod bestimmen. Der Endzweck der Trauerarbeit ist es, einen Tod anzunehmen, ihn als Verlust anzuerkennen und eine gewisse psychische und affektive Energie zurückzugewinnen. Aber kann man jemals von deren Ende sprechen? Denn was sollte dieses Ende sein? Eine psychische, affektive Wiederherstellung *ad integrum*?

Das Kind als »Subjekt« und den diesem Kind von den Eltern bewußt, wunschbesetzt und unbewußt eingeräumten Stellenwert erkannt zu haben, ist eine Leistung der Psychoanalyse, die uns erlaubt, ohne Rücksicht auf Vorurteile und Konventionen die Frage zu stellen: »Was bedeutet ein bestimmtes Kind einem bestimmten Elternteil?« Diese Frage steht hinter allen hier vorgelegten Texten. Sie findet unterschiedliche Antworten: Aber kein Kind kann ein anderes ersetzen. »Ich will keinen anderen Sohn. Ich will DENSELBEN. Ich will IHN«, schreibt Camille Laurens[5].

Historische Rückblicke

Dieses Grab, mein Kind, bedeckt dich; Asche kann nichts emp-
finden. Doch wenn etwas von dir irgendwo weilt, bekenne,
mein Kind, daß du glücklich warst, da die erste Jugend dich ent-
zückte. Wir aber schleppen unser Leben in Trauer und Finster-
nis hin: Dies ist der Preis, meine Tochter, den ich meiner Vater-
schaft zolle.

Giovanni Pontano[6]

Bevor wir einige Dokumente vorstellen, die uns auf die verschiedenen Fragen Antwort geben, werfen wir einen Blick in die Vergangenheit, um das Problem der Trauer um ein Kind einzukrei-
sen. Viele Zeitgenossen sagen, die Furcht vor dem Tod habe sich
im Lauf der Zeiten verändert. Das ist unstreitig. Aber leiden Eltern, die ihr Kind verlieren, heute anders als früher?
»Gott hat es gegeben, Gott hat es genommen.«
Aus diesen Worten eines Vaters, die uns die Tradition überlie-
fert, sprechen Glauben und Sinnsuche angesichts des Unerträglichen. An die Stelle dieser tröstlichen Worte muß das Gefühl des
Unannehmbaren, des Empörenden getreten sein, das in heutiger
Zeit gegenüber einem Kindestod bekundet, ausgesprochen und
geschrieben wird. Ist es wirklich so? Ist das Kind heutzutage
kostbarer? Lassen sich in den einzelnen Epochen tatsächlich
unterschiedliche subjektive Eigenheiten in der seelischen Verarbeitung der Trauer nachweisen? Der geltende Code einer Gesellschaft und ihrer Religion bestimmt, auf welche Weise die Trauer
im Moment des Verlustes und des Leidens bekundet und eben
dadurch in eine Zeitlichkeit und in die Gemeinde, den Lebens-
umkreis abgeleitet wird. Doch reguliert dieser Code ja nicht das
individuelle Leiden. Im übrigen liefern uns Ethnologen und Hi-
storiker wichtige Dokumente, die durchaus die Vorstellung re-
lativieren, nach der *His Majesty the Baby* eine Erfindung unserer modernen Gesellschaft sei. Sollte diese sich wirklich unter

dem Einfluß der psychoanalytischen Theorien herausgebildet haben, so als hätte sie nicht nur erhellt, welchen Stellenwert ein Kind im Seelenleben seiner Eltern einnimmt, sondern geradezu eine neue Auffassung geschaffen?

Einige Dokumente der Vergangenheit scheinen uns zu bestätigen, was zu vermuten stand: Nur die Formen der Trauer wechseln; der Schmerz über den Verlust eines Kindes ist in einer Epoche so intensiv wie in der anderen.

Zu allen Zeiten erließ die jeweilige soziale und religiöse Ordnung Wertbilder, Urteile und Ratschläge für trauernde Familien. Deuten Natur und Stil dieser Ratschläge auf epochenbedingte Unterschiede im Erleben, im Empfinden der Eltern hin? Dies sei unsere erste Frage.

Vor zweitausend Jahren verfaßte der stoische Philosoph Seneca in der Tradition der Sophisten *Trostschriften* für Trauernde[7]. Eine davon, die *Trostschrift für Marcia*, bietet Argumente, sich mit dem Tod eines Kindes abzufinden. Sie sind in vielen Punkten denen von heutigen »Trostspendern« gleich. Marcia, die Tochter eines berühmten Historikers, hatte zwei ihrer vier Kinder verloren, darunter einen Sohn von zwanzig Jahren. Drei Jahre nach seinem Tod beweint sie ihn noch immer, was Seneca veranlaßt, ihr zu schreiben. Eingangs wendet er sich an die »mutige Frau«, die mit der Seelenschwäche ihres Geschlechts nichts gemein habe: Sie habe es beim Tod ihres Vaters bewiesen, der sich umgebracht hatte. Damals gelang es ihr, bestimmte seiner Manuskripte zu retten und publizieren zu lassen:

»Du hast ihn vom wahren Tode befreit, du hast den Büchern, die dieser so tapfere Mann mit seinem Blut geschrieben hatte, ihren Rang als Geschichtswerk unserer Nationalliteratur wiedergegeben [...]. Er braucht kein Alter zu fürchten.«

War es nicht derselbe Wunsch, der Geneviève Mallarmé bewog, die Verfügungen ihres Vaters zu übertreten und seine postumen Blätter herauszugeben? Dank seinem Werk wird der Tote unsterblich.

16

Wie ein Chirurg öffnet Seneca alte Wunden:

»Altes Unglück habe ich dir wieder zu Bewußtsein gebracht, doch habe ich dir eine Narbe von gleich schwerer Verletzung nur gezeigt, damit du weißt, daß auch dieser Schlag zu heilen ist.« Er macht sich anheischig, ihren Gram und ihre Klagen zu meistern:

»Magst du auch festhalten und deinen Schmerz verzweifelt umklammern, den du dir an die Stelle gesetzt hast, die dein Sohn leer gelassen hat.«

Scharfsinnig erkennt der Philosoph, daß sich hinter den Klagen ein Genuß verbirgt, und spricht dies ziemlich hart aus. Denn hat dieser Genuß nicht den Platz des verlorenen Kindes eingenommen? »Alle Mittel sind gescheitert«: Freunde, Arbeit, sogar die Zeit, die doch alle Wunden heilt, sind machtlos gegen diesen verkannten Genuß.

Nach dem ersten Skalpellschnitt appelliert er an ihren Stolz, ihr Ideal-Ich:

»Die Trauer [...], dahin hat sie sich bringen lassen, daß sie es für ehrlos hält, aufzuhören [...]. Diese trüben, unseligen und gegen sich selbst wütenden Gefühle [...] nähren sich zuletzt von ihrer eigenen Bitterkeit, und das Leiden wird zu einer Art verkehrtem Vergnügen.«

Weit vor den Psychoanalytikern also erkennt Seneca den möglichen Genuß hinter dem Festhalten an einem Schmerz, den man mit dem Begriff »exquisit«, einem traditionellen Begriff der Medizin für einen lebhaften Schmerz, speziell eines Knochenbruchs, bezeichnen könnte.

Seneca bedauert, seine Therapie nicht früher unternommen zu haben. Denn wie es von einer körperlichen Wunde gilt, daß sie, je frischer, desto leichter heilbar ist, aber drastische Maßnahmen erfordert, wenn sie alt und infiziert ist, ebenso darf man mit diesem seelischen Schmerz nicht nachsichtig oder schonend umgehen: Der Schmerz muß scharf angepackt werden (also die Trauernde).

Zur Bekräftigung führt er zwei Beispiele an: die Schwester und die Gemahlin des Augustus, die beide einen Sohn verloren hatten. Die eine isolierte sich völlig – man könnte sagen, sie habe sich *begraben* –, und kränkte damit die Ihren, die sie nicht mehr wahrzunehmen schien. Die andere konnte – nach beeindruckenden Totenfeiern, die ihren Schmerz aufs neue bloßlegten und entfachten – zugleich mit ihrem Kind auch ihren Gram bestatten und mit ihrer Erinnerung im Familienschoß leben.

Seneca beschreibt mit diesen zwei Arten zu trauern zwei Extreme, denen wir auch heute in vollkommen gleicher Weise begegnen. Bei manchen Eltern hinterläßt der Tod eines Kindes eine so tiefe Spur, daß jede innere Wiederbelebung ausgeschlossen ist: Zeit und Sein sind erstarrt. Körper und Geist des Trauernden sind wie vom Schmerz gebannt. Es sieht ganz so aus, als verbiete ein allmächtiger »Genuß« auch nur den leisesten Versuch einer Verarbeitung des Leidens. Wie das Grab, in dem der Körper des Toten ruht, bezeichnet jener Platz im Innern des Überlebenden einen Stillstand, einen Riß durch das symbolische Netz, in dem er geboren wurde und das ihn als menschliches Wesen konstituiert hat. Der radikale Einbruch kann nicht gutgemacht werden. Für andere bleibt der Tote in der Erinnerung lebendig. Die verlorene Liebe wird in Form von Worten, Bildern, von Modi der Teilhabe verkörpert. Eine befreiende Ablösung – ohne jede Verwerfung – ermöglicht es dem Trauernden, wieder an die Oberfläche zu tauchen, das Leben weiterzuführen, auch wenn es amputiert ist.

Was die Begräbniszeremonien angeht, so bezeugen sie die Solidarität der sozialen Gruppe, die sich angesichts des Verlustes zusammenschließt. Ihre Wirkung beruht darauf, daß sie zu einer Kultur und einem gemeinsamen Verständnis gehören, nach dem der Tote geehrt und der Tod als Teil des Lebens anerkannt wird. Seneca ruft es in Erinnerung:

»Wenn du Schmerz leidest, daß dein Sohn gestorben ist, verklage die Stunde seiner Geburt: sein Ende war ihm mit dem Augenblick bestimmt, da er zur Welt kam. Unter diesem Gesetz wurde er dir gegeben, dies Schicksal folgte ihm vom Mutterleib an.« Das Kind zu verlieren, das man aufgezogen hat, ist grausam, aber es ist menschlich.

Doch bevor man heilen kann, muß das Übel erkannt werden; der Grund des Schmerzes ist die Beraubung. Als könnten die Toten nicht mehr Abwesende sein! Welches Heilmittel weiß Seneca? Die Toten sind Abwesende ..., aber wir holen sie ein. So schlägt er als Ausweg aus der Suche nach dem verlorenen Kind die Gewißheit vor, daß man es in einer anderen Welt wiederfindet, wo es kein Unheil mehr gibt.

»Der Tod ist aller Leiden Lösung und das Ende, über das hinaus unsere Schmerzen nicht gehen; er versetzt uns wieder in jene Ruhe, in der wir waren vor der Geburt.«

Dieser Glaube an die Möglichkeit, sich in einem idyllischen Jenseits, frei von allem Unheil, wiederzufinden, ist auch der Weg, den zahlreiche unserer Zeitgenossen in dem Versuch beschreiten, dem Schmerz, den das Verschwinden eines Kindes hervorruft, ein Ende zu setzen.

Sehen wir in der Geschichte weiter, um die Verbindung zwischen Seneca und uns zu schließen.

Hören wir Clotilde, die katholische Gemahlin Chlodwigs, König der Franken, nachdem ihr erster Sohn Ingomir gestorben war:
»Ich danke Gott dem Allmächtigen und Schöpfer aller Dinge, daß er mich nicht unwürdig fand, Mutter eines Kindes zu sein, das er in sein himmlisches Reich berufen hat. Der Schmerz über seinen Verlust trübt meine Seele nicht. So wie es diese Welt im weißen Kleide seiner Unschuld verlassen hat, wird es sich an Gottes Anblick weiden in Ewigkeit.«

Nach diesem Tod läßt sich Chlodwig, der Heide, 496 zu Reims taufen[8]. Necker, einer der Wortführer des Jahrhunderts der Aufklärung, nennt es eine Wohltat der christlichen Religion, daß sie für »die zärtlichen Mütter, deren Händen die Objekte ihrer Liebe entschwinden«, die tröstliche Vorstellung einer den unschul-

digen Kindern vorbehaltenen Glückseligkeit geschaffen hat[9].
Unserer Zeit näher, findet Luise Rückert in ihrem Glauben denselben Ausweg aus der Trauer um ihre zwei Kinder.

Kann man sagen, daß die Gefühle, Empfindungen, Affekte beim
Tod eines Kindes sich seither verändert haben? Gibt es heutzutage nicht nur eine andere Art, zu suchen, Zeugnisse nicht sosehr
von großen Gelehrten, sondern eben von jenen zu sammeln, die
diesen Verlust im Lauf der Jahrhunderte erlitten haben, und diese mit einem neuen Blick zu lesen, seit er durch die Anerkennung
des Seelenlebens der Individuen geschärft worden ist? Diese
Zeugnisse finden sich allerdings nicht in dem durch Geschichte
und Moral kanonisierten Schrifttum. Pierre Riché und Danièle
Alexandre-Bidon haben eine bemerkenswerte Dokumentation
solcher Beweisstücke zusammengetragen in: *Die Kindheit im
Mittelalter*. Wir werden einige Beispiele daraus aufgreifen, war-
nen aber zugleich den Leser, daß historische Arbeit nicht unsere
Sache ist.

Im Mittelalter ist der Tod sehr häufig: Durchschnittlich stirbt
von drei Kindern eins vor dem fünften Jahr, noch mehr sind es
im Alter des Arbeitsbeginns. Eine solche Statistik veranlaßte so
manchen zu der Ansicht, daß Eltern sich an so flüchtige Wesen
gar nicht binden konnten! Gewiß haben viele Juristen, Moralisten und Pädagogen in ihren Texten ein sehr abwertendes Bild
des Kindes gezeichnet: »Das Kind ist sündig und unglücklich«[10].
Es ist »ein sehr niedriges Wesen, ein kleines Tier ohne Vernunft
und Sprache, vor allem in den ersten Jahren«. »Es belästigt, es
ist ein Störenfried.« »Wozu also den Tod eines Kindes an der
Mutterbrust beweinen?« fragt Mitte des 13. Jahrhunderts der
Jurist Pierre de Fontaine. Ein totes Kind läßt sich ersetzen, vor
allem, wenn man, der berühmten Antwort des Vaters von Guil-
laume Le Maréchal zufolge, »Hammer und Amboß hat, ein
schöneres zu machen«.

Aber der Tod eines Kindes ist ein zu komplexes Problem, um
ihm mit einem Scherz zu begegnen. Im 7. Jahrhundert raten die

Moralisten den Eltern entschiedene Zurückhaltung beim Tod ihres Kindes: Seine Geburt ist ein Gottesgeschenk, sein Tod auch. Wer sind wir, fragen sie, daß wir um Gottes Ratschluß rechten dürften?

Dennoch gibt es viele Zeugnisse der Anhänglichkeit von Eltern an ihre Kinder oder der Sorgen, die Erwachsene sich um Kinder machten. So bekennt Gregor von Tours, der »Vater der französischen Geschichtsschreibung«, wie schmerzlich ihn der Tod kleiner Waisen traf, die er aufgenommen und eigenhändig mit dem Löffel gefüttert hatte[11]. Im 12. Jahrhundert enthüllt ein Kommentar Étienne de Fougères – e contrario –, welchen Wert Eltern ihren Kindern beimaßen. »Die Kinder machen ihre Väter und Mütter derart närrisch, daß sie sie küssen und in die Arme schließen«, beklagt er. »Ihretwegen stehlen die Eltern und borgen, ohne zurückzuerstatten, aber sie geben nicht den Armen.« Dieser Bischof widmet sein *Livre des manières* der Gräfin von Hereford, die alle ihre Kinder verloren hatte, und rät ihr darin, Altäre zu errichten, die Armen zu pflegen und großzügig der Kirche zu spenden[12].

Im übrigen bezeugen auch andere Tatsachen, welche Bedeutung den Kindern beigemessen wurde. So der privilegierte Ort ihrer Gräber auf den Friedhöfen, wo bereits im frühen Mittelalter ganze Abteilungen ausschließlich ihnen vorbehalten waren, und so auch der Stil der aufgefundenen Epitaphe. Gewiß sind es meistenteils Erdgräber oder kärgliche Grabmäler, aber genauso sind die Eltern ihrem sozialen Stand gemäß begraben. Selbst die ungetauften Kinder liegen nicht immer abseits des Friedhofs, ihrer Bestattung wird besondere Sorgfalt zugewendet, und sie bekommen die besten Plätze. Vom 11. Jahrhundert an paart sich der Kult der Unschuldigen mit einer Schwärmerei für die Kindheit. Im 12. Jahrhundert greift der Kult des Jesuskindes um sich und spielt eine große Rolle im spirituellen Leben.

Wie die Untersuchungen von Emmanuel Le Roy-Ladurie über das okzitanische Dorf Montaillou im 14. Jahrhundert erbrachten, ist die zärtliche Liebe zu den ganz Kleinen uralt: Kinder werden geliebt vom Mutterleib an, sie werden verwöhnt, und man beweint sie, wenn sie sterben[13].

Romane, Chroniken, Wundersammlungen, Gemälde wie die vom Kindermord zu Bethlehem, die weinende, schreiende, klagende Eltern zeigen, alle diese Dokumente belegen, daß man sich über den Schicksalsschlag: den Tod von Kindern besser anderswo kundig macht als bei Kirchenmännern, Juristen und Gelehrten. Jene Pädagogen, die sich an Frauen wenden, von Ménagier de Paris bis Christine de Pisan, glauben an keine Gleichgültigkeit der Eltern und geben Ratschläge, die Mütter zu trösten.

Sicher wurde der Tod, nicht nur der von Kindern, damals anders erlebt als heute. Auch wenn er früh kam, wurde er anerkannt als zugehöriger Teil des Lebens. Ein Stich aus dem 15. Jahrhundert[14] zeigt, wie der Tod zu einer verzweifelten Mutter tritt, die an der Wiege ihres Kindes die Hände ringt: In einer Hand hält der Tod den Pfeil, mit dem er auf die Stirn des Kindes zielt, in der anderen einen Vertrag mit einem großen Notarssiegel darauf. Die Mutter ist machtlos, nichts hilft, der Tod entreißt selbst ein Neugeborenes, das noch so wenig am Leben hält.

In *L'Épître de la prison de vie humaine*, im 15. Jahrhundert, erklärt Christine de Pisan:

»Welcher Schatz kann es für dich sein? Gewiß, wenn du in dieser Welt keine größeren Reichtümer und Güter hättest als diese schönen Kinder, so hast du Grund, sehr fröhlich zu sein, obwohl ich ungelogen wohl weiß, daß ein reichgeliebtes Herz nie ohne Sorgen ist und Angst, was ihm so teuer ist, zu verlieren. Gott in seiner Güte möge sie dir bewahren und rechte Freude schenken.«

Kinder sind im Mittelalter die einzige statthafte Rechtfertigung für Sexualität. Zeugen heißt, den Fortbestand der Blutslinie zu sichern. Doch schließt die Verpflichtung, zu zeugen, keine Neutralität der Männer und Frauen gegenüber dem Geschehen ein, und in Kräuterbüchern oder medizinischen Traktaten wird dem Wunsch, zuerst einen Sohn zu bekommen oder aber eine Tochter, durchaus Rechnung getragen. In der Tat gilt in dieser Epoche auch schon der keimende Fötus als Kind mit Leben und Bewußtsein.

Die höfischen Romane sind voll von mütterlichen Klagen, wenn ein Sohn fortgeht oder gestorben ist. So im *Roman de Jourdain Érembrors*:

»Schöner Sohn Garnier, den ich gebar und neun Monate in meinem Leibe trug zu meinem Unglück. Nie war ein Kind sosehr ersehnt worden. Bald kehrt draußen der schöne Sommertag wieder, da ich hinaustrete auf die Mauern und zusehe, wie die Knaben deines Alters vor mir kommen und gehen, die Lanze nach dem Wurfpfahl schleudern und nach dem Schild, in die Trinkstube laufen, kämpfen und purzeln. Und wieder wird mein Herz weinen, und ich wundere mich, daß es nicht springt.«[15]

Es ist in vielen Punkten die gleiche Klage wie die der trauernden Mütter, deren Tragödie Nicole Loraux in *Mères en deuil* so treffend geschildert hat, die Mütter der jungen Griechenhelden, die den »schönen Tod« starben wie Achill, der sich dadurch ewigen Ruhm erwarb. Jung wie Menander zu sterben, war das Zeichen, von den Göttern auserwählt zu sein, wie Jean-Pierre Vernant dazu anmerkt.

Zu Beginn des 15. Jahrhunderts hinterließ Salutati, Kanzler der florentinischen Signoria, ein berühmter Politiker und Literat, ein Zeugnis der Auswirkungen, die der Tod seines Sohnes Piero im Mai 1400 auf seine Philosophie hatte. Dieser wird zum Anlaß einer regelrechten kulturellen Umwälzung. Salutati entwickelt seine Argumente in mehreren Briefen, in denen er sowohl die Rechte der *sensibilitas* vertritt, die er vorher verachtete, als auch seine neue Unabhängigkeit von der Vernunft. Nicht die Philosophie vermag die Wunden eines Lebenden zu heilen, weil er ebensosehr aus Körper wie aus Seele besteht ... Trost kommt ihm allein von Gott.[16]

Ein anderer Mann derselben Zeit namens Morelli erinnert sich an Krankheit und Tod seines zehnjährigen Erstgeborenen Alberto: »Du behandeltest ihn nicht wie einen Sohn, sondern wie einen Fremden ...«, wirft er sich vor, und er verläßt Frau und Haus für einen Monat. Er vermag das Zimmer des Jungen vor Ablauf eines Jahres nicht mehr zu betreten. Sein Vertrauen auf das Leben und das Glück seiner Familie sind bis in die Wurzel getroffen. Jüngste Todesfälle nähren seine Furcht, das Verhängnis habe sich gegen ihn und die Seinen verschworen. Er sucht nach einer neuen Versicherung für die Zukunft, einer Garantie für das Leben seiner übrigen Kinder und müht sich – bei dem gekreuzigten Christus, der Jungfrau und dem heiligen Johannes – um das Seelenheil seines Ältesten mit einer Intensität, wie er sie auch entfaltet hätte, um ihn ins Leben zurückzuholen, wenn er es nur gekonnt hätte. Auch nach einem Jahr gerät er über den Verlust seines Sohnes immer aufs neue in Verzweiflung. Aus dem Gedenken all seiner bisherigen Mißgeschicke gewinnt er das Gefühl, er sei *von jeher die Zielscheibe* des Unheils gewesen. Weil er diese Obsession nicht loswird, kommt er zu der Überzeugung, dies müsse eine Versuchung des Teufels sein, aber der Heiland werde ihm helfen, sie zu besiegen. Nun hat er eine vielschichtige Vision: Das tote Kind erscheint ihm in Gestalt eines Vogels und spricht zu ihm. Die halluzinierte Erscheinung beruhigt ihn. Ihre Worte, die ihn über die Gesundheit seiner anderen Söhne, über seine Zukunft und Langlebigkeit versichern, tun ihm so wohl, daß er zu normaler Aktivität zurückfindet.[17]

Verlassen wir das Mittelalter: Im 17. Jahrhundert beschreibt der Ehemann der Ann d'Ewes ihrer beider Schmerz, als ein Kind, das sie mit großer Fürsorge gestillt hatte, bei der Entwöhnung starb: »... dessen zarte Anmut und strahlende graue Augen wir tief in unseren Herzen bewahren; die Trauer über seinen Verlust ist weit stärker als die über den Tod seiner drei älteren Brüder, die gleich nach der Geburt starben und uns nicht so ans Herz gewachsen waren wie er.«[18]

Zur selben Zeit erklärt der Kardinal de Bérulle, der kindliche Stand sei »der lebhafteste und niederste der Menschennatur nach dem Tode«. Aber Dorothy Hunt ruft aus: »Wie ein jeder weiß, läßt sich die Liebe einer Mutter zu ihrem Kind nicht auf die Vernunft beschränken.«

Ein österreichisches Stifterbild von 1775 zeigt ein Bauernpaar, das um acht kleine Bohnen, ihre totgeborenen Kinder, zu Gott fleht: »Lieber Gott, acht Kinder sind bei dir, so schenke das neunte mir.« Das Gebet ist an Gott gerichtet, aber als Mittlerin fungiert die Schmerzensreiche Jungfrau. Die *Mater dolorosa* als Identifikationspol thront über der Szene, auf dem Schoß den toten Christus.[19]

Pierre Goubert berichtet, daß unter Ludwig XIV., wenn ein Kind unter einem Jahr starb, »die Familie sich kaum stören ließ, da das verschwundene Kleine binnen kaum zwei Jahren ersetzt sein würde«. Die Sterblichkeitsrate in diesem Alter betrug fünfundzwanzig Prozent.[20] Aber Saint-Simon spricht in seinen *Memoiren*[21] über die Traurigkeit der Familien und stellt diese dem Verhalten der Gesellschaft insgesamt gegenüber. Er selbst sieht ohnmächtig und »mit der empfindlichsten Bitternis« dem Unglück von Monsieur und Madame de Beauvillier zu, die in wenigen Tagen zwei Söhne, sechzehn und siebzehn Jahre alt, infolge der Blattern verloren hatten. Das Paar schickt sich in religiöser Ergebenheit drein, hört aber nicht auf, von seinen toten Kindern, seiner Unterwerfung unter den göttlichen Willen zu sprechen:

»Nach einiger Zeit lenkte ich das Gespräch vorsichtig ab, wenn Monsieur de B. von seinen Kindern zu sprechen begann: Er bemerkte es und sagte, ich glaubte gewiß gut daran zu tun, ihn vom Gegenstand seines Schmerzes abzulenken, und er danke mir dafür, doch gäbe es eine so kleine Anzahl von Menschen, zu denen er sich von ihnen zu sprechen erlaube, daß er mich bäte, ihn gewähren zu lassen, wenn er mir davon spräche, weil es ihn erleichtere, und daß er es ja nur tue, wenn er sich gequält fühle. Ich willfahrte ihm […] und sah in der Tat, wie es ihn erleichterte, wenn ich darin mit ihm fortfuhr.«

25

Saint-Simon wußte um die heilsame Kraft, die im Sprechen und im Zuhören liegt.

Im Jahr darauf gestand ihm Madame de B., daß ihr »bei der Erinnerung an den Tod ihrer Kinder dicke Tränen aus den Augen rannen, [...] dann trocknete sie ihre Tränen rasch, damit sie niemand sähe.«[22]

Wie steht es heute damit?

Das Haus ohne Kinder! –
Victor Hugo

Herr! schütze mich, bewahre, die ich liebe,
Brüder, Eltern, Freunde, und meine Feinde sogar,
Die im Unglück triumphieren,
Daß sie niemals sehen, Herr! den Sommer ohne
                    prangende Blumen,
Den Käfig ohne Vögel, den Korb ohne Bienen,
Das Haus ohne Kinder!

Herbstblätter, Mai 1830

Die Romantiker legten ihre Seelenzustände breit, sogar wohl-
gefällig dar: Schwermut, Leiden, Schmerz und Tod waren ihre bevorzugten Themen.

Dichterliebe

Schon mit vierzehn Jahren erklärt Victor Hugo: »Ich will Cha-
teaubriand werden oder gar nichts«. Mit fünfzehn verfaßt er
dreihundertvierunddreißig Verse für den Concours de Poésie der
Académie française, die ihm eine lobende Erwähnung ihres
ständigen Sekretärs einträgt. Der Doyen der Académie überträgt
ihm mehrere kleine Arbeiten. Sein Erfolg erfüllt ihn mit Begeisterung. Aber er lebt mit seinem Bruder Eugène noch im Pensionat, wie es ihr Vater, der General Léopold Hugo, verfügt hat.
Erst 1818 – als er sechzehn ist –, kann Sophie, ihre Mutter, die
Söhne nach hartnäckigem Kampf endlich heimholen.

Wieder ein Concours de Poésie, diesmal zu den Blumenspielen von Toulouse: Eugène erhält einen Preis. Eine Konkurrenz voll dumpfen Hasses tritt noch auf einer anderen Ebene zwischen die Brüder, als beide eifrigst, allerdings unter der Aufsicht ihrer Mutter, in der Familie Foucher verkehren, wo sie Adèle begegnen, der hübschen fünfzehnjährigen Tochter. Verliebt sind beide in sie. Für Victor und Adèle wird es der Beginn einer Leidenschaft: Ihre flammende, emsige Korrespondenz gipfelt in einer gegenseitigen Liebeserklärung im April 1819. All das bleibt geheim, bis Adèles Mutter ein Briefchen ihrer Tochter an Victor entdeckt: »In deinem Alter ziemt es sich noch nicht, Liebesbriefe zu empfangen und ans Heiraten zu denken. Ich werde mit Madame Hugo sprechen.« Sophie Hugo hält die Geschichte einfach für eine Kinderei, aber als sie Victor fragt, bestätigt er die Liebe und den Heiratsplan. Sophie ist sprachlos. »Seit Victors Erfolgen hat Sophies Bewunderung für ihn unvorstellbare Höhen erreicht. Stolz war von jeher der Grundzug ihres Charakters. Victor entschädigt sie für alle Demütigungen, Prüfungen und Kümmernisse, die ihr zugefügt worden sind [...]. Wie könnte sie daran denken, ihrem blendenden Victor ›eine kleine Foucher‹ zu geben, eine so nichtige Person?«[1]

»Niemals, solange ich lebe, gibt es diese Heirat.« So lautet ihr Spruch. Monsieur Foucher, Adèles Vater, sagt: »Madame Hugos Beschluß steht unerschütterlich fest.« Victor muß sich fügen. Wer war diese Mutter, eine geborene Trébuchet, daß sie im Leben ihrer Söhne ein solches Gewicht hatte?

Sophie und Léopold – Victors Kindheit

Die folgenden Worte, die Victor auf Adèles Manuskript[2] schrieb, wandeln das Bild einer idyllischen Kindheit, das die »Zeugin seines Lebens« entwirft, ein wenig ab: »Wenn sie den Vater hatten, hatten sie die Mutter nicht! niemals beide zugleich! Immer nur eine Rumpffamilie – jede kaum gefaßte Vorstellung davon verflog, eine jagte die andere.«

Hauptmann Léopold (Brutus) Hugo – »*Der ewige Lacher, er starb, weil er zuviel lachte*«, sagte ein Freund über ihn – kämpft im Juli 1793 mit gegen den Bauernaufstand in der Vendée. Während dieses Feldzugs lernt er in Châteaubriant Sophie Trébuchet kennen.

Sophie ist vierundzwanzig, als sie sich begegnen: Sie ist Vollwaise, mit acht Jahren verlor sie die Mutter, mit elf den Vater und wuchs bei Tante Robin auf ... in einem kleinbürgerlichen, pro-republikanischen Milieu. Am 2. November 1797 kommt sie nach Paris, um zu heiraten, obwohl Léopold-Brutus untreu ist: »Als ich Sie heiraten *mußte*«, wird er später sagen. Léopold zaudert, Sophie beharrt. Es gibt eine standesamtliche Trauung. »Meine Mutter mochte keine Priester«, erzählt Victor Hugo. »Diese starke und stolze Frau betrat nie eine Kirche.«

Nach einem Jahr wird Abel zur überschwenglichen Freude seines Vaters geboren, der seine militärische Karriere zunächst im Kriegsrat fortsetzt, dann mit der Donau-Armee den deutschen Feldzug mitmacht, dann Lunéville ... Seine Beförderung wird durch seinen Freund Victor Lahorie, den künftigen General, erleichtert, ein kultivierter, feinsinniger und, seinen Vorgesetzten zufolge, sehr ehrgeiziger Mann.

Als Léopold wieder einmal einrückt, was natürlich eine Trennung von seiner Familie einschloß, will Sophie zu ihrem Mann. Da er ablehnt, reist sie nach Nantes: »Ich nehme Abel mit, es wäre mir sehr ärgerlich, ihn in einem Land zurückzulassen, dem ich auf immer Adieu sage.« Léopold fleht sie so eindringlich an, daß sie sich versöhnen: Im Juli 1800 wird Abel getauft, und am 16. September kommt Eugène zur Welt.

Dank Lahorie wird Léopold nach Lunéville berufen. Léopold, Sophie und Lahorie sind einen Monat vereint, bevor Léopold neuerdings nach Besançon versetzt wird. Im Frühling 1801, auf der Reise von Lunéville nach Besançon, soll Victor entstanden sein – mitten im Grünen, wie sein Vater sagte. Auf Sophies Bitte steht Lahorie bei dem Kind, das am 26. Februar 1802 geboren wird, Pate und gibt ihm seinen Vornamen. Victor ist kränklich.

Erster Verlust:

Nach Marseille versetzt, schickt Léopold Sophie nach Paris, damit sie seine Angelegenheit bei Joseph Bonaparte verficht. Victor ist erst ein halbes Jahr alt. Sophie bleibt dreizehn Monate in Paris, wo sie Lahorie wiederbegegnet! Im Februar 1803 schreibt ihr Léopold: »Alle schimpfen mit mir, weil ich wenig ausgehe; alle wundern sich, daß Du nicht kommst und daß ich die Kinder bei mir habe. Es gibt Gerede. Mir wird etwas zugetragen, und ich mucke nicht auf …« Sophie kommt im Dezember, aber sie verweigert sich Léopold.

Zweiter Verlust:

Nach einem Monat kehrt Sophie mit den drei Kindern zurück nach Paris. Nach der frühen Trennung von seiner Mutter ist Victor jetzt von seinem Vater getrennt. Er ist zwei Jahre alt und schließt sich eng an seine Mutter an, die sich mit Lahorie an der Verschwörung gegen Bonaparte beteiligt.

Hierauf geht sie zu Léopold nach Neapel: Victor ist jetzt sechs Jahre alt. Aber die Versöhnung hält nur ein paar Monate, und sie kehrt 1809 nach Paris zurück, in den Impasse des Feuillantines, wo auch Lahorie eine Wohnung bezieht, der von der Polizei gesucht wird. Es kann Victor nicht entgehen, daß dieser geheimnisvolle, so faszinierende General das Idol und der Geliebte seiner Mutter ist und, in Sophies Vorstellung, sein wahrer Vater, wenn nicht sein Erzeuger …

Dritter Verlust:

Fouchet läßt Lahorie verhaften, er wird zum Tode verurteilt und 1812 erschossen. Wir wissen nicht, wie dieser Tod auf Sophie gewirkt hat. Wir kennen aber durch Monsieur Foucher, den

Freund der Familie und Victors zukünftigen Schwiegervater, ihren leidenschaftlichen und unnachgiebigen Charakter: »Keine mir bekannte Frau hatte einen derart ausgeprägten Charakter [...], unerschütterlich in ihren Ansichten wie in ihrer Zuneigung [...], unnachgiebig und starr.« Daß der zweite Victor (Hugo) in ihrem Innern den Platz des ersten Victor (Lahorie) eingenommen hat, wird seit den ersten literarischen Erfolgen ihres Sohnes offensichtlich.

Vierter Verlust:

Im Dezember 1814 werden Léopold und Sophie geschieden. Victor ist zwölf Jahre alt. Er und sein Bruder Eugène werden einer Tante anvertraut, die sie verabscheuen. Ihr Vater verlangt, daß sie in ein Pensionat kommen: Es ist das Pensionat Cordier, aus dem ihre Mutter sie, wie wir sahen, erst nach vier Jahren, im Jahr 1818, herausholen kann.

Sophies Fluch

Sophie verschwindet abermals und endgültig.
Kehren wir zu Victors Liebe zurück. Fast ein Jahr unterwirft er sich dem Diktat seiner Mutter. Aber die Leidenschaft ist stärker, und die briefliche Verbindung mit Adèle beginnt heimlich von neuem. Sophie spürt, daß der Sohn ihr entgleitet. Sie wohnt bereits nicht mehr mit ihren Söhnen zusammen, die ihr eine kleine Wohnung in der Rue de Mézières gesucht haben. Wie Adèle berichtet, erkältet sich Sophie bei einer Gartenarbeit. Nach einer zeitweiligen Besserung ihrer »Brustentzündung« hat sie einen Rückfall. Eugène und Victor wachen an ihrem Bett. Was sie für eine Genesungsruhe halten, ist in Wahrheit die Agonie ihrer Mutter, die am 27. Juni 1821 vor ihren Augen stirbt. Verzweifelt kritzelt Victor auf ein Blatt einen Totenkopf, ein Ausrufungszeichen und das Unendlichkeitszeichen. Niedergeschmet-

tert, völlig kraftleer, denken die beiden Brüder nicht einmal an die kleinen Dinge, zu denen ein Todesfall nötigt. Abel muß sich um alles kümmern.

Am nächsten Tag schreibt Victor an seinen Vater:

»Unser Verlust ist ungeheuerlich, nie mehr gutzumachen. Nur Du, mein lieber Papa, bleibst uns, und unsere Liebe zu Dir und unser Respekt können dadurch nur wachsen, daß wir jetzt nur noch einen Menschen haben, auf den wir die Liebe übertragen können, die wir für unsere tugendreiche Mutter hegten.«

Als Postskriptum setzt Abel hinzu: »Eugène ist außerstande, Dir zu schreiben.«

Das diesmal endgültige Verschwinden der »fürchterlichen Trébuchet« gestattet es Léopold Hugo, Marie Catherine Thomas zu heiraten.

Einen Monat später führt Victor Adèle endlich öffentlich an seinem Arm in den Luxembourg spazieren. An seinen künftigen Schwiegervater, Pierre Foucher, schreibt er:

»Die Umstände […] erfordern Geduld, eine Tugend, die ich nicht habe und wahrscheinlich nie haben werde. Mit meiner guten Mutter habe ich alles verloren […]. Ich hätte das Bedürfnis, meine Leiden auszusprechen, aber eine legitime Rücksicht verbietet es mir, und so muß ich meinen Schmerz ganz allein tragen, obwohl ich ihn für andere mittrage.«

Victor hat auf der affektiven Ebene alles verloren, aber er wirft jetzt das mütterliche Joch ab: Er nähert sich seinem Vater an, den er bis dahin für das Unglück der Mutter verantwortlich gemacht hatte. Bald wird er den Vornamen seines Vaters seinen beiden ersten Kindern geben. Er kehrt zurück zur katholischen Religion, die seine Mutter verabscheute: Er geht sogar zu Lamennais beichten! Schließlich beginnt er, mit dem Royalismus zu flirten, obwohl Sophie eine ausgesprochene Republikanerin war.

Aber der Schatten der Sophie Trébuchet steht noch immer zwischen Vater und Sohn. Die so rasche Annäherung an den Vater erscheint dem Sohn als Verrat an seiner Mutter. Er zögert, läßt

Zeit verstreichen, ehe er wieder Kontakt zu seinem Vater aufnimmt. Zum Glück erklärt dieser, daß er die Dichtungen von Victor und Eugène hochschätzt.

Man wird sich erinnern, daß Eugène und Victor bei Adèle Rivalen waren. Im November 1821 schreibt Victor an Adèle:
»Gestern, als ich zu Bett ging und an Dich dachte, nachdem ich Deine Haare geküßt hatte, habe ich entdeckt, welch einen Schlag *man* die Kühnheit und Grausamkeit mir zuzufügen hatte. Ein widerwärtiges Licht ist auf den Charakter eines *Wesens* gefallen, für das ich mich noch am Tag vorher aufgeopfert hätte, für dessen Zukunft ich einen Teil meiner Zukunft hingeschlachtet hatte, für das ich dieses Werk meiner Nächte hingab, das ich als Deinen Besitz hätte betrachten müssen ... Ich hatte in seinem niedrigen Neid, in seinen feigen Bosheiten nur die unbequeme Sonderlichkeit eines reizbaren Naturells gesehen.«
Natürlich ist mit *man* und diesem *Wesen* Eugène gemeint.

Léopold ist damit einverstanden, bei den Fouchers den Heiratsantrag zu stellen, unter der Bedingung, daß die Söhne seine zweite Ehe anerkennen. Am 12. Oktober 1822 werden Victor und Adèle in der Kirche Saint-Sulpice getraut. Hugo über die Hochzeitsnacht: »Was Adèle plötzlich in ihrem Bett entdeckt, ist ein entfesselter Mann, ein ›trunkener Winzer‹, wie Lamartine sagen würde. Neunmal beweist er ihr sein Verlangen!«
Doch in derselben Nacht wird Eugène von einem Tobsuchtsanfall gepackt.

»Ich schreibe Dir am Krankenbett von Eugène«, schreibt Victor an den Vater, »und er ist gefährlich krank. Sein betrüblicher Geisteszustand, von dem ich Dir oft erzählt habe, verschlimmerte sich seit Monaten auf eine Weise, die uns alle tief beunruhigte.«
Adèle bekräftigt: »Seine Brüder, der meine, sein Cousin Trébuchet und einer seiner Freunde wechselten einander an seinem Lager ab, doch sind zwei der Herren nach der Krise dieser Nacht schon krank geworden. Nun ja, mein lieber Papa, wir leben in dem heftigsten Schmerz.«

Der Zustand wird noch ernster. Im Mai 1823 erzählt Léopold:
»Gestern, mein lieber Foucher, als Eugène, dessen düstere und
wütende Miene ich schon seit Tagen beobachtete, mit meiner
Frau, einem Fräulein und mir zu Tisch saß, sprang er plötzlich
ohne ein Wort, mit einem Messer in der Hand vom Stuhl, er riß
dem Fräulein ihren Teller weg, zerschmetterte ihn am Boden,
stürzte sich auf seine Stiefmutter und stach auf ihre Brust ein ...«
Eugène wird in die Anstalt Saint-Maurice eingewiesen. Auch
dieser psychische und soziale Tod ist ein *Verlust*. Nicht Abel,
sondern Eugène verschwindet! Sollte Victor der Kain sein?

Verlust des Sohnes Léopold II:

Am 16. Juli 1823 bringt Adèle nach sehr schwerer Geburt einen
Jungen zur Welt: Er wird Léopold getauft wie sein Großvater,
der General. Nach der langen Niederkunft und ihren Folgen ist
Adèle versehrt und schwach. Sie hat nicht Milch genug, den
Säugling zu nähren. Als Victor keine schickliche Amme finden
kann, ruft er seinen Vater zu Hilfe. Dieser und seine Frau nehmen das Kind mit nach Blois. Bald darauf, am 9. Oktober 1823,
stirbt der kleine Léopold. Er ist drei Monate alt.
An den Großvater Léopold schreibt Victor:
»Alle hier sind in eine Betäubung verfallen, als wäre Léopold,
als wäre dies eben erst geborene Kind, so kränklich und zart,
kein Sterblicher gewesen [...]. Man soll nicht glauben, daß Gott
nicht seine Absichten hatte, als er uns diesen so früh zu Ihm be-
rufenen kleinen Engel sandte. Er wollte, daß Léopold noch ein
Band mehr zwischen Euch zärtlichen Eltern und uns ergebenen
Kindern wurde [...].

> IM SCHATTEN EINES KINDES (Oktober 1823)
> Oh! in jener erhabenen Welt, wo nichts Schein ist,
> In diesen Fluten von Glück, die kein Gift trübt,
> Kind! Bist du, fern dem Lächeln und den Tränen
> deiner Mutter, im Himmel nicht Waise?

Wiederaufleben der Kreativität: Victor schreibt im Dezember 1823 zehn Oden und drei weitere im Januar 1824. Zur selben Zeit verkündet er seinem Vater: »Alles läßt uns glauben, daß Léopold wiedergekehrt ist – psst.« Léopold ist also nicht gestorben, er ist auferstanden, das Ersatzkind wird dasselbe sein, ganz dasselbe: die erste Verleugnung des Todes. Im März: »Meine Frau kommt mit ihrer Schwangerschaft voran, befindet sich aber nicht so gut, wie ich wünschte; wir sind aber nicht beunruhigt [...].«

Am 28. August 1824 wird Léopoldine geboren:

»Du hast eine Enkeltochter« – schreibt Victor seinem Vater – »eine Léopoldine! Nach fünf Stunden heldenhaft ausgestandenen Leidens hat meine Adèle ein dickes Mädchen zur Welt gebracht, das ebenso lebhaft ist, wie unser armer lieber Léopold schwächlich war.«

Léopoldine? Den Vornamen hat die Patin gewählt, die neue Frau des Generals Hugo. Victor zeigt eine leidenschaftliche Liebe zu Didine. Sie ist »das Pipi ihres Papas«! Die Wiege muß neben dem Ehebett stehen. »Er schloß seine Tochter in die Arme, um sie ganz zu besitzen [...].« Léopoldine bleibt das Lieblingstöchterchen ihres Vaters, auch als andere Kinder folgen: zwei Jungen, Charles und Victor, dann Adèle.

Auf der öffentlichen Ebene bekehrt sich Victor mehr und mehr zu royalistischen Überzeugungen: Von König Karl X. nach Reims eingeladen, schreibt er die *Ode über die Krönung von Charles X.* »Die Meinungen, die die Mutter dem Geist des Kindes eingepflanzt hatte, schwanden eine nach der anderen aus dem Verstand des Mannes«, bemerkt Adèle.

Verlust des Vaters, Léopold Hugo:

Am 29. Januar 1828 teilt Victor Hugo seinem Freund Pavie mit, daß sein Vater gestorben ist:

»Ich habe den Mann verloren, der mich auf der Welt am meisten geliebt hat, einen edlen und gütigen Mann, der ein wenig Stolz und viel Liebe in mich setzte, einen Vater, dessen Augen stets auf mir ruhten.«

Wie wir es in der Analyse anderer Trauern bereits beobachteten, setzt bei Hugo nach diesem Tod eine überreiche literarische Produktion ein: Im Januar entsteht *La Chasse du burgrave*, im März *Las Chanson des pirates*, im April *Grenade* und *Les Bleuets, La Légende de la nonne, Le Ravin, Les Fantômes*, im Mai sind es sechs *Gedichte*. Im September macht er sich erste Notizen zu *Notre-Dame von Paris*, und das Jahr schließt mit *Le dernier Jour d'un condamné*.

Adèle löst sich, Verlust der Herzensbindung:

Adèle, die Mutter, schlägt Sainte-Beuve zum Paten von Adèle vor, die im Juli 1830 geboren wird. Zwischen ihr und diesem Freund der Familie hatte sich eine leidenschaftliche Beziehung angesponnen. Man urteile nach ihrem Briefwechsel, wie ihn Henri Havard[3] analysiert. »Sie nennt ihn geliebter Schatz. Sie beklagt sich über seine Hitze, zweimal hoffte sie, vierundzwanzig Stunden mit ihm allein zu verbringen, aber vergebens, er wollte nicht auf dem Lande schlafen, obwohl es Kamm und Bürste für ihn gab [...]. Er muß der glücklichste Mann sein, weil er der meistgeliebte ist. Sie liebt ihn mehr als ihre Kinder. Sie möchte ihn in ihren Armen halten [...].« Mit der Enthüllung dieser Leidenschaft im Dezember 1830 steht Victor Hugo vor einer unmöglichen Wahl: entweder seine Frau oder seinen Freund zu verlieren. Seiner Gewohnheit folgend, vertraut er sich seinen *Carnets* (Tagebuch) an:

»Wehe über den, der liebt, ohne geliebt zu werden! Ah! Eine schreckliche Sache. Sehe sich einer diese Frau an. Sie ist ein reizendes Wesen. Sie ist sanft, weiß, rein; sie ist die Freude und Liebe des Hauses. Aber sie liebt uns nicht. Sie haßt uns auch nicht. Sie liebt uns nicht, das ist alles. Ergründe, wer es wagt, die Tiefe einer solchen Verzweiflung.«

Vor Adèles Loslösung, dem Tod seiner Angehörigen und Eugènes Wahnsinn verzweifelt Hugo:

»Schwärze bricht ein in die Heiterkeit, der blaue Himmel wird zum schwarzen Himmel, das Vertraute mündet in immer nur trübes Sinnieren, in die Not der inneren Erkundung.«
Drei Jahre später begegnet er endlich Juliette Drouet.

Victors Wieder-Geburt:

Victor an Juliette:
»Du weißt, es gibt ein unendliches Wort, ich sage es Dir heute, wie ich es Dir beim erstenmal gesagt habe, am 16. Februar 1833: ›Ich liebe Dich.‹«
Und noch einmal:
»Am 26. Februar 1802 bin ich zum Leben geboren, am 17. Februar 1833 wurde ich zum Glück geboren in Deinen Armen.«
Alain Decaux, der Biograph, bemerkt dazu treffend: »Adèle hat Sainte-Beuve; wie könnte sie Victor verbieten, Juliette zu haben?«[4]
So bildet sich nach dem von Adèle herbeigeführten Bruch des Ehepaares ein neuer *modus vivendi* heraus, der einerseits das Familienleben bewahrt, andererseits das Liebesleben ermöglicht. Von seiner Frau verlassen wie sein Vater Léopold, gelingt es Victor Hugo, die gewaltsame Trennung der Eltern zu vermeiden, die seine Kindheit verdüstert hatte. Sowohl in der Freundschaft wie in der Ehe will er keinen offenen Konflikt.

Pauca meae[5] – Léopoldines Tod

Hugo! Hugo! Die Lautenstimme,
die einen Engel im entzückten Himmel beweint, deine
Tochter,
schlafend unter einem Kreuz,
ist eine Stimme, die manche Wonnen ins Herz bringt,
manche Tränen ins Auge.

Stéphane Mallarmé, Februar 1859

Die väterliche Bindung, die zum erstenmal durch den Tod des kleinen Léopold zerschnitten wurde, wird dies aufs neue durch den Tod von Léopold II, das heißt von Léopoldine.
Zwanzig Jahre nach dem Tod des ersten Sohnes versinkt Léopoldine, das Ersatzkind, mit ihrem Mann bei Villequier in der Seine. Die Todesnachricht erreicht Victor Hugo ebenso roh wie zufällig auf seiner alljährlichen Reise mit Juliette Drouet. Bei einem Aufenthalt in Rochefort lesen sie von dem Unfall in der Zeitung.

Oh! Ich war wie wahnsinnig im ersten Moment,
Ach! Und ich weinte bitterlich drei Tage.
Ihr alle, denen Gott eure geliebte Hoffnung nahm,
Väter, Mütter, deren Seele mein Leiden litt,
Empfandet ihr auch, was ich empfand?
Ich wollte mir den Schädel auf dem Pflaster zerschlagen;
Dann empörte ich mich, und für Momente schrecklich
Richtete ich meine Blicke auf diese grausige Sache,
Und ich glaubte sie nicht, und ich schrie: Nein!
Erlaubt Gott solch namenloses Unglück?
[...]
Gott! Ich klage dich an! [...]
Sowie du uns abwesend weißt, lauerst du uns auf,
Du dringst bei uns ein wie ein streunender Dieb,
Du raubst unsere Schätze und schleppst sie fort [...]

An Adèle richtet er Worte des Schmerzes und des Trostes:
»Liebe Freundin, meine geliebte Frau, arme geprüfte Mutter,
was kann ich Dir sagen? Eben las ich zufällig eine Zeitung. O
mein Gott, was habe ich dir getan? Mein Herz ist gebrochen
[…]. Arme Frau, weine nicht. Nehmen wir es hin. Sie war ein
Engel. Geben wir ihn Gott zurück. Ach! Sie war zu glücklich.
Oh! Ich leide sehr. Es drängt mich, mit Dir zu weinen und mit
meinen armen, geliebten drei Kindern. Meine liebste Dédé, ver-
zage nicht, und Ihr drei auch. Ich komme. Dann weinen wir gemeinsam, meine armen Liebsten. Auf bald! Bis gleich, meine
geliebte Adèle. Wenn diese grausamen Schläge unsere Herzen,
die sich lieben, wenigstens wieder näher zusammenschlössen.«
An Louise Bertin:
»Ich las Zeitung. Dabei erfuhr ich, daß die Hälfte meines Lebens
und meines Herzens gestorben war […]. Ich hatte mich mit der
Entfernung von ihr abgefunden, damit es ihr an nichts fehle. Immer muß eine Wolke kommen. Es hat noch nicht gereicht […].«
Der Briefwechsel mit Lamartine, dessen Tochter auf einer Reise
in den Mittleren Orient starb, ist ein Austausch oder vielmehr
ein Teilen der schmerzlichen Gefühle, der Hoffnung, der Klage.
Lamartine an Hugo:
»Ich habe an Ihrer Brust und vor Ihnen geweint. Daran denke
ich unaufhörlich. Das offene Herz schließt sich nicht mehr. Sie
können nur von einem Vater verstanden werden, der seine einzige Tochter verloren hat. Aber wir glauben an Gott, Sie und ich,
und an die Fortdauer seiner schönsten Geschöpfe. Also leben sie,
und wir werden sie vollkommener wiederfinden. Wir glauben
und lieben mehr als andere, weil wir mehr sehen. Ich habe Sie in
der ersten Stunde Ihrer Verzweiflung nicht stören wollen. Sie
gehört allein Gott. Möge der Rest Ihres Lebens dem geweiht
sein, der Sie hienieden liebt, und rechnen Sie mich zu den ersten
und den letzten.
Ein Wort nur des Gedenkens und der Hochachtung an Madame
Hugo.

Adieu und Liebe.

Antworten Sie nicht.«

Victor Hugo antwortet sofort:

»Ihr Brief, mein lieber Lamartine, hat mich tief berührt. Ich glaubte Ihren Händedruck zu spüren. Sie sind in allem groß, in Herz und Genius. Ich danke Ihnen. Meine Frau weinte.

Ich habe, wie Sie, den Engel meiner Zukunft verloren. Gott hat uns beide auf dieselbe Weise geschlagen. Ihnen gibt er Entschädigung, alle Höhen eines großartigen Geschicks, aber, ach! all das wiegt nicht den Kuß eines Kindes auf.

Lieber und großer Freund, ich bin aus ganzem Herzen der Ihre.«[6]

Hugo schreibt seinem Verleger, dem er seine nächste Gedichtsammlung ankündigt:

»In zwei Monaten erhalten Sie *Die Betrachtungen*. Es ist ein dunkles Buch, dennoch heiter. Dieses Buch könnte in vier Teile aufgeteilt werden: *meine tote Jugend – mein totes Herz – meine tote Tochter – mein totes Vaterland*. Leider!«

Im März 1856 beendet er auf Guernsey die Einleitung dazu mit den wenigen Zeilen:

»In diesen zwei Bänden erzählt eine Seele von sich: Früher ... Heute. Dazwischen liegt ein Abgrund, das Grab.«

Wessen Grab? Das von Léopoldine, der die *Pauca meae* gewidmet sind: »Ihr, die in Frankreich liegt.«

> DREI JAHRE DANACH (10. November 1846)
> Mit zwanzig Jahren, Trauer und Einsamkeit!
> Meine Augen, auf den Rasen gesenkt,
> Verloren die liebe Gewohnheit,
> Meine Mutter im Hause zu sehen.
>
> Sie ging von uns ins Grab:
> Und ihr wißt ja, daß heute
> In dieser einfallenden Nacht ich
> Einen andern Engel suche, der entfloh.

Und daß ich leide wie ein Vater.
Ich, der sosehr litt als Kind!

Vielleicht sagt sie, bleich und fahl
In ihrem engen Bett:
Ist es, weil mein Vater mich vergaß
Und nicht mehr da ist, daß ich so friere?

Es ist das Kind, das hier spricht: Mit Didine erlebt er das Verlassensein wieder, das er in seiner Kindheit kennenlernte: »Didine, das bin ich.«
Die Brüche, die er als Kind in der Familie erlebte, wiederholen sich: Adèle hat sich von ihm gelöst, der erste Sohn Léopold ist ebenso verschwunden wie Léopold II (Léopoldine):

ALS WIR ALLE ZUSAMMEN WOHNTEN
Sie war das Kind meiner Morgenröte
Und mein Morgenstern!
[...]
Wir kehrten heim, die Herzen voll Flammen,
Da wir sprachen vom himmlischen Glanz.
Ich bildete diese junge Seele,
Wie die Biene ihren Honig macht.

Wie Anatole für Mallarmé, so wird Léopoldine für Hugo die innigste Verkörperung seiner selbst.

Wenn man sechzehn Jahre *jenes zweite Ich* gesehen,
Wachsen die liebenswerte Anmut und die sanfte Vernunft,
Da man erkannte, daß dieses Kind, das man liebt,
Den Tag bringt in unsere Seele und unser Haus.

(4. September 1844)[7]

41

VENI, VIDI, VIXI (April 1848)

O meine Tochter! Ich sehne mich nach dem Schatten,
                                            wo du ruhst,
Denn mein Herz ist tot, ich habe genug gelebt.
[...]
O Herr! öffne mir die Pforten der Nacht,
Damit ich gehen kann und verschwinde ...

Das Thema, daß man sich im Tod wiederfinden wird, ist auch das von Stéphane Mallarmé, der Hugo aber um seine Fähigkeit beneidet, den Tod des Kindes zu beweinen:

IN VILLIQUIER (September 1847)

Jetzt, da ich aus der Trauer, die mir die Seele verdüsterte,
    hervortrete, bleich und als Sieger,
Und da ich fühle, wie der Frieden der großen Natur
    Mir einzieht ins Herz,
    [...]
Laßt mich über den kalten Stein mich beugen
Und zu meinem Kinde sagen: Fühlst du, ich bin da?
Laßt mich zu ihm sprechen, über seine Reste geneigt,
Des Abends, wenn alles schweigt,
Als ob in seiner Nacht, seine Himmelsaugen öffnend,
Dieser Engel mich hörte.
    [...]
Ich werde den Augenblick sehen, bis ich sterbe,
Den Augenblick, unnütze Tränen!
Da ich schrie: Das Kind, das ich noch eben hatte,
Wie! Ich hab' es nicht mehr!
    [...]
Laßt mich zu ihm sprechen, über seine Reste geneigt,
Des Abends, wenn alles schweigt,
Als ob, in seiner Nacht seine Himmelsaugen öffnend,
Dieser Engel mich hörte!

Hugos Trauer hat einen milderen Ton angenommen, aber er will nicht wahrhaben, daß die Zwiesprache abgerissen ist, und empört sich wiederum.

Diese Gedichte, vier Jahre nach Léopoldines Tod geschrieben, sind von einem anderen Tod inspiriert, dem von Claire Pradier, Juliettes Tochter.

Die dichterische Produktion Victor Hugos scheint zwischen dem 31. Oktober 1843 und dem 26. Januar 1846 tatsächlich versiegt zu sein. Der Tod seines liebsten Kindes, das zugleich die Adressatin und die Inspirationsquelle seiner Botschaft war, hatte den dichterischen Atem zeitweise zum Erliegen gebracht. Seine Trauer mag vergiftet worden sein durch Schuldgefühle. Als das Unglück geschah, war er mit Juliette Drouet auf »Liebesreise«. Doch unterhielt Hugo, wie Decaux sagt, schon 1843 eine leidenschaftliche und sich weiter entfaltende Beziehung zu Léonie Biard. Man urteile nach dem folgenden Brief Victors an Léonie:

»Oh, Du, die ich liebe, geheimnisvolle Gattin meiner Natur und meines Geschicks, siehst Du in den Momenten, da ich in Dich eindringe, da wir seelisch und leiblich sosehr eins mit dem andern vermischt sind, daß wir in Wirklichkeit nur mehr ein Wesen sind, ein Körper, eine Seele, und in jenen Momenten möchte ich sterben, denn mir scheint, da fängt der Himmel an ...«

Er hatte seinen letzten Besuch bei Léopoldine auf ein striktes Minimum begrenzt, um einige Tage der Leidenschaft mit Léonie zu gewinnen, bevor er mit Juliette die »rituelle« Reise antrat.

Diese Liebesbeziehung zu Léonie endete später mit dem Skandal eines flagranten Ehebruchs. Trotzdem geht das öffentliche und literarische Leben weiter, mit derselben Lebendigkeit und einer immer reicheren Kreativität.

Ein letzter Bruch und Umschwung vollzieht sich 1852 durch das Exil nach Jersey, dann nach Guernsey. Die letzte »Züchtigung« für Victor Hugo? Seit 1853 findet er anscheinend einen Ausweg aus seiner Qual im Spiritismus. Delphine de Girardin, eine alte

Freundin aus den romantischen Zirkeln ihrer Jugend, die nach Jersey kommt, fordert ihn zum »Tischerücken« auf. Nach der Empörung gegen Gott gelingt es Hugo, den abgerissenen inneren Dialog mit seiner Tochter durch einen Schritt wieder anzuknüpfen, wie ihn auch Rosamond Lehmann unternahm.[8] Um die Verbindung aufrechtzuerhalten, sprengt er die Grenzen, die für gewöhnlich das phantasmatische Leben vom wirklichen Leben trennen. Der »wandernde Tisch« bestätigt ihn in der Gewißheit, daß die Toten gegenwärtig, daß sie ihm nahe sind. Indessen ist es dem Lebenden nicht möglich oder nicht erlaubt, in die Geheimnisse des Jenseits einzudringen. Er befragt den Tod:

»Die Wesen, die im Unsichtbaren wohnen und die Gedanken in unseren Gehirnen sehen, wissen, daß ich mich seit fünfundzwanzig Jahren mit den Fragen beschäftige, die der Tisch erhebt und vertieft. Bei mehr als einer Gelegenheit hat der Tisch mir von dieser Arbeit gesprochen: Der Schatten des Grabes hat mich aufgefordert, sie zu beendigen. In dieser Arbeit, und offenbar kennt man sie dort oben, in dieser fünfundzwanzigjährigen Arbeit war ich allein durch Meditation zu mehreren Resultaten gelangt, wie sie heute auch der Tisch enthüllt, ich hatte einige dieser sublimen Resultate deutlich gesehen und bejaht, ich hatte andere halb gesehen, die in meinem Geist im Zustand wirrer Spuren verblieben. Die geheimnisvollen und großen Wesen, die mich hören, sehen, wenn sie es wollen, in mein Denken, wie man mit einer Fackel in einen Keller blickt ...«[9]

Der Tod spricht zu dem Dichter:

»Jeder große Geist verrichtet im Leben zweierlei Werke: sein Werk als Lebender und sein Werk als Phantom. In das Werk des Lebenden läßt er die irdische Welt eingehen; in das Werk des Phantoms ergießt er die himmlische Welt; während der Lebende zu seinem Jahrhundert in der Sprache spricht, die es versteht, im Möglichen wirkt, das Sichtbare bestätigt, das Wirkliche verwirklicht, den Tag erhellt, das Gerechte rechtfertigt, den Beweis beweist ..., während der Lebende dieses erste Werk verrichtet, erwacht in der Nacht, im allgemeinen Schweigen, in dem Lebenden das denkende Phantom, o Schrecken! ...

Früher«, sagte er zu Adèle, »schlief ich ein als friedlicher Mann; jetzt lege ich mich nie ohne einen gewissen Schrecken zu Bett, und wenn ich in der Nacht aufwache, erwache ich mit Schaudern, ich höre Klopfgeister in meinem Zimmer ... Vor zwei Monaten, bevor die Weiße Dame ihr Bild gezeichnet hatte, empfand ich diesen Schrecken noch nicht, aber jetzt, muß ich gestehen, empfinde ich das heilige Grauen.«[10]

Zu der Zeit glaubt er, daß die Enthüllungen der Weißen Dame »eine neue Religion begründen wollen, die sich das Christentum einverleibt, indem sie es ausweitet, so wie das Christentum sich einst den Judaismus einverleibte«.

»Was wird in meinem Grab liegen, ein Prophet oder ein Dichter?«[11] Damit endet am 22. Oktober 1854 der Dialog mit dem Tisch. Wenig danach, und noch immer auf Guernsey, schreibt er die letzten Verse des Gedichtes *Ihr, die in Frankreich liegt*:

»Es ist wohl das Wenigste, daß sie meine Seele habe, nicht wahr?
O schwarzer Wind, dessen Schritt ich über meiner Decke höre!
Sturm, Winter, der du mit deinem Hagel meine Scheibe schlägst!
Meere, Nächte! Und ich habe sie in dieses Buch gelegt für sie!«

In einer Märznacht 1856 notiert er im Tagebuch:
»Wenn es hier, nahe bei mir, ein Wesen gibt, das leidet, wer immer es sei, es sei gesegnet, und es möge für mich beten, wie ich für es bete. In diesem Moment habe ich es zweimal sehr deutlich an meine Wand klopfen hören. Ich horchte, innerlich das Wesen bittend, wer immer dort sein möge, von neuem zu klopfen oder sich mir noch einmal kundzutun, aber ich habe *nichts* mehr gehört und bin wieder eingeschlafen.«

Die »Klopfgeister« suchen Victor Hugo nun für den Rest seines Lebens periodisch heim. Was übrigens oft in Alpträume mündet. Dies dient ihm als ausgezeichneter Vorwand für eine neue Schutzmaßnahme: Neben seinem Zimmer muß immer eine – übrigens völlig austauschbare – Bedienstete schlafen, die seine tausenderlei sexuellen Wünsche zu befriedigen hat. All das geht mit dem mehr oder minder scheinheiligen Segen seiner beiden anerkannten Frauen vonstatten, zuvörderst Adèle, danach Juliette. Aber diese Zuflucht zu den kleinen erotischen Freuden ist nur ein Aspekt der Schutzvorrichtungen gegen die Angst, die Hugo heimlich aushöhlt. Tatsächlich erarbeitet er auf Guernsey sein philosophisch-religiös-kosmisches System, mittels dessen er eine ständige Beziehung zwischen den Lebenden und den Toten, zwischen Gott, dem Weltall und dem Inspirationsauftrag des Dichters herstellt. Den gleichen Wunsch, eine orphische Erklärung der Erde zu finden, entwickelte auch Stéphane Mallarmé in der Trauer.

SATURN
Auf daß wir, lebend gemacht durch die Gruft selbst,
Alle eines Tages eingehen in den goldroten Raum
Zu lesen das unendliche Werk und die ewige Dichtung,
Vers für Vers, Sonne für Sonne! ...
[...]
Und daß ein jeder diese Reise der Seelen mache,
Sofern er gelitten, sofern er geweint hat,
Alle! außer den Bösen, deren schändliche Geister
Sind wie ein zerrissenes Buch.
[...]
Jene wird Saturn, ein grausiger, einsamer Globus
Aufnehmen für die Zeit, da Gott richten wird
Gezüchtigte zugleich durch Himmel und durch Erde,
Durch Streben und durch Erinnerung!
[...]
Saturn! gewaltige Sphäre! Stern der unheilvollen Aspekte!
Bagno des Himmels! Kerker, dessen Luke leuchtet!
Welt im Nebel, in Winden, Finsternissen!
Hölle aus Winter und Nacht! ...

Nach Pierre Albouy steht dieses Gedicht am Beginn einer langen Meditation, die Hugo zu der astronomischen Religion des »Philosophischen Vorwortes« der *Elenden* führt … »Die Lehre, daß die Seelen nach dem Tod auf andere Sterne wandern, verbindet sich mit dem Glauben an die Seelenwanderungen auf der Erde.«[12] Hugo faßt seine »Religion« so zusammen:

»Die Welten sind Wesen. Eine Welt ist eine Seele. Es ist ihr gegeben, sich von Gott zu entfernen oder sich ihm zu nähern. Es gibt englische Welten: das Paradies. Es gibt dämonische Welten: die Höllen. Die Welten der Belohnung – die Welten der Buße. In den ersteren ist alles Geist und Licht, in den anderen ist fast alles Materie und Nacht.

[…]

Es gibt Zwischenwelten; die Welten der Reinigung, die man die Menschenwelten nennen könnte.

Die Erde ist eine solche.«

Alle diese philosophischen, religiösen und parapsychologischen Beschäftigungen haben sicher den Zweck, Hugo vor der Herzensangst zu schützen, die der Tod seiner Lieben in ihm hinterlassen hat. Doch ist dies alles in den großen Strom seiner dichterischen und literarischen Produktion eingebunden. Im Kontrast dazu steht völlig klar der andere Hang seines Lebens: ein sehr enges und warmherziges Familienleben, ein sehr robustes Körperleben mit großen Wanderungen am Meer, mit Hummerorgien und überbackener Pastete. Das Exil hat wenigstens das Verdienst, daß es ihn trotz aller Prüfungen bei bester Gesundheit erhält.

Macht und Ruhm

»Vor dem Zubettgehen sehe ich mir den schlafenden Georges an. Ich finde, er ist schön.« Georges, sein erster Enkel, ist soeben geboren worden. Es ist das Jahr 1857, und Hugo notiert seiner alten Gewohnheit gemäß jedes kleinste tägliche Vorkommnis ebenso wie die großen Ereignisse in seinem Tagebuch. »Ich schenke Georges einen Wagen, dazu gebe ich ihm das Pferd, das mir gehörte.« Zum Unglück stirbt der kleine Georges ein Jahr darauf an einer Meningitis: »Wehe! Mein armer sanfter Georges ist vorgestern gestorben, am Dienstag, dem 14. April.« Hugo ist niedergeschlagen, aber als seine Schwiegertochter Alice mit einem zweiten Jungen niederkommt, notiert er wie bei seinem ersten Sohn Léopold: »Klein-Georges ist wieder da.« Tatsächlich glauben Hugo und seine Frau Adèle an »Wiedergänger«. Er erklärt sich dazu in seinem Gedicht *Der Wiedergänger*:

> Mütter in Trauer, eure Schreie werden dort oben erhört.
> Gott, der in seiner Hand alle verlorenen Vögel hält,
> Schickt manchmal ins selbe Nest dieselbe Taube …

Wie um das Wohlgegründete dieses Glaubens zu bekräftigen, erzählt er die Geschichte einer Mutter aus der Gegend um Blois (wo Léopold I gestorben war), deren Sohn im Alter von drei Jahren stirbt. Die Mutter verharrt drei Monate in Verzweiflung.

> Man hörte sie mit dumpfem Schrecken
> Zu jemand leise sagen: Gib ihn mir wieder!
> Und der Arzt sprach zum Vater: Man muß
> Dies traurige Herz zerstreuen, dem toten Kind einen
> Bruder geben …
> Das neue Kind wird geboren.
> Wer ist das Fremde? sagte sie.
> Dann schrie sie düster und auf Knien:
> Nein, nein, ich will nicht! Nein! Du wärest neidisch!
> O mein sanftes Entschlafenes in der kalten Erde,
> Du würdest sagen: Sie vergißt mich; ein Neues ist an
> meinem Platz;
> Meine Mutter liebt es und lacht; sie findet es schön,
> Sie küßt es, und ich lieg' hier in meinem Sarg! [...]
> Sie sagte: Der Engel in seinem Grab ist allein!

O süßes Wunder! O Mutter im wiedergekehrten Glück!
Sie hörte *mit wohlbekannter Stimme*
Das Neugeborene sprechen im Dunkel ihrer Arme
Und ganz leise murmeln: *Ich bin es.* Nur sag es nicht.

Léopold I, sein Sohn, war durch Léopold II (Léopoldine) ersetzt worden. Georges I wird ersetzt durch Georges II. Adèle, seine Frau, stirbt 1868 in Brüssel. Vorher hat sie Juliette besucht, wahrscheinlich, um ihr Victor anzuvertrauen. Tagebuchnotiz vom 27. August:

> Gestorben heute morgen um halb sieben.
> Ich habe ihr die Augen geschlossen, ach!
> Gott wird diese sanfte und große Seele aufnehmen. Ich gebe sie ihm zurück. Sie sei gesegnet!
> Ihrem Wunsch gehorchend, werden wir ihren Sarg nach Villequier überführen lassen, zu unserer süßen toten Tochter ...

Vor der Abfahrt von Brüssel:
»Ich habe Blumen genommen, die da waren. Ich habe sie um ihren Kopf gelegt. Ich habe um ihren Kopf einen Kranz weißer Margeriten gelegt, ohne ihr Gesicht zu verdecken, dann habe ich Blumen über ihren ganzen Körper gestreut. Dann habe ich sie auf die Stirn geküßt und ihr ganz leise gesagt: ›Sei gesegnet!‹ Vor der Abreise habe ich schwarze Kleider angelegt, die ich nicht mehr ablegen werde.«
Und auf dem fromm aufbewahrten großen Foto von Adèle steht: »Liebe Tote, der vergeben ist.« Die Affäre Sainte-Beuve ist sicherlich vergeben, aber nicht vergessen!
Wieder auf Guernsey, schreibt er Briefe. An Aicard:
»Ich bin hier. Alle haben mich allein gelassen. Verlassensein ist das Los des Alten. Ich kann nur hier arbeiten. Meine Familie ist mein Glück. Ich mußte zwischen meiner Familie (in Brüssel) und meiner Arbeit wählen, zwischen Glück und Pflicht. Ich habe die Pflicht gewählt, sie ist das Gesetz meines Lebens.«

An Vacquerie:
»Mein Körper nimmt ab, mein Denken nimmt zu; unter meinem Alter keimt es neu … Ich bin ein ewiger Jüngling.«
An Meurice:
»Das ganze Werk zu tun, das man im Kopf hat, ist unmöglich, zumal ich mehr Dramen und Gedichte im Brutzustand in meinem Hirn trage, als ich je publiziert habe. Ich habe drei Koffer voller Manuskripte. Einige vollendet, das meiste skizziert.«
Wie schon in früheren Trauerzeiten quillt die poetische Inspiration über. Mit dem Sturz des Kaiserreiches im Jahr 1870 kehrt Hugo nach Paris zurück. Der Empfang ist triumphal: Er wird mitten ins politische Leben geworfen. Ebenso blüht er in seiner neuen Karriere als Großvater auf. »Man könnte mich so charakterisieren: Victor Hugo, Repräsentant des Volkes und Kindermädchen.« Aber ihn erwartet eine neue Katastrophe: Charles, sein Sohn, stirbt plötzlich am 13. März. »Charles nach dem kleinen Léopold, nach Léopoldine. Warum?« fragt sich sein Biograph Decaux. Die Notizen in dem so genauen Tagebuch lassen die Verbindung zwischen Menschenliebe und Tod erkennen:
»Man hat den Sarg hinuntergetragen […] das dauerte eine halbe Stunde. In dieser Zeit betrachtete ich das Grab meines Vaters und den Sarg meines Sohnes […] die Menge umgab mich. Man faßte meine Hände. Wie dieses Volk mich liebt, und wie ich es liebe! […] Ich bin zerbrochen. Mein Charles, sei gesegnet.
Der tote Sohn und der zum Grab strebende Vater
ziehen vorbei, der eine gestern noch tapfer, kraftvoll und schön,
Der andere alt und die Tränen auf seinem Gesicht verbergend …
›Das schreckliche Jahr‹.«
Die Menschenliebe konkretisiert sich schnell – wie es seiner Gewohnheit entspricht – mit Marie Mercier, die in seinen Dienst getreten ist. Diese neue Leidenschaft trägt Züge, die mit der einstigen für Léonie Biard vergleichbar sind.
Im Februar 1872 bringt die Tochter Adèle eine Dame von den Antillen mit nach Hause, die Hugo Gelegenheit zu seinem ersten

»exotischen« Abenteuer bietet! Seit Jahren verfolgte Adèle vergeblich einen englischen Militär. Erotomanischer Wahn? Sie wird in Saint-Mandé interniert: »Meine arme Tochter Adèle, toter als die Toten …« In der Anstalt lebt sie bis ins fünfundachtzigste Jahr. Dann kommt die Liaison mit Judith, Théophile Gautiers Tochter, verheiratet mit Catulle Mendès … Die Liste der mehr oder minder berühmten Frauen aufzustellen, die sich dem größten literarischen Genius der Epoche anboten, ist nicht unsere Sache! Sogar Sarah Bernhardt … ganz zu schweigen von den zahllosen viel prosaischeren und bisweilen gewagten Augenblicksepisoden mit Professionellen (zwei Verhaftungen im Bois de Boulogne). Aber man darf dieses immer tatbereite libidinöse Verströmen nicht übergehen!

Den Sommer 1872 verbringt er wieder auf Guernsey. Von seinen Kindern und Enkelkindern umgeben, arbeitet er unermüdlich: »Ich habe Klein-Jeanne ein Bett neben meinem machen lassen. Die ganze Nacht hörte ich diesen Engelsschlaf neben mir.« Aber die Enttäuschung läßt nicht auf sich warten: »Das süße Kind hat diese Nacht nicht bei mir schlafen können. Heute früh hörte ich es schreien. Mir ist klamm ums Herz.« Und sein Sohn François-Victor beschließt, mit Frau und Kindern abzureisen. Eintrag ins Tagebuch: »Du wirst mich sehr liebhaben, wenn du groß bist und ich tot bin, nicht wahr, Klein-Jeanne?«

»Ich werde jetzt alle Tage vor mich hin schreiben, ohne aufzuhören, wenn Gott will«, erklärt er im Dezember 1872, und er stürzt sich auf die Berichte aus der Revolutionszeit: Der Roman *Dreiundneunzig* wird ein riesiger Erfolg.

Die Reihe der Tode setzt sich fort. Im Dezember 1873 stirbt nach langer Krankheit sein Sohn François-Victor: »Wieder ein Riß, und ein äußerster Riß in meinem Leben. Ich habe nur noch Georges und Jeanne vor mir … Und wozu tauge ich jetzt noch? Zum Sterben.«

Trotzdem geht das Leben weiter. Alice und die beiden Enkelkinder ziehen zu Juliette und ihm. Er betet die Kleinen an:

Kinder, wenn ihr redet,
Beuge ich mich und höre, was die reine Seele spricht,
Und ich meine, eine leichte Öffnung zu sehen
Im großen gestirnten Himmel.

Es ist die Zeit der *Kunst, Großvater zu sein.*
1878 nimmt Juliette einen ersten Anfall in einer Mietdroschke zum Anlaß, ihn zur Abreise aus Paris zu bewegen. Auf Guernsey erholt er sich nach und nach. Aber Juliette entdeckt den Rosentopf, nämlich das Heft, in dem Victor alle seine Abenteuer verzeichnet hat! Skandal: Sie verläßt ihn. Die Versöhnung erfolgt jedoch schnell: Im Dezember 1879 fahren sie gemeinsam nach Villequier. Wieder im Tagebuch: »Gebet. Ich bin bis sechs Uhr abends dort geblieben.«
1882: Die Regierung erklärt den achtzigsten Geburtstag von Victor Hugo zum nationalen Festtag.
Juliette, die an Krebs leidet, »verhungert« am 11. Mai 1883. In sein treues Tagebuch schreibt er noch: »Die Toten sind nicht abwesend, sie sind unsichtbar.«
Aber *von dem Tag an schreibt er nicht mehr.* Es ist das zweite und letzte Versiegen seiner Inspiration. Ein Jahr darauf sagt er zu Léon Daudet: »Die Erde ruft mich.«
Am 20. Mai 1885, fast zwei Jahre auf den Tag genau nach Juliettes Tod, stirbt Hugo in völliger Klarheit. Angeblich zitierte er einen seiner letzten Verse: »Dies ist der Kampf des Tages mit der Nacht.«
Sein Testament endet:
»Ich werde das irdische Auge schließen; aber das spirituelle Auge bleibt offen, weiter denn je.«

Verschwundene und Wiedergänger

Victor Hugo, der Sänger der Kindheit, der Volkstribun, der Visionär, der Wortgewaltige: Auch er hat entscheidende Tode erlebt. Ihre halbbewußte und unbewußte Verarbeitung läßt sich aus seinem literarischen Werk herauslesen und bekundet sich durch Impulshandlungen in der Wirklichkeit.

Das Verschwinden ist unerträglich: Lieber glaubt er an Wiedergänger. Der Weg dahin wird Hugo durch die Doppelungen und Wiederholungen gewiesen, die sein Leben von Geburt an begleiten:

– Zwei Väter: Der Sohn Léopolds wird nach seinem Paten, Victor Lahorie, dem Freund der Familie, benannt. Tatsächlich ist Sophie, seine Mutter, die Geliebte des ersten Victor.

– Zwei Mütter: Wenn Sophie nicht da ist, spielt Léopold den Kükenpapa mit Hilfe von Dienstmädchen, die seine Geliebten sind.

– Zwei Ehefrauen: Er bleibt bei Adèle, die ihn nicht mehr liebt, und verbindet sein Leben mit Juliette, die ihn anbetet.

– Zwei Brüder für denselben Platz: Die Konkurrenz mit seinem Bruder Eugène beginnt frühzeitig zugleich auf literarischem und amourösem Gebiet.

– Zwei Kinder mit dem väterlichen Vornamen: Léopold I, der erste Tote, wird durch Léopoldine ersetzt, die ebenfalls früh stirbt.

– Zwei Freunde und Geliebte: Adèle, seine Frau, wiederholt mit Sainte-Beuve die Geschichte Sophies, seiner Mutter, mit Lahorie.

– Zwei Geliebte und Paten: Adèle II, seine Tochter, wird das Herzenskind von Sainte-Beuve, wie er es das von Lahorie war.

– Zwei Ehemänner, vier Frauen: Obwohl Victor mit Adèle verheiratet bleibt, führt er daneben eine zweite Ehe mit Juliette. Sein Vater, der General, lebte bis zum Tod seiner Frau Sophie mit Marie Catherine Thomas.

– Zwei Enkelkinder mit einem Namen: Georges, der erste Enkel, wird durch einen zweiten Enkel – im geläufigen Wortsinn – ersetzt: durch Georges II.

– Zwei Wahnsinnige: Adèle II, seine Tochter, beschließt ihr Leben in einer Anstalt wie Eugène, sein Bruder.

Hugo gelingt es, dank einer außergewöhnlichen Fähigkeit zur Symbolisierung seine überbordenden Phantasmen in die Wirklichkeit umzusetzen. Seine außerordentlichen Gaben reichten indessen nicht aus, ihn angesichts der fundamentalen Lücke, die der Tod reißt, vor Herzensangst zu bewahren. Zwei Ausbrüche bezeugen es: die Konstruktion philosophisch-spiritualistischer und pantheistischer Theorien an der Grenze des Irrsinns mit dem Glauben an Wiedergänger. Außerdem scheinen seine erotisch-lüsternen Impulshandlungen mit Zwangscharakter, sieht man von seinem kraftvollen Temperament einmal ab, wirklich dem Zweck gedient zu haben, ihn von dem Fehlen seiner Nächsten abzulenken und ihn durch Körperkontakt gegen die Leere des Todes zu versichern.

Besteht eine Beziehung zwischen dem Übermaß seiner verbalen Katarakte und der Anlage zum Wahnsinn, die sich seines Bruders und seiner Tochter bemächtigt hat? Victor Hugo scheint dem Wahnsinn entgangen zu sein, aber in welchem Maße und wodurch? Hat er selbst nicht erklärt:

O Genie, o Wahnsinn, erschreckende Nachbarn!
Der Träumer muß stärker sein als der Traum.[13]

Ein Nachmittag im April –
Geneviève Jurgensen

Schreiben hieß: das Erlebte in eine Form bringen, um nicht so
zu leiden.
Leiden war meine letzte Möglichkeit, meine Kinder zu lieben.

Geneviève Jurgensen

Schreiben, um nicht so zu leiden

Am Mittwoch, dem 30. April 1980, verunglücken die beiden
Töchter von Geneviève Jurgensen tödlich bei einem Unfall auf
der Autobahn. Mathilde, noch nicht ganz acht, und Élise, viereinhalb Jahre alt.
Zehn Jahre später ist ihre Mutter endlich in der Lage, in Form
von Briefen an einen Freund vom 4. Dezember 1991 bis 13. September 1993 aufzuschreiben, was geschehen war und welche
Prozesse sie seither durchlebt hatte. Zehn Jahre dauerte es, bis
sie das in seiner Grausamkeit unaussprechliche Erleben in Worte fassen konnte.
Das Hin und Her zwischen Vorher und Nachher, die Erinnerungen, die Erzählung des Geschehens, die Vielschichtigkeit und
Widersprüchlichkeit der Gefühle, die sie befielen und trotz der
langen Zeit auch weiter umtreiben, bilden einen Bericht, der mit
ergreifender Authentizität die geheimnisvolle »Trauerarbeit« bezeugt, ein Begriff, der, wie wir sahen, einen ebenso unbewußten
Prozeß wie die Traumarbeit bezeichnet. Erinnerung, Sehnsucht,
Momente der Fremdheit sind geblieben, nun aber wie zugehörig

zu einem aufs neue glücklichen und aktiven Leben. Für ihre Fähigkeit, sich zu engagieren, und für ihre Tatkraft bekannt, hat Geneviève Jurgensen die Liga gegen Gewalt auf den Autobahnen »Mon Combat« gegründet. Es ist der Kampf einer Frau, die Wiedergutmachung will für eine ungerechte Aggression, einen unheilbaren Verlust, eine radikale narzißtische Verletzung.[1]

Sie hat das humanitäre Anliegen als ihren Weg gewählt, um die Gewalt, die Wut zu sublimieren, die sie nicht auf den für den »Mord« ihrer Kinder *Verantwortlichen* entladen konnte.

Kurze Zeit nach der Tragödie hatten Freunde zu ihr gesagt: »Schreib es auf.« Damals durchlief sie ein Schauder der Abwehr. »Schreiben hieß: das Erlebte in eine Form bringen, um nicht so zu leiden. ... Leiden war meine letzte Möglichkeit, meine Kinder zu lieben.«

Leiden! Wäre Leiden demnach der höchste Beweis der Liebe? Würde Nicht-mehr-Leiden das Zeichen dafür sein, daß man vergißt? Sollte endloses Leiden die Gewähr jener »Ur«-Liebe sein, ohne die der Mensch nicht existieren kann?

»Was habe ich falsch gemacht?« Fragen nach Unrecht, Fehlern, Schuld und Verantwortung rücken nach solchen Tragödien unvermeidlich in den Vordergrund. Schreiben hieße, Abstand zu nehmen, zurückzutreten von dem archaischen Einssein von Mutter und Kind, das durch den Verlust des Kindes – Repräsentant des geliebten Wesens par excellence – reaktiviert worden ist. Schreiben hieße, den Schleier über einem Geheimnis zu lüften, dem Geheimnis eines Schmerzes, der dauerhaft bezeugt, daß ein grundlegendes Band unrettbar zerschnitten ist. Schweigen hingegen würde dieses Leiden, das geliebte Objekt, aber auch die Bindung an es unveränderlich erhalten. Aber müßte die Erinnerung, die man so in sich verschlossen hat, nicht erstarren, gleichsam zu einer Pseudo-Reliquie werden, die man instandhalten muß, ein Totenzimmer, zu dem der Zutritt verboten ist?

»Mir meine Töchter zu rauben, das war, als hätte man mir brutal meine Brüste abgerissen.«

Das Leiden um das Kind, das der Körper einst geborgen und genährt hat, das ein wesentlicher Teil des eigenen Körpers, des Mutterwesens war, kann die sprachlichen Fähigkeiten ersticken. Es geschieht das gleiche wie bei denjenigen, deren Eltern gestorben oder verschwunden sind. In den von Claudine Vegh gesammelten Zeugnissen von Kindern Deportierter verwahrt ein kleines Mädchen die Erinnerung an ihre Eltern »wie in einer eisernen Kassette mit Vorhängeschloß«[2].

Was die Verstorbenen im Moment ihres Todes gelitten haben, weiß man nicht, aber daß sie gelitten haben, ist unstreitig, und es nährt bei dem Überlebenden Schuldgefühle. Der Austausch in der Wirklichkeit ist endgültig abgerissen. Aber wie steht es damit im Wunsch? In der Phantasie? Wie sollte man sich nicht vorstellen, ganz für sich, daß ein Austausch möglich bleibt? Wie und warum sollte man ihn nicht als eine Zuflucht, als ein Geheimnis vor der Neugier der anderen, vor der Wirklichkeit schützen wollen?

Das Nichtwissen eröffnet ein ganzes Feld, das die verschiedensten Konstruktionen begünstigt. Christiane Cellier, deren Tochter Anne bei einem Autounfall ums Leben kam, bei dem der Fahrer betrunken war, hat nicht an einen Freund geschrieben, sondern an ihre verstorbene Tochter.[3] Wenn sie auch nichts von ihrer Tochter weiß, soll ihre Tochter doch wissen, wie es um ihre Mutter steht, um ihre Verzweiflung, um die Zeit, die sie anstatt ihrer Tochter und mit ihr an einen unaufhörlichen Kampf wendet, damit andere nicht das gleiche Schicksal ereile. Dieser Schritt ist in gewisser Hinsicht von dem gleichen Glauben getragen wie die Kreuzfahrten der Jurgensen, nur daß Christiane Cellier sich einen Überlebensmodus erschafft, der ihre Tochter wissen läßt, wie es um den gegenwärtigen Mut ihrer Mutter bestellt ist.

Auf dem Buchdeckel der französischen Ausgabe von *Ein Nachmittag im April (La Disparition)* ist eine Photographie abgebildet: Sie zeigt eine Frau – die Mutter? – und ein kleines Mädchen an einem Strand, die nach etwas aufschauen, was ein anderes Kind an einem Stockende hält und uns nicht sichtbar ist – ein Drachen vielleicht? Eine Photographie, die Leben und Traum ausdrückt? Menschen, deren Blick auf der Suche nach etwas ist, das sich außerhalb ihrer Sichtweite befindet? Nun, schließlich hat auch ein Blick diesen Briefwechsel ausgelöst und dem Projekt der Autorin Gestalt gegeben: die Verschwundenen vor den Augen eines anderen, der sie nicht kannte, wiedererstehen zu lassen. Bei einem Treffen mit Freunden, denen Geneviève Jurgensen von ihren Kindern erzählte, begegnete ihr ein solcher Blick, der mehr als Interesse und anderes als Mitleid bekundete: den Wunsch nämlich, sie – die Mutter – und sie – die Töchter – kennenzulernen. Auf das Licht dieses Blickes stützte sich der Versuch, aus der Einsamkeit hervorzutreten. Zehn Jahre nach der Tragödie, in denen sie immer auf der Suche nach einem Sinn war, beginnt sie angesichts dieser Aufnahmebereitschaft, zu schreiben.

Eine schwere Arbeit:

»Je mehr ich schrieb, desto mehr schien es mir, daß ich log, denn Schreiben ist einsam, ich war es nicht ...«

Gewiß war sie es weder in ihrem täglichen, familiären und beruflichen Leben noch bei diesem Schreiben an einen Freund, den brüderlichen Zeugen, der selbst mit dem Verrat, mit der Einsamkeit und der Angst zu sterben umging. Diese Suche, dieses Forschen, das von Lebensbejahung zeugt, mündet in den Wunsch:

»Ich wollte leben, um zu verstehen, und verstehen, um zu leben.«

Der Widerstand des Nichtverständlichen, des Unbegreiflichen hält lange an. Begreifen, im buchstäblichen Sinn des Wortes, heißt, im eigenen Diskurs das zu erkennen, was fehlt, eine Lücke und deren Inhalt – so widersprüchlich die beiden Begriffe auch erscheinen mögen. Dieses Loch im Zusammenhang des Diskurses wird ebenso wie das Geheimnis, wie die Verwerfung[4] zur Ursache der Entfremdung des Subjekts. Die Notwendigkeit, zu begreifen, liegt in jedem menschlichen Wesen beschlossen: Was willst du von mir? Wer bin ich für dich? Diese Fragen richten sich fundamental an die Eltern. Sie greifen auf andere Instanzen über und zentrieren sich auf das Warum der Ursprünge. Hier nun leitet sich von dieser Frage eine zweite ab: Welche Spuren, welche Abdrücke haben die beiden Töchter in ihrer Mutter hinterlassen?

»Diese Erinnerungen ... sind das, was bleibt, nicht das, was war.«

Die Genauigkeit ihres Gedächtnisses zu überprüfen, wäre ein Schritt der Objektivierung gewesen, der mit dem Projekt von Geneviève Jurgensen nichts zu tun hatte: Ihre Briefe bezeugen ganz im Gegenteil Schwankungen ihrer Wahrheit, nicht im Moment des Dramas und des Traumas, sondern ihrer Wahrheit über ein Leben, das endgültig durch den Verlust gezeichnet ist, ein Begriff, der unter verschiedenen Perspektiven wieder aufgenommen wird und der den unauslöschlichen Charakter der Prägung unterstreicht. Verlust der Körper, Verlust einer Zukunft, die diese Kinder erlebt hätten und die man mit ihnen erlebt hätte. Träumereien, Phantasien, Rufe, ob gemurmelt oder laut in die Leere geschrien, ermöglichen es, ihre Namen auszusprechen. Pseudohalluzinationen machen sie gegenwärtig:

»Noch heute erkenne ich auf einen Blick, daß es nicht Mathilde und Élise sind.«

Nachdem sie zwei kleinen Mädchen begegnet war, die von der äußeren Erscheinung her ihren Töchtern glichen:[5]

»Für einen Moment glaubte ich, ich sähe ...«

Manchmal ist es eine Versuchung, diese Illusion des Wiedersehens herbeizuführen, und man muß sich zum Beispiel verbieten, zur Schule zu gehen, wenn dort Unterrichtsschluß ist.

Schreiben, um ihrem Korrespondenten ihre Kinder so gegenwärtig zu machen, daß sie auch ihm *fehlen*. So über sie zu schreiben, daß er das Bedürfnis mit ihr teilen kann, daß sie lebendig wären. Im Unterschied zu jenen, die es nicht fertigbringen, die Trauer anzunehmen und sie zu leben und die statt dessen immer nur in der Suche nach dem kleinsten Detail befangen bleiben, in der Bewahrung auch des geringsten Gegenstandes, der die Existenz der Vergangenheit bekräftigen kann, akzeptiert Geneviève Jurgensen das Rätsel der Trennung.

»… die der Tod derer auferlegt, ohne die man niemals hätte leben mögen … Nur das Leben erzählt den Tod, der sich unserem Verständnis auf immer entzieht.«

Ja, der Tod, die Realität des Todes ist unannehmbar. Dennoch erzählt sie ganze zwei Jahre … von der gebieterischen Notwendigkeit getragen, daß sie das Leben ihrer verlorenen Kinder bekanntmachen muß. Diese Rekonstruktion könnte sich noch lange fortsetzen, aber unmerklich wandelt sie sich zu einem persönlichen, der Gegenwart zugewandten Tagebuch. Und an diesem Punkt zeigt es sich, daß ihre verlorenen Liebesobjekte nun in ihr sind, daß sie in ihr leben in Gestalt von Erinnerungen, von Worten, von Zugehörigkeiten … und daß die Trauerarbeit so weit gediehen ist, daß sie das Auftauchen eines Wunsches zuläßt, nämlich den, sich an ein neues Liebesobjekt zu binden, sich andere Bindungen zu schaffen und sie zu leben.

Was war der Motor einer solchen Arbeit? Was hat dieser Frau die Kraft gegeben, wieder Fuß zu fassen?

Leben, um zu verstehen – verstehen, um zu leben

Das Credo Bruno Bettelheims war, »wer sie aufgezogen hat«, dessen Wort gilt. Bettelheim, dessen Weg nach den Konzentrationslagern allgemein bekannt ist, behauptete, daß die Kinder der Orthogenic School als Erwachsene besser gefestigt seien als der Durchschnitt, denn weil sie in dem Kampf gegen ihre inneren Wirrsale gesiegt haben, seien sie durch normale Schwierigkeiten des Lebens nicht einzuschüchtern.[6]

Nein, die Zeit heilt nicht alle Wunden: Sie ist für jeden da; aber der eine nützt sie, um sich durchzukämpfen, der andere, sich aus einem verzweifelten Kampf gegen die Verlorenheit zurückzuziehen. Die Briefe von Geneviève Jurgensen sind in diesem Kampf eine Art transitorisches Objekt – um die Metapher von Winnicott zu benutzen – zwischen dem »Mit-Sein« und dem »Ohne-Sein«. In dem Sinne ist auch eine Anekdote von der Verzweiflung des neuen Kindes (ihres dritten Kindes also) über eine Trennung zu verstehen. Nicht einer eigentlichen Trennung, sondern wenn es seinen Nuckel verliert. Da die Mama ihn ihr immer gibt, ehe sie weggeht, wird er zur Gewähr des Bandes zwischen Mutter und Tochter, das beiden, trotz ihrer Bindung aneinander, zugleich erlauben wird, eine von der anderen verschieden zu sein. Auch wenn diese Bindung symbolisch ist, bewahrt sie die unmittelbare Macht des Leiblichen.

Wieso aber wird dem privilegierten Adressaten über die Gegenwart, die Realität, die Fortdauer dieser Bindung an die Verschwundenen Rechenschaft abgelegt? Wenn ein solcher Austausch mit einem Freund, einem Gefährten oder aber die Arbeit mit einem Psychoanalytiker nicht stattfindet, verstärkt sich die Gefahr, daß man sich in die Erinnerung, in den Affekt, in eine psychische Starre verschließt, die sich in Form eines psychotischen Deliriums, einer Alienation äußern kann. Über seine Not zu sprechen, sie anderen verständlich zu machen, um sich selbst zu verstehen, wird unbedingt notwendig von dem Moment des Schocks an, den die sachliche Mitteilung des Unfalls am Telefon auslöst: Es ist das Entsetzen des Soldaten, der vom Grauen überwältigt wird und sich nicht mehr wehren kann. Das Unvorbereitete hat ihn hilflos entwaffnet.

Muß man aufzählen, welche Umstände zusammentrafen, damit der Schlag zu einem ganz bestimmten Zeitpunkt so und nicht anders treffen konnte? Die Brutalität der Nachricht macht die Eltern zur hilflosen Beute der Aggression: Keine Ausflucht zeichnet sich ab. In das Krankenhaus zu fahren, wo die Leichen sind, ist insoweit möglich, wie der Schritt unpersönlicher, administrativer Art bleibt. Aber die Kinder »zu sehen«, wie man es ihnen anheimstellt?

»Man hätte mich mit einem Traktor hinschleifen müssen ...

Wir sind wegen *nichts* gekommen. Dieses Nichts ist der Tod von der ersten Sekunde an.«

Bedauern, Reue, Schuldgefühle schälen sich deswegen erst nach und nach heraus, später:

»Sie sind allein geblieben ... Ich weiß nicht, wie sie zuletzt ausgesehen haben.

Sie haben *die Kraft* gehabt, zu sterben, und ich war dazu nicht imstande ... Ich bin wie ein Klumpen auf meinem Stuhl hockengeblieben. Und seitdem bin ich immer wieder eine mutige Mutter genannt worden.«

Der Augenblick des Versagens:

»Sie hatten sterben können, ich konnte nicht mal mehr gehen ... Ich liebe die Lebenden mit ihren Miasmen. Ich liebe die Toten in ihrem Frieden. Dazwischen ist nichts.«

In Begriffen der Psychologie: Die Idealisierung der beiden so mutigen Toten belebt oder übersetzt das Gefühl der Schuld. Es ist unvermeidlich. Die Mutter trauert, aber das Unglück ist doch den Töchtern geschehen, sie sind doch die auf ewig *Beraubten*. So kurz ihr Leben auch gewesen sei, haben diese Kinder ein menschliches Werk vollbracht. »Sie hatten ein vollständiges Leben«, sagt ihr eine Freundin. Dies war ein Credo von Françoise Dolto.

Wie soll man das begreifen? Bei den meisten Eltern kommt das Kind in eine Welt, in der es bereits eine ziemlich klare Vorstellung von seinem Leben gibt. Gab es sie nicht schon vor seiner Empfängnis? Der Tod des Kindes zerstört diesen Lebensplan, der aber vorher, bevor und als das Kind empfangen wurde, noch gar nicht zu ihm gehörte. Wenn man einsehen soll, daß seine reale Lebenszeit, so kurz sie auch gewesen sein mag, seine vollständige Lebenszeit gewesen ist, muß man sich erst einmal eingestehen, daß das Kind mit dem Lebensplan gar nichts zu tun hatte, den man für es gehegt hat. Das Subjekt Kind hat ein anderes Schicksal, als das Objekt der Träume seiner Eltern zu sein. Gleichwohl hätte es als Subjekt aber nicht existieren können, wäre es nicht von ihren Träumen und Plänen getragen worden. Man weiß, daß bei Müttern, deren Kinder psychotisch geworden sind, die Gedanken für das erwartete Kind höchst armselig waren, wenn sie nicht sogar völlig fehlten.[7] Ist die Psychose nicht ein »psychischer Tod«?

Das Rätsel der Trennung

Gefangen in ihrer Ohnmacht, empört sich Geneviève Jurgensen, sie wütet über den tatsächlichen Raub, der an ihren Töchtern begangen wurde. Trotzdem richtet sie sich darin ein.

»... eine allmächtige Chimäre, die sie noch retten will ...

Bald glaube ich an ihr Leben, bald glaube ich an ihren Tod. Nie gibt es einen Übergang zwischen beidem.«

Ständig schwankt sie darin, diese Tatsache anzunehmen, zu verleugnen oder zu verweigern.

»Kurz nach dem Tod hätte ich das Grab öffnen mögen, [...] und meinen Töchtern ihre Mutter wiedergeben.«

Ein Gedanke, der jene andere Schwankung bestätigt – die man als verkehrtes Denken bezeichnen kann: Nicht die Lebende trauert, sondern die Toten müssen trauern, weil sie ihre Mutter verloren haben. Aus dieser Art des Hin und Her, der erwünschten Vereinigung, des Wiedersehens im Tod, ob ausgesprochen oder nicht, können leicht Impulshandlungen erwachsen. Es gibt ein Moment, in dem Geneviève Jurgensen sich (vielleicht in Versuchung geraten?) beinahe selbst vergessen hätte. Als sie einmal allein eine Schallplatte hört, die sie und ihre Tochter Élise zusammen anhörten, fühlt sie sich von einem Schwindel erfaßt, von einer Anziehung, einem Sog:

»Ich werde fortgetragen, ich weiß, gleich fliege ich aus dem Fenster. Ich klammere mich ans Telefon, das herunterfällt. Ich wähle die Nummer von Mama: ›Antworte, Mama, antworte ...‹ Sie ist da. ›Komm schnell her‹, sagt sie.«

Wegen dieser Worte, die ihre Töchter nicht zu hören bekamen, die sie nie mehr hören werden, klagt sie sich zeitweise an; sie hat sie ihnen nicht gesagt, weil sie nicht den Mut aufbrachte, sie auf ihren Krankenhausbahren zu sehen ... während sie, ihre Töchter, den Mut hatten, allein zu sterben. Alles läuft ab, als spielte sie wieder das Szenario des Kindes, vor dem seine Mutter *versagt*.

Anstatt daß sie ihre Kinder ersetzt, sich »Ersatzkinder« anschafft, wird sie lieber »Ersatzmutter«, die sich die Kinder anschafft, die ihre Töchter hätten haben können und zu bekommen hofften. Hat sie sich mit dieser Neuschöpfung nicht auch selbst ersetzt, die Mutter, die vor ihren Töchtern versagt hat?

Zu Beginn der Korrespondenz spricht die Autorin über *die Stimme* ihrer Mutter, eines geliebten und liebenden Menschen, warmherzig und unwandelbar treu. Die geliebte Stimme, die sie *unmöglich beschreiben* kann, aber die sie unter allen anderen heraushören würde, ist an sich eine wesentliche, elementare Stütze. Diese Stimme dient ihr als Faden, um in der Zeit rückwärts zu wandern und die eigene Kindheit wiederzuerleben. Aufs neue Mutter zu werden im Namen ihrer Töchter, sich nach dem Bild ihrer Mutter wiederzuerschaffen, steht hier für die Wiederkehr in den Lauf des Lebens. Ist es eine Wirkung oder eine Bedingung der Trauer? Die vorgedachte – und realisierte – Aufhebung der Generationen, die hier darin besteht, in einem Alter, da man Großmutter sein könnte, noch einmal Mutter zu werden, widersetzt sich der durch den Tod erstarrten Zeit ...

»Ich habe das Alter, das ich habe, und habe es nicht.«

Daß die Generationen so durcheinander geraten können, wird durch folgendes Bekenntnis der Großmutter mütterlicherseits bestätigt: Als sie ein Kinderfoto von Geneviève und ihrer Schwester ansah, glaubte sie einen Augenblick, daß *sie* sie verloren hätte.

Was ist ein Foto? Ein Bild, das man zeigt? oder das man in ein besonderes Schubfach steckt, um es heimlich, in einer Zweisamkeit zu betrachten? Keine Momentaufnahme kann die Wechselbeziehungen, das Umfeld der entschwundenen Zeit übermitteln. Als sie und eine gleichfalls trauernde Freundin ihre Fotos ansehen, geben sie einander ihre Bilder:

»… wie Versehrte sich ihre Verstümmelungen zeigen«.

Mit ihrem Mann einigt sie sich auf einen Plan:

»Wir sagten uns: Beide Mädchen hätten wenigstens zwei Kinder bekommen. Wir müssen vier in die Welt setzen.«

Zehn Tage später ruft sie die Gynäkologin an, um das Verhütungsmittel abzusetzen. Ihre Schwangerschaft teilt sie Bettelheim mit, der ihr in seiner Antwort neue Kinder wünscht: »Sie werden sie in großer Ängstlichkeit aufziehen, das ist völlig normal und läßt sich nicht vermeiden.« Die augenblicklich befreiende Wirkung dieses Satzes ist endgültig. Der Verlust wird in metaphorischer Form durch die Geburt von zwei anderen Kindern überwunden, die nicht empfangen wurden, um den Platz der beiden älteren einzunehmen, sondern um den Traum, den beiden Töchtern und ihren Eltern gemeinsamen Wunsch zu verwirklichen, daß eine jede, so wie sie, zwei Kinder bekäme. Der Entschluß, sich einen solchen Rahmen von Leben und Liebe zu schaffen (wiederzuschaffen?), wird zum Schlüsselerlebnis der psychischen Genesung des Paares.

(So erschuf sich auch die Großmutter einer Freundin von mir, die ihre Tochter und ihren Schwiegersohn durch ein Flugzeugunglück verloren hatte, aufs neue – unwissentlich – die gleiche Situation, als sie die drei Kinder aufzog, die das junge Paar zurückgelassen hatte. Drei Enkelkinder, so wie sie schon ihre drei Kinder aufgezogen hatte!)

Der Friedhofsbesuch zwölf Jahre später macht die Weiterentwicklung im Leben und die Erstarrung im Tod bewußt:

»Ich bin wie vor den Kopf geschlagen. So ungeduldig ich kurz nach ihrem Tod wünschte, bei ihnen zu sein ... so wenig verlockt es mich heute noch, für immer in diesen Friedhof zu den Töchtern einzugehen, die mich nicht wiedererkennen würden, wenn sie mich sähen ...«

In den ersten Jahren fühlte sie sich wie anästhesiert:

»Die Bomben waren auf mein Haus gestürzt, ich hatte vor nichts mehr Angst.«

Die Nachwirkungen des Traumas bleiben deshalb nicht minder virulent und bekunden sich auf lange Zeit in einer neuen oder »vorher« unvermuteten Anfälligkeit. Jede unerwartete Peripetie im Gang des Lebens ruft eine schmerzliche Erschütterung hervor:

Der Bruch mit einem Freund droht, sich zur Katastrophe auszuwachsen.

Der Kummer, den ein Freund veranlaßt, wird zum Bürgerkrieg. Ein anderer Verlust? Die Beklemmung, die sie zeitweilig überfällt, ruft die Trauerjahre herauf. Und immer wieder:

»Scham, Scham über diese Briefe, Scham, sie nicht gerettet zu haben, Scham über alles, was gefolgt ist, Scham über die Welt, mit der ich mich künftig begnüge.«

Die Scham ist hier eine andere Form des Schuldgefühls: daß sie versagt hat, daß sie weiterhin versagt, daß sie ein Leben genießen kann, obwohl es durch das Fehlen der Kinder verarmt ist:

»Der Tod hat unsere Glücksfähigkeit nicht beschnitten.«

Nichts ist schlimmer
als Schweigen und Einsamkeit

Ihr Schwager (dem der Wagen gehörte, in dem die beiden kleinen Mädchen saßen) erzählt ihr den Unfall. Weil sie weiß, daß sie dies alles ihrem Korrespondenten weitererzählen wird, kann sie zuhören: »Was er mir sagte, ging einfach durch mich hindurch.« So wird eine Botschaft, der Bericht des Schwagers, anstatt sich in ihrem Gedächtnis, in ihrem Körper zu verkapseln, an einen anderen, den privilegierten Freund weitergegeben. Diese Weitergabe befreit sie von einer Last, von einer bis dahin insgeheim in ihr verkapselten, unerträglichen Vision.

»Einsamkeit ist die Hölle.«

Im Alltag wird der Gefährte, der einen anruft, um mal guten Tag zu sagen, der einen nimmt, wie man in einem Moment totaler Ausweglosigkeit ist, »und sich imstande fühlt, einen behutsam wieder auf die Füße zu stellen«, auch deshalb ein so hilfreicher Begleiter, weil er vorausschauend und intuitiv Anteil nimmt. So ist es mit jenem Freund, an den sich die in *Ein Nachmittag im April* versammelten Briefe wenden.

»Wissen Ihre Kinder, daß Sie vor ihnen andere Kinder hatten?«
Das Paar wird mit dieser irritierenden Frage oft konfrontiert. Aber diese Eltern haben nie etwas verborgen, und eines Tages bekunden die beiden nachgeborenen Kinder, daß sie verstanden haben. Wären sie geboren worden, wenn die beiden anderen nicht gestorben wären? »Ich hoffe es, aber ich weiß es nicht«, antwortet Geneviève Jurgensen, die auch hierin wieder ohne Umschweife die Wahrheit ausspricht: »Sie weiß es nicht ...«

»Wenn man sein Kind verloren hat, bleibt einem nur übrig, das zu verstehen, was man kann.«
Aber gleichzeitig kann sie den Kindern sagen, was sie weiß, wessen sie sicher ist: daß die Eltern sich das Pärchen gewünscht haben:

»Ihr seid da ... wir waren so glücklich mit ihnen, wir haben durch sie ein solches Glück kennengelernt, daß wir uns gewünscht haben, es auch mit euch zu erleben.«

Kinderwunsch

Damit befinden wir uns auf einer ganz anderen Ebene als der eines »auf Rezept« empfangenen Kindes, damit es tröste, damit es einen leer gebliebenen Platz einnehme. Wenn die Fähigkeit, zu wünschen, zu lieben wiedererwacht ist, werden die neuen Kinder nicht zum Ersatz für die toten:

»Mögen sie mich nicht hindern, zu leben.

Möge ich sie nicht hindern, zu sterben.«

Einmal hatte sie in einem Geschäft so getan, als ob sie Kleider für ihre beiden Töchter kaufen wollte. Im Jahr darauf schaffte sich das Paar einen Hund an. Und schließlich wird sie in dem hierauf folgenden Sommer schwanger.

Ein Jahr später schreibt sie in den Vereinigten Staaten einen Roman:

»Ich leide nicht, wenn ich schreibe.«

Sie schreibt zwei. Zwei Kinder?

Am 23. April 1981 geht sie zur Entbindung in die Klinik.

»Auf dem Entbindungslager ging es mir schlecht, und vor körperlichem Schmerz, der sich mit dem inneren Aufruhr verband, war ich unerträglich. *Ich wollte sterben* ... Der Arzt ... kam aus dem Tritt ... Also gab ich mich meinem Lieblingssport mit einer Energie und einer Art *ununterdrückbaren Wut* hin. Das Baby kam schnell, und ich fragte Laurent: Ist es ein Mädchen oder ein Junge? – Ein Mädchen. – Ein kleines Mädchen, mein Mädchen. *Schweigen.*

Sie ist blond, hell ... liegt zusammengerollt im Schoß ihres Vaters. Ich betrachte die beiden.

Schweigen.«

Schweigen? Eine Schweigeminute *in memoriam*? Um sich von den Entschwundenen nicht zu lösen? Ein Schweigen aus Sprachlosigkeit? Ein Schweigen aus Befriedigung?

»Die Tür geht auf, Mama tritt herein: ›Mama, es ist ein Mädchen, Mama, es ist ein kleines Mädchen.‹«

Ihre gewaltsame Reaktion angesichts der Schwäche des Arztes, die zum Tod des Babys hätte führen können, den Kampf aufzunehmen, entspringt dem Willen, keine neue Vernichtung zuzulassen und für ihren intensiven Wunsch nach einem Kind einzustehen. Dieser Wunsch gilt einer Tochter, die auch einmal Mutter sein kann. Das kleine Mädchen wird zum *Ariadnefaden*.

»Sie hat es ihren Schwestern ermöglicht, gleichzeitig zu sterben und zu leben. Und später hat sie ihren kleinen Bruder beschützt.«

»Beschützt« wovor? Vor wem? Vor eventuellen schädlichen Angriffen, vor Nachwirkungen der Tragödie, des Leidens, der Reue und der Schuldgefühle? Elvire hat jenen Geschicken, deren Lebensfaden brutal abgerissen war, die Fortdauer ermöglicht.

»Während ihrer ersten drei Lebensjahre mußte sie eine gewiß zärtliche, aber so *ferne* Mutter ertragen ... eine, die noch sosehr in den anderen Leben befangen war.«

Die neue Mutterschaft läßt sie die Vergangenheit durchaus nicht vergessen.

»Heute ist es dreizehn Jahre her, und noch immer erlebe ich keinen halben Tag, ohne an meine Töchter zu denken.

Bald war ihr Leben so stark, daß ich mir sagte: Sie können nicht gestorben sein, bald waren sie so völlig abwesend, daß mir war, als hätte ich sie nie gekannt ... In den Jahren, in denen wir mit Elvire allein waren ... war mein wahres Leben *woanders*. Daß ich zwei Töchter gehabt, daß ich sie verloren hatte, daß ich mich durchs Leben schleppte mit einem dritten, kleineren als die vorigen, das klüger war als ich, das blondeste von uns fünf –, *es war nicht mein Leben*. Die Kontinuität fand ich in meinen Romanen.«

Eine Kontinuität zwischen ihrem gegenwärtigen und ihrem früheren Leben? Auch diesmal ermöglicht ihr das Schreiben, das für andere bestimmte In-Worte-Fassen, die unterschiedlichen Teile ihrer selbst wieder miteinander zu verknüpfen, die Einzelstücke zusammenzufügen. Doch handelt es sich jetzt nicht einzig um eine Flurbereinigung nach dem Desaster. Es scheinen zwei Wünsche an einer Ablösung zu arbeiten: der Wunsch, ein Kind mit einer ausgesprochenen Projektion in die Zukunft zu haben, und der Wunsch, sich nicht von den Toten zu entfernen, den Ruf der Vergangenheit nicht zu verleugnen.

»Als ich zum erstenmal mit Elvire auf die Straße ging, war ich eine Königin ... Ich ging nicht mehr, wie in diesem ganzen Jahr, mit leeren Händen, hängenden Armen einher.«

Sie kann gleichzeitig (oder eins nach dem anderen) Königin sein und mit leeren Händen dastehen. Das Kind erfüllt die Leere. Erfüllt es sie zu sehr? Vor der Gesellschaft heilt Elvire das Bild der verstümmelten, narzißtisch versehrten Mutter. Aber als sie in die Krippe gegeben wird, hört Elvire mit einem Schlag auf zu wachsen. Mit sieben Monaten zeigt sie sogar Symptome von Asthma. Man darf vermuten, daß das Fernsein der Mutter, das von dem Baby empfunden wurde, sich durch diese Trennung materialisiert hat. Jedenfalls hinderte sie Mutter und Tochter, Momente der Annäherung zu genießen.

Eine vierte Schwangerschaft im Jahr 1982 endet mit einer Fehlgeburt. Vielleicht war es zu früh, ein neues Kind auszutragen, auch wenn es zu dem Projekt des Ehepaares gehörte?

Im Jahr darauf wird ein Junge geboren:

»Nie mehr werde ich sagen *meine Töchter*.«

Es könnte sich um eine andere Form der Trauer handeln, um jene Zahl: vier. Aber die Trauer um die Töchter, die, ihrem Projekt gemäß, Mütter werden sollten, hindert sie nicht, ihren Sohn voller Stolz zu zeigen. Sie findet sich damit ab, daß die Abwesenden nie mehr wirklich Gegenwärtige sein können. Geborgen in der Liebe ihrer Mutter, ihres Mannes Laurent, ihrer beiden Kinder Elvire und Gautier, sicher auch ihrer Korrespondenten, die sie anrufen kann, ihrer Leser, von denen sie weiß, daß sie sie verstehen können und wollen, hegt sie die Hoffnung, »... daß sie mich nicht hindern, zu leben, daß ich sie nicht hindere, zu sterben. ... Ich habe noch nicht ausgelernt, meine Kinder zu verlieren, meine Kinder aufzuziehen.«

Ein Langzeitprojekt für ein Leben auf zwei Ebenen, das in einem appetitlichen Bild Ausdruck findet:

»Das Bild eines Blätterteigs: ein Blatt fürs Vergessen, ein Blatt für die Erinnerung.«

1991 fliegt Geneviève Jurgensen beruflich nach New York: eine vierzehntägige Abwesenheit, die sie sich – wie jedesmal – vorwirft. Jede Trennung löst in ihr Angst und Schuldgefühle aus. Wie wird sie diese ertragen? Wie werden die anderen sie ertragen?

Bei ihrer Ankunft in New York titeln die Zeitungen auf der ersten Seite:

»Conor, der Sohn Eric Claptons, ist tot.«

Diese Tragödie trifft sie um so heftiger, als gewisse Umstände sie an ihre eigene erinnern: Das Kind ist aus dem Fenster gestürzt, während die Eltern ungewollt, aber tatsächlich abwesend, fröhlich und lebenslustig waren.

Tears in heaven –
Eric Clapton

»Kinder ohne Mutter«

Kinder ohne Mutter haben was auszustehen,
Wenn deine Mutter tot ist, Herr.
Sie haben keinen Platz für sich, irren von Tür zu Tür,
Keiner ist zu dir wie eine Mutter,
Wenn deine Mutter tot ist, Herr.
Ein Vater tut, was er kann,
Wenn deine Mutter tot ist, Herr.
Es gibt soviel, was ein Vater nicht verstehen kann,
Keiner ist zu dir wie eine Mutter,
Wenn deine Mutter tot ist, Herr.
Eine Schwester tut, was sie kann,
Wenn deine Mutter tot ist …
Aber es gibt soviel,
Was eine Schwester nicht verstehen kann,
Wenn deine Mutter tot ist, Herr.

»Eric Clapton ist Gott«, konnte man 1965 an den Wänden der Londoner Metro lesen.[1] Sein Ruhm ist seitdem nicht verblaßt, obwohl eine Reihe von Ereignissen angetan war, ihn zu beschädigen. Von der Drogensucht geheilt, verfällt er dem Alkohol. 1988 wird seine Ehe mit Layla geschieden, der Frau, die ihn zu seinem Meisterwerk inspirierte. 1990 verunglücken vier Mitglieder seiner Band und seine engsten Freunde, als der Hubschrauber auf der Rückkehr von einem Konzert abstürzt. 1991 schließlich stirbt in Manhattan sein vierjähriger Sohn Conor, als er vom dreiundfünfzigsten Stock aus dem Fenster fällt.

Conor ist im August 1987 geboren: *August* ist der Titel eines der besten Lieder des Musikers. Er hatte sich immer Kinder gewünscht, aber seine Frau Patricia (auch der Vorname seiner Mutter) war unfruchtbar. Also hatte er von einer anderen Frau zwei Jahre davor eine kleine Tochter bekommen, die er anerkannt und um die er sich gekümmert hat, dann bekam er von Lory Del Santo seinen Sohn Conor, auf den er außerordentlich stolz war. Clapton und Conors Mutter beschlossen nach einiger Überlegung, nicht zu heiraten, obwohl sie sich gut verstanden. Das Kind lebte bei seiner Mutter und sah seinen Vater, sooft die Karriere des Sängers es erlaubte. Da er aus seiner eigenen Geschichte wußte, wie wichtig die Vater-Sohn-Beziehung ist, hatte Clapton vor, sich von einem Teil seiner Arbeit freizumachen, um öfter mit seinem Sohn zusammenzusein.

Am 19. März, kurz nach seiner Ankunft in New York, geht Clapton mit Lory und Conor in den Zirkus: ein Augenblick des Glücks. Abends nach der Vorstellung verabreden sie sich, am nächsten Tag nach einem gemeinsamen Mittagessen in den Zoo zu gehen. Bevor er sich am 20. März mit den beiden treffen kann, erhält Clapton den Anruf, daß sein Sohn soeben verunglückt ist. »Ich habe es nicht geglaubt, sagt Clapton, ich war in meinem Hotel, als es passiert ist, ungefähr zehn Häuserblocks weiter. Das Telefon klingelte. Es war Lory, völlig hysterisch sagte sie, Conor ist tot. Ich dachte: ›Spinn doch nicht, sei kein Idiot‹, und fragte sie: ›Bist du sicher?‹ – Idiotische Frage.

Dann war ich eine kleine Weile wie außer der Welt. Ich bin hingerannt und sah die Unfallwagen, die Polizeiautos, und da dachte ich: Es ist wahr.«

Die Haushälterin hatte in Lorys Schlafzimmer die Fenster im dreiundfünfzigsten Stock geputzt und ein Fenster offengelassen, damit die Scheibe trockne. Conor, der in der Wohnung spielte, muß auf das Fensterbrett geklettert sein, das unglücklicherweise keine der üblichen Sicherheitsvorrichtungen hatte. Er verlor das Gleichgewicht und stürzte neunundvierzig Etagen herab auf das Dach eines Nachbargebäudes.

Clapton ist völlig vernichtet, buchstäblich *versteinert*: Es gelingt ihm, seine Gefühle, seine Erschütterung zu beherrschen, so daß er alles Nächstliegende erledigen kann: für ihn die einzige Art, mit dieser Tragödie umzugehen.

Tausende Fans, von denen viele ihm gerade erst auf einer grandiosen Tournee Beifall gespendet haben, schreiben ihm. Die Familie Kennedy, Prinz Charles schicken Beileidstelegramme. Bewunderinnen bieten sich als Ersatzmütter künftiger kleiner Claptons an. Eine alleinstehende Mutter erklärt sich sogar bereit, mit ihrer kleinen Tochter bei ihm einzuziehen.

»Ich wollte abhauen … vor der italienischen Familie … Die Italiener dramatisieren so was mit lauten Klagen und Zähneklappern … Ich bin als Engländer erzogen worden und bin auch einer, also bewahrt man ein steifes Kinn – *keep a stiff upper lip*.

Man tut, als ob alles gut geht, man schrubbt weiter … Drinnen, das ist eine ganz andere Geschichte.

Wenn man den Tod entdeckt, entdeckt man, daß man darüber keine Kontrolle hat … Niemand weiß, wer von uns als nächster dran ist, und warum. Das habe ich von meinem Sohn gelernt. Für seinen Tod gibt es keine Erklärung.«

Clapton zieht sich in sich selbst zurück, beginnt eine Psychotherapie und nimmt an Selbsthilfegruppen anonymer Alkoholiker teil.

»Ich werde von Sachen bestimmt, die in meiner frühen Kindheit passiert sind. Ich bin bei meinen Großeltern aufgewachsen in dem Glauben, daß sie meine Eltern sind. Mit neun Jahren habe ich von Fremden die Wahrheit erfahren.«

Tatsächlich hat die Rückkehr seiner Mutter, die ihn verlassen hatte, als er zwei Jahre alt war, einen Schock ausgelöst:

»Ich bekam eine Art Schock, der meine ganze Jugend über gedauert hat und der mich zu dem gemacht hat, der ich jetzt bin …

ziemlich tief in mir habe ich selten das Gefühl von Sicherheit. Es ist, als ob ich gezwungen bin, die Leute zu beeindrucken, auf bestimmten Gebieten der beste zu sein.«

Dieses Bild gibt Eric Patrick Clapton von sich selbst. Sein öffentliches Leben als Komponist und Bluessänger hat sich in dem üblichen Dekorum der großen Stars des »show business« abgespielt, bis hin zu seinem Kampf gegen Drogen und Alkohol. Die Widersprüche, die seinen Weg säumen, stehen für eine unablässige Suche nach seiner Identität sowohl als Individuum wie als Künstler. Auch in der Zeit, als er sich zurückzieht und seine Therapie macht, hört er nicht auf, Lieder zu schreiben, in denen er versucht, seinen Schmerz auszudrücken. In *Die Augen meines Vaters* erzählt er, der seinen Vater nicht kennt, daß er seinem Vater nur in die Augen sehen kann, wenn er in die Augen seines toten Sohnes blickt.

Über den Wunsch hinaus, seinen Kummer mit all denen zu teilen, die ihm geschrieben haben, macht er seine Lieder offenbar für Conor, überzeugt, daß Conor ihn auf irgend eine Weise hören kann.

»Das bin ich meinem Sohn schuldig. Ich habe ihn verloren. Was soll ich machen? Ich schulde ihm Ehre auf meine Weise, und damit die Welt weiß, was ich über ihn dachte. Ich mache daraus kein Geheimnis.«

»Tears in heaven«

Wüßtest du, wer ich bin, wenn ich dich im Himmel sehe?
Wäre es wie immer, wenn ich dich im Himmel sehe?
Ich muß stark sein und weitermachen, weil ich weiß,
Ich bin hier nicht im Himmel.
Die Zeit kann dich umhauen, die Zeit kann dir die Knie
                                        weichmachen,
Die Zeit kann dir das Herz brechen,
Dich zum Bettler machen, bitte schön …

Hinter der Tür, da bin ich sicher, ist Frieden.
Ich weiß, im Himmel gibt es keine Tränen mehr ...
Wärest du derselbe, wenn ich dich im Himmel sehe?
Würdest du meine Hand nehmen, wenn ich dich
im Himmel sehe?
Würdest du mir helfen, durchzuhalten, wenn ich dich
im Himmel sehe?
Ich werde meinen Weg finden Tag und Nacht,
Weil ich weiß, ich kann hier im Himmel nicht bleiben.

Diese Ballade für seinen Sohn Conor wird die Titelmusik von *Rush*, einem Film, der die Drogensucht zum Thema hat, verbunden mit dem Tod eines geliebten Menschen. Wie viele Eltern, die auf der Suche nach ihrem verlorenen Kind sind, fragt er sich, ob es ein Leben nach dem Tod gibt ... ein Leben, wo das Kind und die Eltern wieder zusammensein werden.

1993 erhält er einen der höchstgeschätzten Preise: den »Grammy Award«. Sehr bewegt erklärt er:

»Ich habe vielen Leuten zu danken, aber zuerst danke ich meinem Sohn, für die Liebe, die er mir gegeben hat, und für dieses Lied.«

Aus welchen Verhältnissen kommt er? Seine Mutter, Patricia Molly Clapton, ist sechzehn Jahre alt, als sie in der Wohnung ihrer Eltern in einem kleinen Dorf niederkommt, das in der Nähe von London liegt. Der Krieg ist gerade erst zu Ende. Der Klatsch übertönt die Glückwünsche. Erics Vater, ein kanadischer Flieger, der während des Zweiten Weltkriegs in England stationiert war, ist verheiratet und hatte auch gar nicht die Absicht, in England zu bleiben. Patricia hat es nie fertiggebracht, ihrem Sohn die Wahrheit zu sagen. Eric hatte ein Foto seines Vaters gesehen, glaubte aber, er sei ziemlich jung gefallen. Er hat nie versucht, mehr über ihn zu erfahren, so schwer fiel es ihm und seinen Angehörigen, das Thema anzuschneiden. Er tut es dann auf seine Weise in dem Lied *Die Augen meines Vaters*.

Mit allen Problemen einer alleinstehenden Mutter in einem sehr traditionellen Milieu konfrontiert, überläßt Patricia ihren zweijährigen Sohn ihrer Mutter und ihrem Stiefvater und verschwindet. Die Großeltern bemühen sich, ideale Eltern zu sein, liebevoll und sehr aufmerksam. In der Schule beeindruckt das Kind seine Lehrer durch seine leichte Auffassungsgabe im Englischen und im Kunstunterricht, besonders im Zeichnen. In der Familie wird gern Klavier gespielt, und von früher Kindheit an singt Eric bei Familienzusammenkünften. Aber Großvater und Großmutter hüten das Geheimnis, bis Patricia sieben Jahre später wieder nach Hause kommt. Clapton erklärt, er habe die Wahrheit erst mit neun Jahren erfahren: offenbar, weil er seine Mutter erst in dem Alter wiedergesehen hat.

Um Klatsch zu vermeiden und auf Erics Bitte hin wird Patricia, seine Mutter, als seine Schwester ausgegeben. Aber ihre plötzliche Wiederkehr löst eine radikale Veränderung seines Charakters aus: Der vorbildliche Schüler, der er war, wird ein schlechter Schüler. Das Gefühl, anders zu sein als seine Kameraden, verstärkt sich, er kapselt sich ab:

»Ich war introvertiert, ich wollte ein Beatnik sein, bevor man in dem Dorf überhaupt etwas von Beatniks gehört hatte.«

Zum Glück ermöglichen es ihm sein Talent und seine Lust zur Musik, sich auszudrücken. Mit zehn, elf Jahren von Blues und Rock'n'Roll fasziniert, bekommt er zum dreizehnten Geburtstag eine echte spanische Gitarre geschenkt.

Von seinen Großeltern ermutigt, nimmt er sich Robert Johnson zum Vorbild, einen Meister des Blues, dessen Leben mythische Dimensionen angenommen hat: Für eine ungewöhnliche, geradezu gespenstische Geschicklichkeit auf der Gitarre soll er seine Seele dem Teufel verkauft haben. Der Meister trinkt; er hat zahllose Besucherinnen. Der Liebhaber einer seiner Freundinnen soll sogar versucht haben, ihn zu vergiften. Aber vor allem hat ihn eine Tragödie geprägt, die Clapton tief berührt: Seine Frau ist bei der Entbindung mit dem Neugeborenen gestorben.

»Ich wollte die Welt retten. Ich wollte der Welt sagen, was der Blues wirklich ist. Ich glaubte sogar, ich hätte eine Art Mission, und dachte: Aber ja, ich bin Gott.«

Damals ist er zwanzig, aber »Gott« ergibt sich dem Heroin, dem Kokain, dem Alkohol, als er längst einer der größten internationalen Stars des Blues ist. Obwohl er kein Schwarzer ist, kam sein Erfolg fast unmittelbar.

Seine Frau Patricia hatte die verschiedenen Liebesbeziehungen toleriert, die sein extrem umtriebiges Leben mit vielen Tourneen säumten. Sie hatte auch die Geburt der kleinen Tochter hingenommen ... aber als Conor geboren wird, verlangt sie die Scheidung. Die Trennung ist qualvoll. Clapton erlebt die gleiche Situation von Scheitern und Isolation wieder wie in der Kindheit. »Wir sind alle einsam ... Wir würden alle gern normal sein. Jetzt kann ich damit leben, daß ich es wahrscheinlich nie sein werde.« *Holy Mother* ist ein Gebet, eine Anrufung der Gottesmutter um Hilfe.

Kämpferisch wie Geneviève Jurgensen, beteiligt er sich an vielen Wohltätigkeitskonzerten für verschiedene soziale und humanitäre Zwecke, so auch an dem Konzert gegen die Apartheid »Free Nelson Mandela« von 1988.

Für seinen Biographen Mickaël Schumacher hat Clapton nicht jene mythischen Dimensionen seines Idols Robert Johnson, er habe für sein Talent nicht seine Seele verkauft, gleichwohl habe auch er auf gewisse Weise seinen Tribut an den Teufel entrichtet. An den Teufel? Vielleicht in seinen turbulenten Trauerjahren. Aber er hat seinen Sohn mit Hilfe der Musik wiedergefunden, sagt er. Vielleicht durch ein Opfer wie Mallarmé?

The Swan in the Evening –
Rosamond Lehmann

Aus eigener Erfahrung weiß ich, daß das Werk eines ganzen Menschenlebens einfach eine lange Reise ist, um auf allen Umwegen der Kunst die zwei, drei machtvollen Bilder wiederzufinden, die wir als erste mit unserem ganzen Sein in uns aufgenommen haben.

Albert Camus, *Licht und Schatten*

»Hand in Hand mit Sally«

Juni 1958: Rosamond Lehmann[1], die auf der Isle of Wight in den Ferien ist, erhält einen Anruf aus London: Sally, ihre vierundzwanzigjährige Tochter, ist in Djakarta an Kinderlähmung gestorben. Drei Tage später fühlt sie ganz klar, daß *Sally nicht tot ist*: Sie ist da, bei ihr, im selben Raum.

Etwa vierzehn Tage später verbringt sie den Abend bei Freunden. Natürlich spricht man von Sally. Zu ihrer großen Erleichterung scheinen ihr alle zu glauben, als sie sagt, ihre Tochter sei nicht tot, sie sei bei ihr, lebendig wie immer. Die Gastgeberin berichtet von eigenen paranormalen Erfahrungen nach einem verheerenden Todesfall. Auch für sie gibt es ein Leben nach dem Tod. Rosamond fühlt sich dagegen nicht berechtigt, ihre körperlichen Sensationen und Wahrnehmungen mitzuteilen, weil sie das Gefühl hat, daß sie ihr zugleich gehören und nicht gehören, als ob sie zum Beispiel »Hand in Hand mit Sally einen großen Sprung gemacht hätte«. Ihre visuellen Erfahrungen sind jedenfalls das ganze Gegenteil derer, die sie ein paar Monate vorher unter Meskalin gemacht hatte.

Während jener Ferientage zieht sie sich eine Zeitlang zurück, um sich auszuruhen: Alle Trauernden kennen diese unbezwingliche Müdigkeit. Plötzlich hört sie einen hohen, anhaltend schwingenden Ton, eine Art Krampf befällt sie in der Herzgegend, sie fühlt sich aus ihrem Körper gerissen, als hinge sie an einer unsichtbaren Drachenschnur. Die Tränen strömen nur so. »All dies ähnelt stark einer Geburt.« Der Ton klingt in Wellen weiter, wie eine zugleich vertraute und fremde Musik. Sie fühlt, daß Sally sich auf ihre Schulter stützt. Beide blicken sie zu Patrick (Sallys Ehemann) und beraten Reisepläne, wobei sie sich über ihre Vorbereitungen amüsieren. Auf einmal findet sie sich in ihrem Körper wieder, und zwar so glücklich, als hätte sie soeben den Telefonhörer nach einem langen Gespräch mit ihrer Tochter aufgehängt. Als sie zu ihren Freunden zurückkehrt, scheint sie in so guter Form zu sein, daß die Gastgeberin sagt, sie habe sich um dreißig Jahre verjüngt.

Da begreift sie den mystischen Sinn der Worte: »Und alles ward mir zum Quell der Freude, nichts hat mich mehr betrüben können.«

Nicht Glück, aber Freude.

Doch nun wird ihr das Tageslicht unerträglich. Das Schlimmste steht ihr erst bevor. Sie muß lernen, wieder-lernen, sich Tag für Tag, Woche für Woche, Monat für Monat auf das bestmögliche in ihrem ewigen Exil durch die Straßen voller Eltern, voller Töchter anderer Eltern zu schwimmen.

Romanautorin zwischen den Kriegen

Rosamond Lehmann, eine sehr bekannte englische Romanautorin in den Jahren zwischen den Weltkriegen und bis in die sechziger Jahre hinein, scheint dem allgemeinen Gedächtnis ziemlich entschwunden zu sein. Und doch bleibt ihr schriftstellerisches Talent unbestritten, auch wenn sie nach der Tragödie lange Zeit literarisch »unfruchtbar« war. Ihr Leben war von da an auf eine spirituelle Erforschung einer Welt jenseits des Todes orientiert. In ihrem 1967 erschienenen autobiographischen Buch *The Swan in the Evening*[2] (Der Schwan am Abend) beschreibt sie Erfahrungen und Erinnerungen, forscht ihrer Kindheit nach und sagt, zu welcher Lösung sie schließlich gelangt ist, um wieder eine Verbindung zu ihrem verlorenen Kind zu finden.

Eine Kindheit der »edwardian epoch«

Rosamond Lehmann kommt aus sehr wohlhabendem, intellektuellem Hause. Sie verlebt eine typische Kindheit der »edwardian epoch«: ein herrlicher Landsitz, ein sportlicher und gelehrter Vater, Abkomme einer ursprünglich jüdischen Familie von Musikern und Malern, die im 19. Jahrhundert aus Wien eingewandert war, eine junge Mutter, die das Radcliffe-College in den Staaten besucht hat, zwei Schwestern, ein Bruder und eine Vielzahl von Bediensteten: vier Gärtner, zwei Kammerfrauen, eine Kinderfrau samt Gehilfin, zwei Köchinnen, ein Butler, ein Laufbursche und ein Diener.

Das zweite Kind, die zweite Tochter, die zweite Enttäuschung für ihre Mutter. Die Großeltern unterhielten einen literarisch-musikalischen Salon, in dem Robert Browning und Charles Dickens verkehrten. Deren Porträts, von ihrem Großonkel gemalt, hängen in der väterlichen Bibliothek. Der Urgroßvater mütterlicherseits, Robert Chambers, war eine imposante Gestalt im literarischen Leben des 19. Jahrhunderts, hatte die *Chambers's Encyclopaedia* geschaffen und unter Pseudonym ein vordarwinistisches Buch geschrieben, das Skandal erregte: *Die Spuren der Schöpfung*.

Es war Rosamonds Schicksal, »Geschichten« zu schreiben. Also beginnt sie damit, sobald sie schreiben kann, und versucht sich mit sieben Jahren im Dichten.

Das Gefühl, das zu tun, wozu sie da ist, und zu wissen, wer sie ist, fegt alle kleinen Leiden hinweg, über die sie bis dahin verzweifelte. Sie schreibt für ihren Vater.

Kein Schulbesuch außer Haus: Die Familie läßt auf dem eigenen Landsitz eine Schule bauen, die auch von den Kindern der Nachbarschaft besucht wird: Eine »Dame« unterrichtet Musik, der Vikar Latein und Griechisch, eine französische Gouvernante Französisch. Allwöchentlich kommt jemand aus London für den Zeichenunterricht, und Rosamond hat die riesige Bibliothek ihres Vaters zur freien Verfügung, aber nicht nur die Bibliothek, sondern auch seine Aufmerksamkeit. Sie erinnert sich, wie sie mit acht Jahren in einer Baumgabel sitzt, eine Tüte Karamellen zur Seite, ein Heft auf den Knien, und wie ihr Stift wie aus eigenem Willen zu schreiben beginnt … Sie läuft zu ihrem Vater, ihm dieses Gedicht zu zeigen, und er liest es mit lauter Stimme und beglückwünscht sie: Es sei ein guter Anfang, sie habe ein natürliches Rhythmusgefühl, sie solle so weitermachen. Er lehrt sie die Grundelemente der Prosodie und rät ihr, gute Gedichte zu lesen und auswendig zu lernen. Eines ihrer Gedichte liest er sogar bei dem allwöchentlichen Dinner des *Punch* vor.

In der Familie ist man begabt. Ihr Bruder schreibt mit sechs Jahren ein Distichon von seltener Knappheit:[3]

> Too many things have we got to
> Too many things have we not to.
> (Zu viele Dinge haben wir zu tun
> Zu viele Dinge haben wir nicht zu tun.)

Das gleiche Talent beweist dann ihr Sohn Hugo im Alter von viereinhalb Jahren. Aber später verläßt ihn die Muse.

Rosamonds Mutter, in den Vereinigten Staaten erzogen, Nach-
kommin von *Mayflower*-Puritanern, befand, daß ihre Töchter
die gleiche Erziehung bekommen sollten wie die Söhne; sie
schreibt also Rosamond und ihre ältere Schwester in Girton,
Cambridge, ein, dem College für junge Mädchen, da es derzeit
noch keine gemischte Erziehung gab. Ihre Schönheit trägt ihr
Briefe und Gedichte ein, und sie hat das klare Ziel: schreiben,
heiraten, viele Kinder bekommen.

Erste Ehe, erster Roman, das Werk

Nach dem Abschluß in Cambridge heiratet Rosamond Lehmann Leslie Runciman, den Bruder einer Freundin. Er ist anscheinend ein ziemlich typischer Vertreter der Generation nach
dem Ersten Weltkrieg, in der eine gewisse Aversion gegen das
weibliche Geschlecht verbreitet war. Als Verlobter schreibt Leslie an einen Freund: »Ich weiß, es mag außergewöhnlich erscheinen, daß man sein Leben an eine Frau binden will, aber Rose ist
ohnehin mehr wie ein Junge. Sie hat einen männlichen Geist.«
Sie leben in Newcastle: Kälte, Häßlichkeit, höllischer Lärm der
Straßenbahnen, alles trägt dazu bei, ihr die Stadt zum Grauen
zu machen. Und als Krönung des Ganzen ist Alkohol in ihrer
methodistischen Schwiegerfamilie verpönt. Verzweifelt schreibt
sie 1927 ihren ersten Roman, *Dusty Answer* (Dunkle Antwort).
Sie sagt, ihr »Unbewußtes« habe sie inspiriert und unterstreicht
damit ihre Identifikation mit ihrer Heldin Judith.
Der Roman wird zum Druck angenommen: Die Verleger halten
ihn für vielversprechend, meinen aber, er werde keinen Cent ein-
bringen. Nun, er wird ein Riesenerfolg mit über einer Million
verkauften Exemplaren weltweit! Ihr Ruhm ist leicht skandalös,
denn manche wollen in dem Roman die Verirrungen einer Nym-
phomanin erkennen. Ein Artikel in der *Sunday Times* lanciert sie
mit dem Lob: »Die Art Roman, die Keats hätte schreiben kön-

nen«, und Virginia Woolf vermerkt in ihrem Tagebuch: »Sie hat
die Gaben, die mir fehlen.« Ab sofort gilt sie als eine der eman-
zipierten Frauen der Nachkriegszeit ... Sie läßt sich scheiden und
heiratet 1928 Wogan Philipps, mit dem sie zwei Kinder hat:
Hugo und Sally.

Bei aller Anerkennung ihres Talents halten die meisten Kritiker
diesen Romanerstling für eine verkappte Autobiographie, die
keine Folgen zeitigen wird. Und genau das stimuliert die Autorin. Zwei Jahre später, 1930, bringt sie *A Note in Music* heraus.
Die dreißiger Jahre sind glücklich: die Kinder, die Freunde des
berühmten Bloomsbury-Kreises mit Lytton Strachey, Carrington ... die Romane *Invitation to the Waltz* und *The Weather in
the Streets*, aber diese Jahre sind auch schon von einer düsteren
Zukunft überlagert. Die Ehe wird sehr stürmisch. Wogan enga-
giert sich im spanischen Bürgerkrieg. 1940 trennen sie sich. Sie
vertraut die Kinder ihrer Mutter an und arbeitet als Lektorin für
ihren Bruder John Frederick, Verleger und Herausgeber der
Zeitschrift *New Writing*.

Sie begegnet der großen Liebe ihres Lebens: Cecil Day Lewis.
Die Zeiten sind schwierig: Es ist Krieg, und vor allem ist Lewis
verheiratet und Familienvater. Trotzdem erlebt sie mit ihm sehr
glückliche Jahre und hilft ihm, ein bedeutendes dichterisches
Werk zu schreiben. 1949 verläßt er sie unerwartet.

Vor Verzweiflung ist sie zwei Jahre außerstande, zu schreiben.
Erst 1953 erscheint *The Buried Day* (Der begrabene Tag), den
viele für ihren besten, weil durchdachtesten Roman halten.

Leitmetaphern

In *Dusty Answer*, dem ersten Roman über junge Leute, geht der
Tod um. Viele von ihnen fallen im Krieg, ohne daß sie einem
ihrer Träume entsagen mußten. Sie haben »das Glück, tot zu
sein, bevor sie sich wünschen, zu sterben«[4]. Charly, der Held, ist

ein junger Erwachsener, als er getötet wird, aber sein Tod wird von dem alten Gärtner und von der Großmutter erlebt, als wäre er noch ein Kind gewesen. Ein anderes Kind, das von Charly und Marielle, ein unerwünschtes Kind, scheint ebenfalls zum Tod verdammt. Zweimal taucht wie ein Todessymbol ein toter Hase auf, besonders für den Tod des Kindes.

In *A Note in Music* bringt die Hauptfigur Grace ein totes Baby zur Welt. Greifen wir aus diesem Buch eine bedeutsame Episode heraus: Grace versucht eine Schwalbe zu retten, die sie mit glänzendem Auge anblickt, aber die Krumen nicht frißt, die sie ihr gibt. Schließlich schläft die Schwalbe in ihrem Schoß ein, den Kopf unterm Gefieder. Sie bedeckt sie mit einem Wollschal. Am nächsten Morgen bei Sonnenaufgang ist die Schwalbe auf den Ruf der anderen Vögel davongeflogen. Grace entnimmt daraus eine Botschaft: Zum erstenmal hat sie ein Wesen berührt, ohne ihm den Tod zu bringen, sondern sie hat es gerettet. Aber leider ist das eine Illusion, denn als sie gehen will, sieht sie in einem Blütenbusch, in dem die Schwalbe immer war, das Skelett des Vogels. Ihre Fürsorge war also nutzlos. Nach G. Tindall[5] kann man aus dieser kleinen Geschichte die Enttäuschung von Frauen lesen, die nie ein Kind haben konnten, so als sei alles, was sie tun, unfruchtbar. Genauso ist es mit Grace, einer Frau ohne Kinder. Wahrscheinlich geht die kleine Geschichte auf Rosamonds Kindheit zurück: In einer Gartenhütte hatte sie ein Krankenhaus für Vögel eingerichtet. In der Mittagszeit brachte sie verletzte, hilflos flatternde und betäubte Vögel dorthin, die sie aufgelesen hatte, und bettete sie so, daß ihre Mutter sie finden konnte. Im allgemeinen sind die Lager am nächsten Morgen leer. Aber eines Tages liegt ein Vogel tot da: toter Vogel – totes Kind, ein Vogel, dessen Mutter nicht gekommen ist, ihn zu beschützen. Das Thema der verhinderten Mutterschaft und des toten Kindes steht im Mittelpunkt des Romans *The Weather in the Streets*.

Während des Krieges schreibt sie für die Zeitschrift ihres Bruders mehrere Novellen, die in *The Gypsy's Baby* (Das Zigeunerkind) versammelt sind. Darin werden die Gestalten ihrer Kindheit beschworen, vornehmlich ihre erste Berührung mit dem Tod, als sie sechs war. Die Tochter von Moody, dem Reitknecht, Chauffeur und Faktotum des Hauses, dessen sexuelle Anziehungskraft sie schon im Alter von vier Jahren bemerkte, Moodys geliebtes Kind Wilma, ein »Dichterkind«, stirbt an Diphtherie, erstickt trotz einer Tracheotomie. Sie erinnert sich der Kommentare der Erwachsenen und ihres Vaters ihr gegenüber, als sie in der Bibliothek weinte. Moody hat diesen Verlust nie verwunden. Rosamond strengte sich damals an, sich Wilma in den Gefilden der Seligen vorzustellen, die sich seltsamerweise mit einer Wiese vermischten, wo die Familie einmal im Jahr Butterblumen zu pflücken pflegte. Dieses Gelände flößte ihr große Angst ein, denn dort gab es unheimliche Tiere ... es waren Kühe.

» When the waters came« (in *The Gypsy's Baby*) spielt im Winter 1939/1940. Um den Krieg zu beschreiben, benutzt sie eine Metapher, die im besonderen von ihren persönlichen Phantasmen zeugt:

»Der Krieg machte sich überall breit: wie ein zu schweres Kind, als daß es geboren werden könnte, und das im Bauch stürbe und begraben würde wie die Mißgeburten, und nach einer Weile dann, wenn wir uns davon erholt haben und die Szene eine andere geworden ist, würden wir gar nicht mehr wissen, daß wir es empfangen haben.«

Auch *The Ballad and the Source* (Unersättliches Herz) von 1944 behandelt das Thema des verlorenen, verlassenen und des toten Kindes. Tote Kinder schleichen sich immer wieder in die Romane Rosamond Lehmanns ein: Sie gehören zu ihrem »unsichtbaren Notizbuch«, ihrem Imaginären.

In *The Buried Day*, den sie nach einer langen unproduktiven Phase schrieb, die Folge ihrer gescheiterten großen Liebe zu Cecil Day Lewis, stehen die weiblichen Hauptfiguren für unterschiedliche Aspekte der Autorin und ihrer Weltsicht. Ihr Unbewußtes, sagt sie, sei voller Bilder, Erinnerungen, Stimmen, Geräusche und Bezüglichkeiten.« »Es kommt ein Moment, wo alles in einen Punkt zusammenfließt, und ein Bild erscheint wie eine Landschaft oder ein Haus.«

Wie bei vielen Autoren kehrt in den Werken Rosamond Lehmanns eine kleine Anzahl von Bildern und Situationen immer wieder, es sind die zentralen Metaphern in ihrem Schaffensprozeß:

»Während ich mich durch meinen Tunnel zu einem Ende durchzugraben suchte, bekam ich das Gefühl, daß dieser Roman mehr als alle anderen mit dem ersten zu tun hatte, den ich geschrieben hatte. Nicht etwa dasselbe mit neuem Anstrich, nicht einmal ein Aufbau wie in dem ersten, sondern eher so, als ob auf irgend eine Weise, die ich nicht erklären kann, ein Zyklus von Erfahrungen, der begonnen hatte, als ich jung war, jetzt zu einem Abschluß gefunden hätte.«[6]

Tod und Parapsychologie

Sally und ihr Mann Patrick, die seit 1957 in Djakarta lebten, verbrachten ein paar Ferientage auf Bali. Sally hatte Zeichen von Erschöpfung gezeigt, ohne daß irgend etwas auf eine mögliche Ansteckung hingewiesen hätte. Patrick machte ein Gedicht über seine schöne Frau, in dem er sie als Persephone beschrieb, bevor das Licht der Sonne auf sie fällt: »Ein goldgelbes *Schemen*, blaue Reflexe auf der Haut, getränkt von der Blässe des Schlafes.« Sie las es, ohne zu lächeln. Er wußte nicht, daß sie schon angegriffen war, schon die Invasion des »Feindes, der Kinderlähmung« verspürte. Binnen fünf Tagen erreichten diese Attacken das Herz.

Im Rückblick forscht Rosamond Erlebnissen nach, die für eine Vorahnung sprechen könnten.

Den Telefonanruf, der sie ebenso brutal traf, wie der Feind, die Kinderlähmung, soeben ihre Tochter hinweggerafft hatte, er-

hielt sie auf der Isle of Wight, wo sie ein kleines Stück Land gekauft und darauf ein Haus gebaut hatte, das sie Sally schenken
wollte. Ein Haus, wo das Ehepaar mit den Kindern sich von Zeit
zu Zeit von den Auslandsaufenthalten erholen könnte. Sally
sollte ihr Haus niemals sehen! Seltsamerweise war Rosamond
gerade dort, um für Gardinen und Teppiche Maß zu nehmen, als
die Nachricht eintraf. Obwohl Sallys Briefe immer froh und
lebensvoll gewesen waren, fühlte sich Rosamond Lehmann seit
einiger Zeit krank, so als ob etwas innerlich an ihr zehre, zugleich aber auch ständig auf dem Sprung, wie wenn sie sich insgeheim auf eine Reise nach Java vorbereitet hätte. Warum, fragt
sie sich, traf es sie, wenn sie das Wort Djakarta auch nur sah,
jedesmal ins Sonnengeflecht?

Bevor die Katastrophe eintrat, hatte sie sich an glückliche Erleb-
nisse mit der kleinen Sally erinnert, die von Geburt an ihre *Trö-*
sterin gewesen war, »um mir den Namen auszuborgen, der einer
anderen wunderbaren Tochter verliehen wurde, der Prinzessin
Stuart, ein Kind der Béatrice von Modena und James II., die
1712 in demselben Alter starb.« Eine Trösterin schon deshalb,
weil es vor und zu der Zeit von Sallys Geburt Schatten gab, »und
ich hatte mir nicht vorstellen können, daß diese unwirklichen
Monate ein gutes Ende finden würden. Besonders hatte ich mir
nicht erlaubt, auf die Tochter zu hoffen, die ich mir sosehr
wünschte.«

So war ihr in einer Nacht im Juni auch ein Spaziergang mit ihrer
Tochter wieder vor Augen getreten, die damals fünf Jahre alt
war. Mit einer Stimme, die immer nahe daran war, zu brechen,
hatte Sally auf einmal gesagt: »Eines Tages … eines Tages … –
Nun, was denn, eines Tages? – Eines Tages würde ich dich vielleicht rufen … ich würde dich rufen … und dich rufen in aller
Welt … Aber wenn du nicht antworten würdest … Was mache
ich dann?« Verblüfft hatte Rosamond Lehmann der Kleinen versprochen, sie werde immer da sein und ihr immer antworten.
»Meinst du damit, daß du nicht sterben wirst? – Ich meine da-

mit, daß ich nicht sterben werde. – Versprochen? – Ich verspreche es. – Dann ist es gut!« Was war da aus dem Kind plötzlich mit solcher Stimme hervorgebrochen? Und wie konnte sie, Rosamond, ihm ein solches Versprechen geben? Aber in dieser Juninacht 1958 hatte sie kein Vorgefühl des kommenden Unheils verspürt.

Während sie am darauffolgenden Morgen im Haus beschäftigt war, hörte sie einen heftigen Schlag gegen die Scheibe einer großen Glastür. Auf der Terrasse lag eine junge Amsel mit gebrochenem Genick. Ein Vorzeichen? Sie bat ihren Gefährten, den toten Vogel ins Gebüsch zu tragen, ins trockene Laub, und sagte dazu: »So etwas soll ja einen Tod in der Familie bedeuten.« Daß sie dies laut aussprach, erleichterte merklich ihr Angstgefühl, aber warum konnte sie den Vogel nicht selbst aufheben, obwohl sie sich so oft um Vögel gekümmert hatte? Am selben Tag kommt aus London der Anruf: Sally ist tot.

The Swan in the Evening oder *Fragmente eines Lebens* schildert die Auswirkungen dieses Verlustes, vornehmlich aber die Wende, die sich allmählich in ihrem intellektuellen und affektiven Leben vollzog. Bestimmte psychische und mystische Erfahrungen, die sich völlig unerwartet einstellten, beherrschten den Rest ihres Lebens und ihrer literarischen Tätigkeit. *Nach Sally*: So spricht sie von da an über ihr Leben. Mit dem Buch, das ihrer Enkelin Anna gewidmet ist, der Tochter ihres Sohnes Hugo, will sie eine Botschaft von Trost und Hoffnung an sie und andere weitergeben.

»Ich hoffe, Du bist nicht enttäuscht. Auch wenn Du jetzt manches noch nicht verstehst, eines Tages wirst Du verstehen. Sicher wirst Du mich fragen: ›Ist das eine wahre Geschichte?‹ Und ich versichere Dir, sie ist wahr. Die Themen Leben und Tod, Leben nach dem Tod sind ungeheuer umstritten ... Ich selbst glaube, daß in den nächsten – sagen wir – fünfzig bis hundert Jahren wissenschaftlich bewiesen sein wird, daß es ein Leben nach dem Tode gibt ... aber ich fürchte, daß – wenn diese Beweise endlich da sind, unübersehbar, unüberhörbar – diese Menschen sich weiter weigern werden, sie anzunehmen.«

Gegenüber der Idee eines Lebens nach dem Tod haben die meisten Menschen einen fest- und tiefsitzenden Widerstand, ein Vorurteil; es ist eine kühle oder beunruhigte, verächtliche, sogar wütende Abwehr, die nichts und niemand jemals überwinden kann. Wie kommt es aber, daß der Wunsch, mit denen wieder vereint zu werden, die wir geliebt haben, in aller Welt besteht? fragt sie. Für sie ist dies ein »ewiger« Wunsch der Menschheit, aber auch das werde meistens als Wahn ausgelegt. Nach allgemeiner Auffassung ist die einzige zugelassene Form eines Weiterlebens die, daß man den geliebten Menschen vermißt und die Erinnerung an ihn im Gedächtnis bewahrt. Aber seit dem Augenblick, der sie zu einer »Mutter ohne Tochter« machte (es gibt kein Substantiv, um ein Elternteil zu benennen, das ein Kind verloren hat), ist ihr die Idee grotesk vorgekommen, daß ein lebensfroher und begabter Mensch wie Sally nach ihrem Tod um ihre »hiesige« Identität beschnitten sein sollte.

1959 nimmt sie zum erstenmal an einer Demonstration von Hellsehen im College für psychische Wissenschaften teil. Sie schämt sich vorher ein wenig, zu einer solchen Veranstaltung zu gehen, denn in ihrer Familie war das Vorurteil gegen den Spiritismus zäh. Nun aber wendet sich die Versuchsperson an sie und beschreibt Sally, als ob sie hinter ihr stünde: »Es ist eine seltsame Botschaft«, sagt die Frau. »Warum spricht sie vom Gott des Krieges? Sie sagt ›Wotan‹, der Kriegsgott, und sie möchte gern, daß der Kriegsgott glaube, daß sie lebendig ist. Verstehen Sie das?« Und das Medium fährt fort: »Ah! Jetzt, sie sagt, ich hätte den Namen nicht richtig verstanden ... aber sie könne ihn nur so übermitteln. Sie lacht und sagt, Sie werden schon verstehen ... Verstehen Sie?« Ein ergreifendes Erlebnis, denn der Vorname von Sallys Vater war »Wogan«.

Sie lernt, »Verbindung aufzunehmen«, ohne daß sie ein Medium benötigt: Dazu muß sie selbst einen bestimmten Grad der mentalen und spirituellen Kommunion erreichen, um jene Welt *nach dem Leben* zu erkunden, ehe sie dort hinkommt. Überzeugt, daß sie in Verbindung mit ihrer Tochter steht, gerade weil sie deutlich gefühlt hat, wie erschrocken Sally war, nachdem sie ihren Körper verlassen hatte, und wie unerbittlich sie versuchte, zurückzukehren, wirft sie sich vor, sie nicht vorbereitet, nicht beruhigt zu haben: »Sie rief mich, ... und dann konnte ich (wenn auch ungeschickt und verworren) noch einmal ihren Tod mit ihr erleben; es geschah auf eine ähnlich aufregende, unerfahrene Art und Weise (meinerseits), wie wir gemeinsam ihre Geburt durchmachten, atemlos, Schritt für Schritt.« Seitdem befinde sich Sally in Bewußtseinszuständen, die geistig und ästhetisch offener seien, und habe an Aktivitäten teil, die unserer Sprache nicht zugänglich sind. Ihr neues Leben scheine so reich und so interessant, daß es ihr schwerfalle, sich nicht zu sagen, »ich will nicht länger warten«. Ihre Angehörigen auf der Erde, behauptet Rosamond Lehmann, fehlen Sally nicht so, wie sie ihnen fehlt, denn sie kann in ihre Leben sehen. Um solche Zustände spirituellen Bewußtseins zu erlangen, müsse man sich *hier* schon vorbereiten, ohne das »Nachher« abzuwarten. Nach unserem Tod werden wir keine Phantome, Schatten oder Geister, sondern wir bewohnen dann, ob wir es glauben oder nicht, einen Körper aus einer feineren Materie, einen Astral- oder ätherischen Leib.

Sie ruft ihrer Enkelin Anna ihrer beider Lieblingsspiel in Erinnerung:

»Kofferpacken und zu Sally nach Java fahren. Du warst dreieinhalb, Anna, als wir dieses Spiel ... aufgeben mußten. ... In jenen ersten Monaten hast Du mir oft Gesellschaft geleistet. Du ... redetest mit Hingabe über den Tod, über Gräber und den Himmel, stattetest Sallys Bleibe im Jenseits mit einer Fülle konkreter Details aus. Manche Deiner Ideen waren unheimlich ... Manche waren äußerst bizarr: Ich mußte sie alle ertragen, damit Du Dir wieder ein Bild von Sally machen konntest. ›Ach, wäre Sally doch nicht im Himmel, warum ist sie fortgegangen?‹ kam es ...

länger als ein Jahr ... Ein andermal sagtest Du plötzlich: ›Sally ist jetzt schon so lange tot, sie hat mich sicher vergessen ... Sie spielt bestimmt mit einem anderen Kind.‹ ...

Aber wenigstens konnte ich mit Dir über Sally sprechen. Die Leute denken leicht, daß man seine Toten beiseite legen und die Schranktür zumachen möchte. Manche Leute wollen das. Sie sind, was ihre Toten angeht, eigenartig verschlossen ...

Ich weiß noch, wie Du mit fünf Jahren bei mir auf der Ile of Wight warst; da habe ich, damit Du schnell ins Bett gingst, zu Dir gesagt: ›In dem Zimmer, wo Du schläfst, hat man die schönsten Träume.‹ – ›Oh, gut!‹ hast Du gerufen. ›Dann träume ich von Sally. Komm, schnell, schnell.‹ Aber Du hast nicht von ihr geträumt, mißtrauisch hast Du es mir am nächsten Morgen erzählt. Ich habe Dir erklärt, daß man beim Aufwachen oft seine Träume vergißt, aber ich weiß nicht, ob Du mir geglaubt hast.«

Wenn sie mit ihren alten Freunden zusammenkam – Carrington, Virginia Woolf, Strachey ... –, werden sie sich ihrem neuen Glauben kaum angeschlossen haben. Dennoch bleibt sie dabei, sich diesem Kult zu weihen, ohne auf Jahre hin irgend etwas zu schreiben.

Mit *A Sea-Grape Tree* vereint sie das Schreiben mit ihrem jüngsten spirituellen Leben. Die beiden Heldinnen ihres ersten Romans, die nun tote Ms. Jardine und die hier namenlose Sibyl, die entwurzelt und auf der Suche nach einem neuen Gleichgewicht ist, führen anspielungsreiche Gespräche miteinander, in denen Vergangenheit, Gegenwart und Zukunft sich mischen.

Der Ablehnung ihres neuen Glaubens auf seiten ihrer Familie voll bewußt – mit Ausnahme ihrer Enkelin Anna –, läßt sie sich in ihrer Gewißheit trotzdem nicht irremachen und verteidigt sich dafür immer mit Humor. Das Leben nach dem Leben eröffne unendliche Weiten und unbegrenzte Bewußtseinsebenen. Es gehe nicht um eine Hoffnung, vielmehr »weiß« sie, daß es diese Zustände gebe. »Ich freue mich auf den Tod und auf das, was danach kommt.« Das Leben ist das Material eines Schriftstellers, und also ist und bleibt der Tod sein oberstes Thema, egal, ob er es behandelt oder umgeht.

Auf der Suche nach Spezialliteratur und nach Medien macht sie die Bekanntschaft von Cynthia Sandys, mit der sie 1971 unter der Ägide des College für psychische Forschungen die *Briefe unserer Töchter* herausgibt.

Die Entscheidung, ihre Biographie zu schreiben – ein schwerer Entschluß –, entspringt dem Wunsch, eine Art Testament für diejenigen zu hinterlassen, die ähnliche Erfahrungen gemacht haben wie sie. Natürlich hofft sie, damit auch andere anzurühren, deren Geist in intellektuellen Dogmen und Unglauben befangen ist. Vor allem aber möchte sie denen Zuversicht bringen, die ebenso abgrundtief verzweifelt sind, wie sie es war, bevor sie plötzlich von jenem Gefühl der Freude durchdrungen worden ist.

Vor Sallys Tod hatte sie kein religiöses Empfinden und bewunderte in erster Linie all jene, die ihr Leben der Kunst oder einem humanistischen Anliegen geweiht hatten. Der Tod war für sie der gefürchtete, unzulässige, unerbittliche Feind. Wie unzählige andere Menschen, deren »Übergang« unerwartet kommt, habe Sally sich hartnäckig geweigert zu glauben, daß sie »tot« war. Sie habe um ihre Rückkehr gekämpft, und dieser heftige Kampf, meint Rosamond Lehmann, müsse es gewesen sein, der sie geweckt hatte. Sie habe Sally im Dunkeln schreien gehört wie bei ihrer Geburt!

Sie erinnert sich an jenen Spätnachmittag im Januar 1934, als sie aus der Narkose erwachte, die man ihr für die Entbindung gegeben hatte. Sie war allein. »Weder Krankenschwester noch Arzt im Raum. Sie und ich waren allein. Ich habe sie gehört, bevor ich sie sah. Sie machte ein wütendes Geschrei –, aus Protest, aus Kummer. ›Ja, ja, ich weiß‹, sagte ich. ›Hab keine Bange, ich weiß.‹ Sofort wurde sie still, hat aufgehorcht. In diesem Nichts aus Stille begann unser Wiedererkennen zu schwingen, eine immer schnellere Vibration. Nun würde ich ein Leben lang nach ihr horchen.«

Auf Verlangen ihres Verlegers schreibt Rosamond Lehmann 1981 einen *Epilog* zu *The Swan in the Evening*, ein letztes Vermächtnis. Da ist sie einundachtzig Jahre alt.

Es behagt ihr nicht, das Buch als Autobiographie gelten zu lassen, sie will es lieber »subautobiographisch« nennen: so, als stiege man zum erstenmal in eine Höhle, eine Krypta hinab, in der alles dunkel ist. Dann, plötzlich, fällt Licht auf ein Fresko oder eine Skulptur, die uns wie Symbole anmuten, ohne daß wir sie irgendwie zu deuten wüßten. Versuchen wir aber, unsere Entdeckungen ins Freie zu holen und sie bei Licht auszubreiten und zu untersuchen, geraten sie leicht in Gefahr, sich zu verflüchtigen. (Für Freud setzt die Psychoanalyse, wie archäologische Grabungen, die Reste der Vergangenheit in der Psyche des Menschen frei. An den Tag gebracht, zerfallen diese Reste, diese Konstrukte.) Zu einer regelrechten Autobiographie sähe sie sich außerstande, weil ihr Gedächtnis zu viele Lücken habe, weil Briefe oder Papiere, auf die sie zurückgreifen müßte, zu intim sind, und vor allem, weil ihre Lebensgeschichte sich in ihren Romanen niedergeschlagen habe.

Als aktives Mitglied des College der psychischen Wissenschaften, dessen Vizepräsidentin sie eine Zeitlang ist, erweist sie Jung dafür Ehre, daß er ein blaues Licht beschrieben hat, das er bei seinem Besuch in der Altstadt von Ravenna auf dem Grab der Galla Placidia gesehen hatte. Im ersten halben Jahr ihrer Trauer habe auch sie zu ihrer Verwunderung ein blaues Licht wahrgenommen, vor allem in ihrem Zimmer. Blau ist aber die Farbe der spirituellen Heilung. Ihr Schwiegersohn Patrick hatte die gleiche Erfahrung gemacht.

Die Vorstellungen und Theorien über die Natur des Weltalls und über die Materie haben sich seit den letzten dreißig Jahren weiterentwickelt. Materie ist dem Schlüsselwort Energie gewichen. Die Wahrscheinlichkeit, daß in der Raum-Zeit unterschiedliche andere Universen neben dem unseren existieren, ist jetzt ebenso wie einige Aspekte des Paranormalen, die früher, weil nicht orthodox, nie in Betracht kamen, durchaus in den Forschungsbereich von Wissenschaftlern gerückt: von Physikern, Psychologen und Biologen.

Als Schriftstellerin kennt sie die Macht der Worte, eine manchmal unheilstiftende Macht. Bevor sie als Kind an den Mandeln operiert wurde, hatte man sie belogen, man hatte ihr nicht die Wahrheit gesagt. Die klassische Schwindelei von Erwachsenen, die nicht wollen, daß ihr Kind im voraus traumatisiert werde. Dabei bedenken sie nicht, daß sich dennoch ein Trauma bildet, nicht etwa durch die Operation selbst, sondern durch die Art der Worte, die den Vorgang begleiten, oder dadurch, daß nichts gesagt wird.

Ist das Leben janusköpfig? Lächeln, Güte, Sicherheit können sich von einem Augenblick zum anderen in Bedrohung oder in eine Katastrophe verwandeln. Wie das Flußufer, an dem sie immer so herrlich gespielt hatte und wo sie eines Tages eine Leiche entdeckte. Oder die Erinnerung an Dora, die junge Verkäuferin im Süßwarenladen, die immer freundlich lächelte und ihr oft einen Bonbon mehr gab. Eines Tages ist die Ladentür verschlossen, sie fragt, wo Dora ist. Die Erwachsenen bleiben stumm, sogar ihr Vater: Erst ein Spielkamerad verrät ihr unter dem Siegel der Verschwiegenheit, daß Dora von ihrem Liebhaber erwürgt worden ist. Und manchmal entzieht sich ihr die Macht der Worte und kehrt sich gegen sie selbst.

Als Rosamond Lehmann in die lange Reihe der Mütter und Väter tritt, deren Leben durch den Verlust eines Kindes gebrochen ist: Moody, die Wordsworth-Eltern, die Shelleys, der alte Brontë, William Shakespeare und so viele andere, ist sie empfänglich für Halluzinationen: »Ich habe das Vorhandensein von Naturgeistern um uns nie bezweifelt, auch nicht, daß wir einander ohne Worte mitteilen können.«

Der Erfolg von *Dusty Answer* hatte sie in die Welt der zeitgenössischen Literatur gestellt, die sie kaum kannte. Ihre wirklichen Ahnen waren die Schriftsteller der viktorianischen Epoche, die literarischen Giganten des 19. Jahrhunderts. Wo aber war ihr Platz, als nach dem Zweiten Weltkrieg alle sozialen und moralischen Strukturen der Gesellschaft und ihre private Welt zerstört waren? Eine unglückliche Ehe, die Abwesenheit des Kindes, eine bevorstehende Scheidung! Auf alle Ermutigungen, die ihr reichlich zuteil wurden, konnte sie nur immer erwidern: »Das ist nicht das, was ich sagen wollte, ganz und gar nicht!«

Nachdem sie dieses Nachwort geschrieben hat, liest sie *Four Quartets* von T. S. Eliot wieder: »Go, go, go, said the bird: human kind / Cannot bear very much reality.«[7]

Alles, was sie zu sagen versucht hat, ist damit gesagt: dieser furchtbare Kampf mit den Wörtern und ihren Bedeutungen; wie die Wörter splittern und manchmal unter ihrer Last zerbersten … wie sie sich entziehen, verschwinden, zugrundegehen … Wissen, das von der Erfahrung ausgeht, ist von relativem Wert. Weil das Wissen sich nicht ohne eine Struktur übermitteln läßt, ist seine Verfälschung immer inbegriffen.

Aber vor allem haben ihr viele trauernde Mütter geschrieben und haben sie aufgesucht, um mit ihr zu sprechen: »Ihre große Würde im Schmerz hat mich unendlich gerührt – ich habe gelernt, daß Trauer eine sehr persönliche Angelegenheit ist.«

Ratschläge geben? Das ist nicht die Hilfe, die sie hatte bringen wollen: »Ich habe eingesehen, daß ich nichts Besseres tun kann, als zuzuhören: zuhören mit einer Aufmerksamkeit, in der man vollkommen von sich selbst absieht.«

In der Einleitung zu dem sehr schönen Album, das ihr Enkel Roland ihr zu Ehren herausgegeben hat, sagt sie:

»Ich habe mich in der Welt nie zu Hause gefühlt, so als hätte ich vor meiner Geburt, in einer vorangegangenen Inkarnation einen Fehler begangen und ihn nie gutmachen können.«[8]

Kindertotenlieder –

Friedrich und Luise Rückert, Gustav und Alma Mahler, Sigmund Freud

Gustav Mahler, die Zentralgestalt dieses Kapitels, ist um so interessanter, als es in seinem Umkreis mehrere Personen gibt, die ebenfalls schriftliche Äußerungen über Trauerfälle in der Familie hinterlassen haben.

Durch eine Diphtherieepidemie – 1833 bis 1834 – verloren Friedrich und Luise Rückert zwei Kinder: Luise und Ernst, drei und fünf Jahre alt. Friedrich, Professor und Dichter, schrieb vierhundertachtundvierzig Gedichte über seine toten Kinder. Fasziniert von diesen Texten, wählte Gustav Mahler fünf davon aus und vertonte sie, die berühmten *Kindertotenlieder*. Die Gedichte inspirierten ihn nicht zufällig, denn er hatte in Kindheit und Jugend eine Reihe von Todesfällen miterlebt. Ein Schicksalsschlag nahm ihm seine älteste Tochter, Putzi genannt – ein Verlust, den er nicht verwunden hat. Das weitere Leben des Ehepaares veränderte sich, und in seiner Wirrnis konsultierte er Freud, der wenig später seine Tochter, dann seinen Enkel verlor. Alma Mahler schließlich kam über den Tod ihrer Tochter Manon nicht hinweg, die sie leidenschaftlich geliebt hat, wie auch deren Vater, den berühmten Architekten Gropius.

»Dies ist mein Loos« –
Luise und Friedrich Rückert

Nach dem Tod von Luise und Ernst schreibt Luise Rückert für ihre lebenden Kinder auf, wie ihre beiden Geschwister gestorben sind:

»Nicht für mich will ich das folgende aufschreiben, denn in mein Herz und Sinn sind die Schmerzenstage mit unauslöschlicher Schrift, mit heißen Thränen eingegraben, und solche fallen auch immer und immer auf diese Blätter, sondern für euch, meine übrigen Kinder schreibe ich es und es wäre sehr traurig, wenn einer von euch sie gleichgültig aus der Hand legen würde ... Am zweiten Feiertag (Weihnachten) um 10 Uhr früh gieng sie hinüber in die Wohnstube, wahrscheinlich suchte sie mich dort. Ernst umarmte sie noch auf der Schwelle, führte sie, und klagte mir, daß seine Luise so zornig heut sey. Ich legte sie aufs Sopha, zog ihre Schuhe und ihr Krägelchen ihr zum letztenmal aus, und legte sie in ihr unterdes herübergebrachtes, durchwärmtes Bett. Sie war sehr roth von Ausschlag der schnell heraus kam, und schwitzte, athmete aber heftig ... Am Montag wurde das Athmen immer schwerer, die Luftröhre schien wie zuzuwachsen ... sie hustete und brachte Schleim heraus, warf sich aber in Todesangst herum, verlangte zu mir, ich trug sie noch, so wie ihr Vater herum, aber sie rang schon mit dem Tode und – ich hoffte doch noch. Ich war so verwöhnt vom Glück, daß ich nicht dachte, daß Gott mir so etwas thun könnte; und er that noch mehr. Um 12 Uhr Nachts nahm ihr Vater Abschied von der geliebten Tochter. ›Wenn die letzte Posaune klingt, so werden sich die Gräber öffnen und die Toten auferstehen‹, heißt es in der Offenbarung ... Um 2 Uhr Nachts flößte ich ihr noch aus meinem Mund Arzeney ein, eine Viertelstunde nachher noch, und um 2 1/2 athmete sie zum letzten Mal. Wie habe ichs nur tragen können, wie die andern 6 schrecklichen Wochen? ... Am 3ten Jan. 34 früh 9 Uhr wurde ihr schöner und geliebter kleiner Leib zur Ruhe gebracht unter unseren heißen Thränen des Schmerzes, der Liebe, des Dankes, denn ich dankte ihr für ihre zärtliche Liebe, für ihr liebliches Wesen und Gott daß er mir sie geschenkt hatte – nein das tat ich da noch nicht, ich klagte ihm nur ihren Verlust …

Am neuen Jahrstag, o welches neue Jahr! Wurde Ernst in seinem Bettchen unwohl herüber getragen … stieg es immer mehr, die Röthe am ganzen Körper war wirklich scharlach und er schlummerte viel … Eben so zärtlich bittend sagte er mir einmal, als ich an seinem Bett weinte, mit lallender Stimme, weil die Zunge voll Schwämmchen und dick geschwollen war: ›Sey nicht so ängstlich!‹ Ein andermal fuhr er aus seinem Schlummer auf, und fragte mich: ›Warum wird denn geläutet, es wird wohl Jemand begraben!‹ und es wurde doch gar nicht geläutet! Da fuhr wohl eine Ahnung von seinem nahen Tod durch meine Seele, aber ich tröstete mich, daß Gott mir so schweres doch nicht aufbürden werde, da ich schon die Vielgeliebte hergeben mußte … Caroline erzählte mir später, er habe einmal, als sie ihm die eiskalten Ueberschläge auf den Kopf gelegt, zu ihr gesagt: ›Plage mich doch nicht so, ich muß ja doch sterben.‹ Nachmittags einmal bat er mich: bete doch mir mir, Mutter! Ich sagte ihm nun ein Gebet her, aus Herzensgrund, eins um seine Genesung, er sprachs mit lallender Zunge, aber pünktlich nach … o und noch einmal mußte ich den Ton, den herzzerreißenden des Lebewohls für diese Welt hören – dann lief Rückert weg, hinaus ins Freye, und seinen ihn begegnenden Freunden sagte er, der Knabe sey todt. Aber noch nicht, noch sollte das Leiden 8 Tage dauern! … In der Nacht vom 15–16 Januar, war ich eben müde und matt vom Leiden eingeschlafen, auf einmal wars als wenn mich etwas in die Höhe risse, mein erster Blick war, wie immer nach meinem Sohn. Er lag in Carolinens Arm, die Augen schon gebrochen, sterbend! – Die Großmutter wach und weinend stand am Bett, nach so vielen Leiden schlief er ganz sanft ein – er fühlte gar nicht mehr meine letzten Küsse – den Vater weckte ich nicht gleich, er hatte ihn ja täglich sterben sehen, seit 8 Tagen …

Eine Freundinn die schon viel gelitten und ihr Liebstes verlohren trägt einen Siegelring darauf ist ein Schiff, im Sturm, seine Segel sind zerrissen, der Mast gebrochen, das Steuer dahin und die Wellen sind im Begriff es zu verschlingen, darum stehen die Worte: dies ist mein Loos. – An meinem Lebensschiff hat der Sturm viel zerbrochen und verweht, aber nur der Anker des Glaubens, das Steuer des Christusglaubens möge nicht verlohren gehen, so gelangt es doch noch in den stillen Hafen wo die Lieben schon sind, wo Gott alle Thränen abwischen wird, und wo kein Tod mehr ist, noch Leid, noch Geschrey, noch Schmerzen, denn das ist alles vergangen …

Die Erde sieht nun anders aus, seit ich so viel verlohren, so farblos! Aber wie anders, wie reich der Himmel!«[1]

Welche Metapher könnte die Zerrüttung einer Mutter, die ihr Kind verloren hat, besser erfassen: »seine Segel sind zerrissen, der Mast gebrochen, das Steuer dahin und die Wellen sind im Begriff es zu verschlingen«.

Die Lebensenergie ist gebrochen, die Fähigkeiten, sich zu orientieren und zu entscheiden, sind außer Kraft, das *Ich* ist am Rand des Untergangs.

In dieser katastrophalen Situation sucht Luise Rückert Zuflucht und Trost in ihrem christlichen Glauben: Ihre Kinder sind ihr nicht endgültig verloren, weil sie bei Ihm aufgehoben sind, der sie Luise geschenkt hatte. Es gibt keinen Bruch mehr, keinen Riß im Dasein; in der anderen Welt werden sie ewig leben. Durch ihre Liebe zu Gott hat Luise teil an dem liebenden Band Gottes zu ihren Kindern. Sie wird sie am Ende ihres Lebens in einer Welt ohne Leiden, ohne Brüche und ohne Tod wiederfinden, wo Gott, die Kinder und die Mutter in einiger Liebe verbunden sein können.

Von den Gedichten, in denen Friedrich Rückert seinen Schmerz und seine Trauer aussprach, hat Gustav Mahler fünf vertont: drei im Jahr 1901, die beiden anderen 1904. Wir halten die drei folgenden für die aussagestärksten.

KINDERTOTENLIEDER
(nach Gedichten von Friedrich Rückert[2])

1. Nun will die Sonn' so hell aufgehn,
Als sei kein Unglück die Nacht geschehn.
Das Unglück geschah nur mir allein,
Die Sonne, sie scheinet allgemein.
Du mußt nicht die Nacht in dir verschränken,
Mußt sie ins ewige Licht versenken.
Ein Lämplein verlosch in meinem Zelt,
Heil sei dem Freudenlicht der Welt!

2. Nun seh ich' wohl, warum so dunkle Flammen
Ihr sprühtet mir in manchem Augenblicke,
O Augen! Gleichsam um voll in einem Blicke
Zu drängen eure ganze Macht zusammen.
Doch ahnt' ich nicht, weil Nebel mich umschwammen,
Gewoben vom verblendenden Geschicke,
Daß sich der Strahl bereits zur Heimkehr schicke,
Dorthin, von wannen alle Strahlen stammen.
Ihr wolltet mir mit eurem Leuchten sagen:
Wir möchten nah dir bleiben gerne,
Doch ist uns das vom Schicksal abgeschlagen.
Sieh uns nur an, denn bald sind wir dir ferne!
Was dir nur Augen sind in diesen Tagen,
In künft'gen Nächten sind es dir nur Sterne.

3. Wenn dein Mütterlein
Tritt zur Tür herein,
Und den Kopf ich drehe,
Fällt auf ihr Gesicht
Erst der Blick mir nicht,
Sondern auf die Stelle
Näher nach der Schwelle,

Dort wo würde dein
Lieb Gesichtchen sein,
Wenn du freudenhelle
Trätest mit herein
Wie sonst, mein Töchterlein.

O du, der Vaterzelle
Zu schnelle
Erlosch'ner Freudenschein!

Warum haben diese Gedichte Mahler so berührt? Manche Autoren behaupten, der Gram über den Tod seiner Tochter Putzi habe ihn zu ihrer Vertonung inspiriert. Das ist nicht der Fall, denn die ersten drei *Lieder* hatte er schon komponiert, bevor er Alma heiratete. Wir müssen also nach früheren Ereignissen, das heißt in seiner Kindheit und Jugend forschen, was ihn für das Thema der Lieder sensibilisiert haben mag.

»Mein armer Bruder Ernst«

Da ziehen die blassen Gestalten meines Lebens wie der Schatten längst vergangenen Glückes an mir vorüber, und in meinen Ohren erklingt das Lied der Sehnsucht wieder. – Und wir wandeln wieder auf bekannten Gefilden zusammen, und dort steht der Leiermann, und hält in seiner dürren Hand den Hut hin. Und in den verstimmten Tönen hör' ich den Gruß Ernst's von Schwaben, und er kommt selbst hervor und breitet die Arme nach mir aus und wie ich hinsehe, ist's mein armer Bruder; Schleier senken sich herab, die Bilder und Töne werden blässer.[3]

Gustav Mahler ist neunzehn Jahre alt und hat sein Studium am Wiener Konservatorium gerade beendet. Diese Traumerzählung schickt er aus seinen Ferien an Josef Steiner, der in den letzten Jahren als Librettist an der Oper *Herzog Ernst von Schwaben* mitgearbeitet hat.

Dieser erzählte Traum ist eine der seltenen Äußerungen Mahlers über den Tod seines Bruders Ernst, der ein Jahr jünger war als er. Mit Schwermut erinnert er sich seiner und des zärtlichen Bandes zwischen ihnen beiden. Ernst litt an einer Herzbeutelentzündung und starb daran mit dreizehn Jahren. Während seiner ganzen Krankheit verbrachte Gustav viel Zeit voller Fürsorge und Angst bei diesem besonders geliebten Bruder. Nie habe er, sagte er später, einen so grausamen Verlust erlitten.

Es ist aber nur einer von zahlreichen Todesfällen in der Familie Mahler. Ein Jahr vor Gustavs Geburt starb der älteste Sohn Isidor durch einen Unfall, über den nichts weiter bekannt ist. Er war ein Jahr alt. Über die Trauer der Eltern weiß man nichts, auch nicht über die Bedingungen, unter denen Gustav empfangen wurde. Der Tod des ersten Kindes muß sich zwangsläufig aber auf das Ehepaar und das kurz danach geborene Kind ausgewirkt haben.

Gustav Mahler wird am 7. Juli 1860 in Kalicht, einer mährischen Kleinstadt, geboren. Die bescheidene Familie gehört zu der örtlichen jüdischen Gemeinde. Die Großmutter väterlicherseits war lange Hausiererin. Sie ist für ihren kühnen, energischen und autoritären Charakter bekannt, ebenso wie Gustavs Vater (und wie Gustav). Bernhard, der Vater, beginnt als Fuhrmann, doch ist er von einem Drang »nach oben« besessen, er macht eine Spiritusbrennerei auf – eigentlich ein kleiner Ausschank –, gleichzeitig vervollkommnet er seine Bildung, besonders durch leidenschaftliches Lesen (vor allem des Talmud).

Die Mutter, Marie Hermann, stammt aus einer kinderreichen Familie und ist zehn Jahre jünger als ihr Mann. Ihre Eltern haben einen kleinen Handel. Wie Gustav es darstellt, wurde die Ehe zwischen den beiden Familien arrangiert:

»Mein Vater … heiratete auf das Gütchen in Kalischt hin meine Mutter – die Tochter eines Seifensieders aus Ledetsch –, die ihn nicht liebte, vor der Hochzeit ihn kaum kannte und lieber einen andern, dem ihre Neigung gehörte, geheiratet hätte … Sie paßten so wenig zu einander wie Feuer und Wasser. Er war der Starrsinn, sie die Sanftmut selbst.«[4]

Alma nanciert diese Einschätzung von Gustavs Mutter ein wenig, indem sie berichtet, daß man die Eltern der Mutter »wegen ihrer größeren Verfeinerung« spottweise »Die Herzöge« nannte. Sie hat Gustav nie ein liebevolles Wort über seinen Vater sagen hören, aber seine Liebe zur Mutter hatte nach ihrem Zeugnis die Intensität einer unauslöschlichen Fixierung. Konflikte zwischen den Eltern gab es häufig, und Gustav soll für die Leiden seiner Mutter sehr empfindlich gewesen sein. »Als Mahler noch Kind war, fragte man ihn, was er werden wolle: ein Märtyrer«, führt Mitchell an, der diese Antwort als Ausdruck der Identifikation mit den Leiden der Mutter deutet, eine »mater dolorosa«, ein Muster der schweigenden Resignation[5]. Zwischen 1858 und 1881 bringt sie drei Töchter und elf Söhne zur Welt, von denen die meisten im frühen Kindesalter sterben. Mahlers Jugend verlief also in einer Atmosphäre aufeinanderfolgender Trauern: Ein Jahr nach Isidors Tod geboren, erlebte er in seinen ersten zwanzig Lebensjahren den Tod von sechs Brüdern. Ein siebenter, Otto, ein brillanter Musiker, brachte sich 1895 mit zweiundzwanzig Jahren um.

Die Spuren von Mahlers Leiden über den Tod seines Bruders Ernst, des ihm im Alter nächsten, durchziehen die Grübeleien, Träumereien, Phantasmen und die untergründigen oder expliziten Thematiken seiner musikalischen Werke.

»Ich weiß für mich«, schreibt er, »daß ich, solang ich mein Erlebnis in Worten zusammenfassen kann, gewiß keine Musik hierüber machen würde. Mein Bedürfnis, mich musikalisch-symphonisch auszusprechen, beginnt erst da, wo die dunkeln Empfindungen walten, an der Pforte, die in die ›andere Welt‹ hineinführt; die Welt, in der die Dinge nicht mehr durch Zeit und Ort auseinanderfallen.«[6]

Schon mit sechs Jahren komponierte er sein erstes Werk mit dem Titel *Polka mit Introduktion als Trauermarsch*.

Von 1877 bis 1878 arbeitet Mahler an der Komposition der Oper *Herzog Ernst von Schwaben*, das Libretto stammt von seinem Freund Josef Steiner. *Ernst*? Ihr Briefwechsel zeugt von dem leidenschaftlichen Charakter der Verbundenheit mit diesem Bruder, dessen tragische Erscheinung zweifellos bewußt oder unbewußt den Ursprung eines literarischen Werkes von Thomas Mann und seiner filmischen Adaption von Visconti bildete. Laurence Schifano erläutert in seinem Buch über den Filmregisseur Lucchino Visconti, daß Thomas Mann, der Gustav Mahler sehr verehrte, sich ihn zum Vorbild seines Helden in *Tod in Venedig* gewählt hat: Gustav von Aschenbach[7]. Er hat ihm denselben Vornamen und die gleiche physische Erscheinung gegeben, nur hat er aus ihm einen Schriftsteller gemacht.

Obwohl Visconti das Romanthema beibehält, geht er stärker auf die wirkliche Gestalt Gustav Mahler und seine Musik zurück (Fragmente der *Dritten* und der *Fünften Symphonie*). Zwar reproduziert er nicht ganz Mahlers Lebensende, aber das romaneske Szenario beschwört ein Hauptthema seines inneren Lebens. Das Drama läuft in wunderbaren Bildern ab, in denen immer wieder halb wirklich, halb phantasmatisch Tadzio dem alternden Schriftsteller erscheint, der, derart gebannt, in eine verzweifelte und schließlich tödliche Suche fortgerissen wird. Für Laurence Schifano ist es offenbar, daß der erbärmlich dürre Leierkastenmann (ein häufiges Thema in Mahlers gesamtem Werk, das stets mit quälenden, schmerzlichen Kindheitserinnerungen einhergeht) ein Bild für den elenden Tod ist, den kläglichen Tod Gustav von Aschenbachs in Venedigs stinkenden Gassen.

Wie Mahler behandeln auch Mann und Visconti den Konflikt zwischen einer Idealwelt der Schönheit und Kunst einerseits und der Mittelmäßigkeit und Brüchigkeit des täglichen Lebens andererseits.

Ahasver

Kehren wir zurück zu Mahler und versuchen wir, in seinem musikalischen Werk oder in verschiedenen seiner Worte den *schwarzen Faden* seiner Traurigkeit und Trauer zu verfolgen, so wie Freud im Diskurs seiner Patienten nach dem *roten Faden* suchte.

Seinem Jugendfreund und bevorzugten Korrespondenten, Josef Steiner, erzählt er einen anderen Traum:

»Ein Wolkenstrom ... bedeckt die Szene und die Wolken werden immer dichter und dichter, da plötzlich blickt, wie auf dem Raffaelschen Madonnenbild, ein Engelsköpfchen hervor, und unter ihm steht Ahasver mit seinen Leiden, und möchte hinauf zu ihm in die selige erlösende Nähe, doch der Engel entschwebt lachend, und er starrt ihm im unermeßlichen Schmerze nach, dann nimmt er seinen Stock, und ziehet weiter, ohne Tränen, ewig, unsterblich!

O meine vielgeliebte Erde, wann, ach wann nimmst du den Verlassenen in deinen Schoß; sieh! Die Menschen haben ihn fortgewiesen von sich, und er flieht hinweg von ihrem kalten Busen, dem herzlosen, zu dir, zu dir! O, nimm den Einsamen auf, den Ruhelosen, allewige Mutter!!«[8]

Die Identifikation mit dem tragischen Schicksal der Juden und das Streben nach Erlösung, also dem Einswerden mit einer Mutter-Erde-Tod, tauchen schon auf, lange bevor sie zum Thema eines seiner letzten Werke werden, dem *Lied von der Erde*, anfänglich das *Lied vom Leiden der Erde* betitelt.

Das Erscheinen der Figur des Ahasverus[9] in Mahlers imaginären Phantasien bezeugt seine Prägung durch die jüdische Kultur, eine grundlegende Prägung, die von seinen Biographen und Kommentatoren indes kaum erwähnt oder diskutiert wird. Da die jüdischen Gemeinden Mitteleuropas sich zur Assimilation gezwungen sahen, weil sie sich den politischen und religiösen Gesetzen des Gastlandes zu beugen hatten, wurde bei den Einwanderern alles »ausradiert«, was die Spezifik der jüdischen Tradition ausmachte: kulturell, sprachlich und religiös. So erhielten zahllose Kinder christliche Vornamen, und bei Mahler ging dies, wie wir sehen werden, bis zur Konvertierung zum Christentum. Obwohl so bedeutende Komponisten wie Schostakowitsch den musikalischen Reichtum dieser Folklore immer wieder hervorgehoben und offen aus den zahlreichen Inspirationsquellen geschöpft haben, hat sich nach unserer Kenntnis keine Studie mit dem Einfluß der musikalischen jüdischen Folklore Mitteleuropas auf das Werk Gustav Mahlers befaßt.

»Als Kind«, erzählt Mahler, »träumte ich oft vom Jüngsten Gericht. Die Sterne schwirren durch den Himmel und, wie in einem Kaleidoskope, legen sie sich zu Mustern. Eine Wolke bildet sich schwefelgelb. Und meine Mutter ringt die Hände: ›Oh! Um Himmels Willen! Was ist denn das?‹ Da hebt ein dumpfes Raunen an und wird immer stärker. ›Der Wanderer, der Wanderer!‹ Die Menschenmenge flutet die Straße hinan, ich bin auf einmal allein auf dem Platz ... ganz allein. Wo die alten Katen waren, ist alles leer. Nur inmitten ist ein großes Totenmal. Es tut sich auf, und ihm entquillt etwas wie ein Nebel, der langsam zu einer Gestalt wird: Haar und Bart bleiben noch im Dunste verwoben. Eine Riesengestalt ragt vor mir auf, Ahasver. Er streckt seinen riesigen Stab mir entgegen. Ich muß ihn nehmen und soll mich auf die Wanderschaft machen.«[10]

Zusammen mit dem Thema der Identifikation mit dem tragischen Schicksal des jüdischen Volkes wandelt dieser Haupt- und Wiederholungstraum die Verfluchungsszene ab – weil Ahasver dem leidenden Bruder Jesus, der zum Kreuzestod ging, den mitfühlenden Beistand versagte –, und inszeniert zugleich die Belehnung mit der männlichen Macht, die Ahasvers riesiger Stab symbolisiert. Die Mutter erschrickt, aber sie begrüßt die Erscheinung des großen Ahnen Gott-Vater-Tod, der seinem *Grab* entsteigt, um Gustav mit seiner Sendung zu betrauen. Diese wird zum Leitmotiv im Leben Mahlers, der aber ständig zwischen der schöpferischen Allmacht des genialen Tonsetzers und dem Stand des armen, verlassenen und verfolgten jüdischen Kindes schwankt, das dem Unglück geweiht ist und nur nach Ruhe und Trost in der Mutter Erde trachtet. Mahler weiß durchaus um dieses sein andauerndes Schwanken zwischen Triumph und Unglück: »Die höchste Glut der freudigsten Lebenskraft und die verzehrendste Todessehnsucht: beide thronen abwechselnd in meinem Herzen; ja oft wechseln sie mit der Stunde.«[11]

Von 1878–1880 komponiert Mahler das Chorwerk *Das klagende Lied*. Nach G. Pollock liegt dem von Mahler überarbeiteten Libretto die Thematik des Brudermordes und sogar der todbringenden Mutter zugrunde. Eine machtvolle todbringende Mutter für Gustav, so wie sie es für sieben ihrer Söhne war? Die zweite Episode des *Klagenden Liedes* erzählt, wie der gute Bruder von dem bösen Bruder ermordet wird, der sich der begehrten Blume bemächtigt. Ein Minnesänger nun sieht zwischen totem Laub einen menschlichen Knochen schimmern. Er nimmt ihn und schneidet daraus eine Flöte. Aber als er sie an die Lippen setzt, um zu spielen, singt das Instrument selbst mit der klagenden Stimme des toten Bruders und erzählt den grausigen Mord. Manche Psychoanalytiker entnehmen diesem Libretto, daß Gustav sich am Tod seines Bruders Ernst schuldig gefühlt habe. Dieses Gefühl kann sich aber auch insofern auf den Tod seines ältesten Bruders Isidor beziehen, als Gustav ja an seinen Platz getreten ist – als das »Ersatzkind«. Diese Terminologie, die von der chronologischen Ordnung einer Geschwisterreihe ausgeht, unterliegt jedoch der Gefahr, die Unterschiede, die Spezifika jeder Geburt, jeder Trauer, jedes Elternteils ... und jedes Kindes zu übersehen.

Totenfeiern und Siegeschoral

Im Januar 1888 wird Mahler Kapellmeister an der Leipziger Oper. Er beginnt mit den parallel geführten Kompositionen seiner Ersten Symphonie, die er später *Titan* nennt, und der *Totenfeier*.

Seine schöpferische Begeisterung, nach seinen eigenen Worten eine »gebieterische Sturzflut«, soll stark durch die erwiderte Leidenschaft für Marion von Weber stimuliert worden sein, auch eine Jüdin und die Frau eines seiner Freunde. Trotz dieser Euphorie sagt er, daß er von einem todessüchtigen Phantasma geleitet wurde, als er an *Totenfeier* arbeitete: Er sah seinen eigenen Leichnam im Sarg liegen, inmitten von Blumen und Kränzen. Zum Glück befreite ihn seine Geliebte aus dem makabren Traum.

Die *Totenfeier*, ursprünglich eine heidnische Zeremonie, die die Toten friedlich stimmen sollte, hat ihren sühnenden Sinn zwar verloren, doch wird sie noch oft nach Beerdigungen in »zivilisierterer« Form, zum Beispiel als »Leichenschmaus« praktiziert. »Äußerlich«, erklärt Mahler zum dritten Satz der *Ersten Symphonie*, »mag man sich den Vorgang hier etwa so vorstellen: An unserem Helden zieht ein Leichenbegängnis vorbei und das ganze Elend, der ganze Jammer der Welt mit ihren schneidenden Kontrasten und der gräßlichen Ironie faßt ihn an. Den Trauermarsch des ›Bruder Martin‹ hat man sich von einer ganz schlechten Musikkapelle ... abgespielt zu denken. Dazwischen tönt die ganze Rohheit, Lustigkeit und Banalität der Welt in den Klängen irgend einer sich dreinmischenden ›böhmischen Musikantenkapelle‹ hinein, zugleich die furchtbar schmerzliche Klage des Helden. Es wirkt erschütternd in seiner scharfen Ironie und rücksichtslosen Polyphonie, besonders wo wir – nach dem Zwischensatz – den Zug vom Begräbnis zurückkommen sehen und die Leichenmusik die übliche (hier durch Mark und Bein gehende) ›lustige Weise‹ anstimmt ... Mit einem entsetzlichen

Aufschrei beginnt, ohne Unterbrechung an den vorigen anschließend, der letzte Satz, in dem wir nun unseren Heros völlig preisgeben, mit allem Leid dieser Welt im furchtbarsten Kampfe sehen. Immer wieder bekommt er – und das sieghafte Motiv mit ihm – eins auf den Kopf vom Schicksal ... erst im Tode – da er sich selbst besiegt und der wundervolle Anklang an seine Jugend mit dem Thema des ersten Satzes wieder auftaucht – erringt er den Sieg. (Herrlicher Siegeschoral!)«[12]

Nach dem er sich mit der Intendanz der Leipziger Oper zerstritten hat, erhält Mahler im Mai 1888 ein sehr vorteilhaftes Engagement an der Budapester Oper. Aber kaum ein Jahr danach wird er dringend nach Iglau gerufen, wo sein Vater schwerkrank daniederliegt. Seine Mutter und seine Schwester sind völlig überlastet durch die Krankheit und die Tyranneien des Vaters, der am 18. Februar 1889 stirbt. Es beginnt eine dunkle Zeit, denn Gustav hat die familiären Probleme auf materiellem Gebiet und die Verstörtheit seiner Mutter und seiner Geschwister zu tragen. Dennoch soll er zu Ostern desselben Jahres in vertrautem Kreis mehrere Skizzen zum ersten Satz der *Zweiten Symphonie* gespielt haben. Der Sommer verläuft traurig. Dann folgen kurz aufeinander zwei Tode: Seine Schwester Leopoldine und seine Mutter, die seit dem Lebensende des Vaters erschöpft sind, werden krank. Leopoldine stirbt am 27. September 1889, vierzehn Tage später stirbt die Mutter. Am Abend dieses 11. Oktober hat Mahler, ohne daß er sich von dieser Tragödie und seinem Schmerz etwas anmerken lassen darf, den *Lohengrin* zu dirigieren. Anscheinend kann er nicht einmal am Begräbnis der Mutter teilnehmen.

Lange Zeit ist er kaum zu kreativer Arbeit imstande: In den Sommerferien 1890 komponiert er nur ein Lied aus *Des Knaben Wunderhorn*.

Erst im Dezember 1891, als er Dirigent am Hamburger Stadttheater wird, macht er sich wieder an eine Vertonung fünf großer *Wunderhorn*-Lieder, die er *Humoresken* nennt. Mahler sagt, bei diesen Werken habe er Anwandlungen von beißender Ironie gehabt, daher sicherlich der Titel. Waren es Spuren der Bitterkeit, des Leidens und der Aggressivität, die seine Trauer in ihm aufgewühlt hatte?

Die Auferstehung

Vier Jahre nach dem Tod seiner Nächsten findet Mahler seine Schaffenskraft wieder. Unwillig geworden durch die Last seiner familiären Verantwortungen, insbesondere durch die Nachlässigkeit seiner beiden Brüder, beschließt er im Frühling 1893, daß sie sich allein durchschlagen sollen. Im Sommer ist er in Steinbach von Freunden umgeben (darunter die treue Nathalie Bauer-Lechner), die einer wahren kreativen Auferstehung beiwohnen: Er nimmt die Komposition der *Zweiten Symphonie* wieder auf, die er tatsächlich *Auferstehung* nennt.

»Meine beiden Symphonien erschöpfen den Inhalt meines ganzen Lebens; es ist Erfahrenes und Erlittenes, was ich darin niedergelegt habe, Wahrheit und Dichtung in Tönen. Und wenn einer gut zu lesen verstünde, müßte ihm in der Tat mein Leben durchsichtig erscheinen. So sehr ist bei mir Schaffen und Erleben verknüpft, daß, wenn mir mein Dasein fortan ruhig wie ein Wiesenbach dahinflösse, ich – dünkt mich – nichts Rechtes mehr machen könnte.«[13]

Für ihn ist der Künstler ein Musikinstrument, mit dem »der Weltgeist, der Quell allen Lebens spielt ... Das Schaffen und die Entstehung eines Werkes sind mystisch vom Anfang bis zum Ende, da man, sich selbst unbewußt, wie durch fremde Eingebung etwas machen muß, von dem man nachher kaum begreift, wie es geworden ist ... Aber seltsamer als bei einem ganzen Satz oder Werk tritt diese unbewußte, geheimnisvolle Kraft bei einzelnen Stellen zutage, und gerade bei den allerschwierigsten und bedeutsamsten. Meistens sind es solche, an die ich nicht recht heran will, um die ich mich herumdrücken möchte und die mich doch festhalten und sich schließlich ihren Ausdruck erzwingen.«[14]

Wie könnte man den inneren Zwang besser beschreiben, dem der Künstler gehorcht, der zugleich Subjekt und Instrument eines Schaffens wider Willen ist, wider seinen Wunsch, schmerzliche Themen und Momente zu meiden?

An den Kritiker Max Marschalk schreibt er:

»Ich habe den ersten Satz *Totenfeier* genannt, und wenn Sie es wissen wollen, so ist es der Held meiner D-dur-Symphonie, den ich da zu Grabe trage, und dessen Leben ich, von einer höheren Warte aus, in einem reinen Spiegel auffange. Zugleich ist es die große Frage: *Warum hast du gelebt?* Warum hast du gelitten? Ist das alles nur ein großer, furchtbarer Spaß? – Wir müssen diese Fragen auf irgend eine Weise lösen, wenn wir weiter leben sollen! ... Es ist Ihnen doch schon begegnet, daß Sie einen lieben Menschen zu Grabe getragen, und dann vielleicht auf dem Rückwege erstand plötzlich das Bild einer längst vergangenen Stunde des Glücks, das sich Ihnen nun wie ein Sonnenstrahl in die Seele legt – durch nichts verdüstert – beinahe können Sie vergessen, was eben geschehen! ... Wenn Sie dann aus diesem wehmütigen Traum aufwachen, und in das wirre Leben zurück müssen, so kann es Ihnen leicht geschehen, daß Ihnen dieses unaufhörlich bewegte, nie ruhende, nie verständliche Getriebe des Lebens grauenhaft wird, wie das Gewoge tanzender Gestalten in einem hell erleuchteten Ballsaal, in den Sie aus dunkler Nacht hineinblicken – aus so weiter Entfernung, daß Sie die Musik hierzu nicht mehr hören! Sinnlos wird Ihnen da das Leben, und ein grauenhafter Spuk, aus dem Sie vielleicht mit einem Schrei des Ekels auffahren!«[15]

Aber die schöpferische Explosion der *Zweiten Symphonie* begeistert ihn.

»Nie mehr werde ich zu solchen Höhen noch zu solchen Tiefen vorstoßen, ebenso wie Odysseus nur einmal aus einem Leben in der Unterwelt zurückkehren konnte. Man kann nur ein oder zweimal im Leben Werke über so große Themen erschaffen. Beethoven mit seiner *Neunten*, Goethe mit *Faust*, Dante mit der *Göttlichen Komödie* etc. Ohne mich selbst auf jene Höhe oder mich mit ihnen vergleichen zu wollen, bin ich selbst sprachlos über das, was mir in jenem Sommer in Steinbach gelungen ist! Das kam aber von der langen Unterbrechung, die mir aufgezwungen war, danach sprudelten die Wasser wie eine Sturzflut, als brächen sie sich Bahn aus vorher verstopften Rohren.«[16] Während dieser ganzen produktiven Periode geht Mahler auch seinem Amt als Orchesterleiter in Hamburg nach. Er will sich um die Leitung der Wiener Hofoper bewerben, doch stößt er dort auf eine starke antisemitische Front, in der besonders Cosima Wagner den Ton angibt. Da entschließt er sich, zum Christentum überzutreten. Seine Taufe hat 1897 statt. Hierüber erzählt Alma, die ihn am Anfang ihrer Verbindung »mit Gott per Telefon verbunden« sah!

»Es war köstlich, wie er von seinen Bedenken sprach, von den Zweifeln, die ihn während seiner katholischen Katechisierung befielen, von den verwirrenden Fragen, die er seinem Lehrer stellte, und wie ihn plötzlich vor dem Alten Testament der Stolz durchflutete. Als er nach Wien kam, wo man ihm die größten Hoffnungen gemacht hatte, hatte er großartige Pläne für die Bühne und fürs Orchester ...

Im Herbst [1901] spielte er mir die ganze *Fünfte Symphonie* vor ... Als er geendet hatte, sagte ich ihm, was alles mir auf Anhieb gefallen hatte, aber auch, daß ich mir nicht sicher sei über dem Schlußchoral, der für mein Empfinden zu sehr nach langweiliger Hymne klang. Er war nicht einverstanden.

Ja, aber Bruckner? protestierte er.

Ja, er, aber nicht du.

Ich erklärte ihm den radikalen Unterschied zwischen seiner Natur und Bruckner. Ich konnte mir ihn beim besten Willen nicht vorstellen, wie er einen Kirchenchoral komponierte.

Damit rührte ich an einen empfindlichen Punkt, der für ihn oft ein Quell innerer Konflikte war. Der katholische Mystizismus zog ihn an. Und diese Anziehung wurde durch seine Jugendfreunde noch ermutigt, die ihre Namen änderten und sich taufen ließen.«[17]

Wie es auch Alma anmerkt, war Mahler nicht der einzige junge jüdische Künstler, den das Christentum verlockte. Auch Schönberg vertiefte sich in die christliche Lehre, um sich zum Protestantismus zu bekehren, und ließ sich mit vierundzwanzig Jahren taufen (1898). Er war ein Bewunderer der preußischen Kultur und bewarb sich um eine Stellung in Berlin. Jünger als Mahler, erlebte er jedoch das Heraufkommen des Nazismus. Er verließ Berlin und ging 1933 nach Frankreich. Am 23. Juli desselben Jahres kehrte er in der Synagoge der Rue Copernic in Paris zur jüdischen Religion zurück, Marc Chagall war sein Zeuge. Aus diesem langen Umgang mit dem Christentum bewahrte sich Schönberg, ähnlich wie Mahler, eine besondere Neigung zu Jesus Christus, der »ohne jeden Zweifel immer das reinste, das unschuldigste, das uneigennützigste, das idealistischste Wesen bleiben wird, das jemals auf der Erde gelebt hat: sein Wille, sein ganzes Denken, alle seine Strebungen waren einzig auf das alleinige Ziel gerichtet, die Menschen zu retten, indem er sie zu dem wahren Glauben führte an den Einzigen, Ewigen und Allmächtigen.«[18] Wie Mahler – und das ganze auserwählte Volk – sah sich Schönberg als gottgesandt.

Mahler kommt im Juni 1897 an die Wiener Oper. Eine brillante Laufbahn eröffnet sich ihm. Vier Jahre später: Nach einer Vorstellung der *Zauberflöte* tritt ein heftiger innerer Blutsturz ein, der nach Ansicht des Chirurgen verhängnisvoll hätte enden können. Mahlers Kommentar gegenüber seiner Schwester Justi:
»Als ich mich der Grenze so nahe fühlte, die das Leben vom Tod scheidet, fragte ich mich, ob es nicht besser wäre, es ginge gleich zu Ende, da wir alle da hindurch müssen. Der Gedanke, das Leben zu verlassen, hat seinen Schrecken für mich verloren, so-

fern ich alle meine Dinge geordnet hätte. Mehr noch erschien mir die Vorstellung, ins Leben zurückzumüssen, nahezu lästig.« Er genest ziemlich schnell. Nach dieser Episode, in der wiederum der Lebenstrieb über den Todestrieb siegte, erlebt Mahler eine Art zweite »Auferstehung«, und im darauffolgenden Sommer, in seinem neuen Chalet in Maiernigg gerät er in eine geradezu explosive Schaffensphase: Es entstehen acht große *Lieder mit Orchester* und drei symphonische Sätze *(Fünfte Symphonie)*, dazu noch die *Skizzen*. Fast alle diese Werke haben einen todessüchtigen oder schmerzlichen Charakter, besonders die drei *Kindertotenlieder* nach den Gedichten von Rückert.

Im Lauf des Sommers 1902 vollendet Mahler die *Fünfte Symphonie*, aber er gibt die Vertonung der *Kindertotenlieder* auf, weil es eine für ihn mühselige und bedrückende Aufgabe sei, wie er erklärt, und auch jene, die sie hören, betrübe. Man erkennt hieraus, welchen tiefen Widerhall die Gedichte von Rückert in den Kindheitserinnerungen Mahlers geweckt haben.

Durch die Psychoanalyse wissen wir, daß Kinder, deren Brüder und Schwestern gestorben sind und die den Kummer und die Trauer ihrer Eltern mit angesehen haben, zumeist unbewußte Neid- und Eifersuchtsgefühle auf die Toten entwickeln. Sie verhalten sich, als wollten sie selbst sterben, damit ihre Eltern um sie denselben Kummer empfinden, der als Zeichen ihrer Liebe angesehen wird. Wie ist eine solche Identifikation zu verstehen? Die Beziehung des Subjekts zu seinem Unbewußten kann sich in Träumen vom Tod uns lieber Menschen äußern. In diesem Traumtypus bedeutet der Tod einen unbewußten Wunsch des Subjekts: der Wunsch, daß der andere sterbe, ist der Todeswunsch des Subjektes selbst. Auf dieselbe Weise, scheint mir, hinterläßt die Identifikation mit einem toten Bruder, einer toten Schwester mehr oder minder unmittelbare, wahrnehmbare oder verkannte, offensichtliche oder verdrängte Spuren, aus denen Triebhandlungen, Fluchten oder Symptome einer somatischen oder psychischen Erkrankung erwachsen können. Genauer gesagt, ist der Tod eines Geschwisters ein bestimmender Faktor in der subjektiven Strukturierung eines Kindes, vor allem, wenn es mit seiner Trauer allein fertigwerden muß, wenn ihm die notwendige Hilfe fehlt, den Tod des Geschwisters zu integrieren und zu symbolisieren. Was Mahler angeht, so hat sein Genie ihm dazu verholfen, seine Wehmut, seinen Schmerz in einem allen zugänglichen Werk auszudrücken. Gleichwohl war er davon nicht befreit: Die Thematik seines Werkes wird stets davon durchdrungen bleiben.

Auftritt von Alma, Putzi und Gucki

Im Oktober desselben Jahres, 1902, begegnen sich Gustav und Alma, die Tochter des namhaften Wiener Malers Schindler und einer Sängerin, die auf ihre Karriere verzichtet hat, um sich ihrem Mann zu widmen. Die Familie lebt großbürgerlich in einem Schloß in der Wiener Umgebung. Alma liebt ihren Vater über alles, ihre Mutter schätzt sie wenig. Ihre kleine Schwester Grete ist debil, sie wird in eine Anstalt gegeben und später von den Nazis umgebracht.

Alma ist dreizehn, als ihr Vater an einem Darmverschluß stirbt. Sie leidet sehr. Ihre Mutter heiratet einen Assistenten des Malers, Carl Moll. Alma betreibt ihre Musikstudien auf etwas dilettantische Weise, aber sie kennt Wagner auswendig: Am liebsten möchte sie Sängerin und sogar Komponistin werden. Sie liest viel, vornehmlich Nietzsche. Sehr umschwärmt in der Wiener Gesellschaft wegen ihrer Schönheit und ihrer Verve, spricht man ihr ehrgeiziges Temperament zu. Um sie kreisen »Meister«, die alle in sie verliebt sind, so ihr Hauslehrer Max Burckhard, der Maler Klimt und besonders der Komponist Zemlinsky.

Von vornherein erklärt ihr Mahler, daß es nicht leicht sei, einen Mann wie ihn zu heiraten, denn er wolle – und müsse – völlig frei sein, vornehmlich von materiellen Pflichten. Er könnte sonst seine Stellung an der Hofoper von einem Tag auf den anderen verlieren ... Er beharrt auf seinem tyrannischen Charakter: »Du hast künftig nur die eine Aufgabe: mich glücklich zu machen. Verstehst du mich, Alma? Natürlich weiß ich, daß du glücklich sein mußt (durch mich), um mich glücklich machen zu können. Aber die Rollen in diesem Spiel, das ebenso gut eine Komödie wie eine Tragödie werden könnte ... müssen gut verteilt sein. Und der Komponist, der arbeiten muß, bin nun einmal ich. Dein Part ist der der *liebenden Gefährtin, des verständnisvollen Kameraden*. Bist du damit zufrieden? Ich fordere viel, sehr viel. Aber ich darf und muß es tun, denn ich weiß, was ich zu geben habe und was ich verlange.«[19]

Alma scheut ein wenig zurück, aber Mahler überragt bei weitem alle Männer, die sie kennt; er allein scheint ihrem Leben einen Sinn geben zu können. Er verlangt von ihr, daß sie auch eine brüderliche Rolle bei ihm einnehme, die nach Ernst von anderen besetzt worden war, namentlich von Josef Steiner und Nathalie Bauer-Lechner. Wie ihre Mutter entsagt Alma einer eigenen Karriere.

Im Dezember 1901 verloben sie sich und sind im Januar oft bei ihm: Bald wird Alma schwanger. Sie verübelt es Gustav, daß sie ihren Zustand verheimlichen soll, bis sie am 9. März 1902 heiraten.

Am 3. November 1902 wird Maria-Anna geboren. Maria war der Vorname von Gustavs Mutter, aber sie wird Putzi genannt. »Ich habe noch nicht die rechte Liebe für mein Kind. Alles in mir gehört Gustav. Alles ist tot neben ihm. Und ich kann es ihm nicht sagen!« – schreibt Alma in ihr Tagebuch ... »Ich kann mich auch nicht nur mit meinem Kind beschäftigen ... Auch seine Liebe – alles, alles verkümmert ... Ich habe alle Lust am Leben verloren.«[20]

Wie man sieht, füllt die Mutterschaft sie bei weitem nicht aus. Kein Wunder, daß die Beziehung zwischen Mutter und Tochter von Anfang an schwierig ist: Deprimiert stellt Alma fest, daß sie unfähig ist, die »Bedürfnisse« ihres Kindes zu erkennen, das leicht erkrankt.

Ihre zweite Tochter, die Almas Mutter zu Ehren Anna getauft wird und wegen ihrer intensiv blickenden Augen Gucki heißt, wird bei ihrer Geburt im Juni 1904 besser empfangen. Sie bleibt ihrer Mutter immer nahe.

Putzis Tod: Die Trauerjahre

Mai 1907: Gustav Mahler ist seit zehn Jahren Dirigent und schließlich auch künstlerischer Direktor der Wiener Oper. Mit heftigen Konflikten sowohl im Äußern wie innerhalb des Hauses konfrontiert, gedenkt er, sein Amt niederzulegen, und nimmt Verbindung zu einem Abgesandten der Metropolitan Opera New York auf, um die vertraglichen Bedingungen eines musikalischen Direktors für mehrere Spielzeiten auszuhandeln.

Zu Frühlingsanfang stellt Alma fest, daß die englische Amme in ihrer Abwesenheit der kleinen Anna drei Finger verbrüht hat, das Kind sieht schlecht aus ... Es ist Scharlach. Alma wartet die Genesung des Kindes ab, dann geht sie in ein Sanatorium, um sich einer notwendigen Operation zu unterziehen (ein Schwangerschaftsabbruch?). Da Anna bei ihrer Rückkehr wieder völlig gesund ist, fährt die ganze Familie wie jedes Jahr nach Maiernigg.

»Auf dem Lande«, schreibt Alma Mahler, »zeigten sich schon am dritten Tag bedrohliche Symptome bei dem älteren Kinde. Es war Scharlachdiphtherie, und das Kind von Anfang an verloren ... Vierzehn Tage Bangigkeit. Verfall. Erstickungsgefahr. Entsetzliche Zeit ... Mahler liebte dieses Kind dermaßen«, fährt Alma fort, »daß er sich mehr und mehr in sein Zimmer verkroch, von diesem geliebten Kinde im Innern Abschied nehmend. In der letzten Nacht, in der der Kehlkopfschnitt gemacht wurde, stand die ganze Zeit hindurch der Diener (Anton) vor Mahlers Schlafzimmertür, damit er, falls er durch den Lärm geweckt würde, beruhigt und wieder in sein Schlafzimmer zurückgebracht werde ... Diese furchtbare Nacht, in der meine Engländerin und ich einen Operationstisch richteten und das arme, arme Kind einschläferten.

Ich rannte während der Operation am Strand entlang, laut schreiend, von niemandem gehört. Es war fünf Uhr früh (der Arzt hatte mir das Zimmer verboten), da kam meine Engländerin und sagte: ›Es ist vorbei.‹ Und ich sah dieses herrliche Kind mit großen Augen liegen und röcheln, und so litten wir alle noch einen Tag – bis es aus war.

Mahler lief immer weinend und schluchzend an ihrer, vielmehr meiner Schlafzimmertüre vorbei, denn in einer Art Selbstvernichtungswillen hatte ich sie in mein Bett gelegt. Er floh, nur um keinen Laut mehr von ihr zu hören. Er konnte es nicht mehr ertragen. Wir telegraphierten meiner Mutter, die sofort kam. Wir schliefen alle drei in seinem Zimmer. Wir konnten einander nicht eine Stunde verlassen. Wir hatten Angst, wenn einer von uns das Zimmer verließ, er käme nicht wieder. Wir waren wie Vögel im Sturm, wir fürchteten die nächsten Stunden – und wie recht hatten wir!

Ein Verwandter räumte uns alle Furchtbarkeiten, die ein Todesfall mit sich bringt, aus dem Wege. Am zweiten Tag nach dem Ende des Kindes bat Mahler meine Mutter und mich, hinunter an den Strand zu gehen [des Sees] ... Da kam Mahler mit entstelltem Gesicht den Weg herab. Meine Augen irrten an ihm hinauf in die Höhe und – ich sah über mir, auf der Landstraße, wie der Sarg auf den Wagen gehoben wurde. Nun wußte ich die Ursache ihres [der Mutter] plötzlichen Herzkrampfes und seiner Züge. Mahler und ich waren so fassungslos, so hilflos, daß ich – fast mit Glücksgefühl – in eine lange Ohnmacht fiel. Der Arzt kam, konstatierte große Herzschwäche und verordnete Ruhe und Liegen ... Mahler wollte etwas Heiterkeit in unser trauriges Zimmer bringen und sagte: ›Gehen's, Doktor, wollen Sie mich nicht auch untersuchen? Meine Frau hat immer Angst wegen meines Herzens. Sie soll heute eine Freude haben, sie braucht es.‹ Und der Doktor untersuchte ihn. Tiefernst erhob er sich. Mahler war auf dem Sofa gelegen, Dr. Blumenthal hatte gekniet, und er sagte fast heiter (wie die meisten Ärzte, wenn sie eine Todeskrankheit diagnostizieren): ›Na, auf dieses Herz brauchen Sie aber nicht stolz zu sein!‹ Und mit diesem Befund begann das Ende Mahlers.«[21]

Nach Putzis Tod beschließt die Familie, das Landhaus zu verkaufen und aus Maiernigg zu fliehen, wo alles quälende Erinnerungen heraufruft. In Tirol versuchen sie ein wenig aufzuleben und sich ihr zukünftiges Leben vorzustellen.

Putzis Tod ist für das Ehepaar natürlich eine furchtbare Tragödie. Anna enthüllte dem Mahler-Biographen Henry-Louis de La Grange, die Familie habe sie immer für Putzis Krankheit und Tod verantwortlich gemacht.[22] Die Tragödie hat Mahler in besonderem Maße geprägt, denn zwischen Vater und Tochter bestand eine sehr enge Bindung:

»Jeden Morgen ging unser älteres Kind in Mahlers Arbeitszimmer. Dort sprachen sie lange miteinander. Niemand weiß, was. Ich störte die beiden nie … Es war ganz sein Kind. Wunderschön und trotzig, unzugänglich zugleich, versprach es gefährlich zu werden. Schwarze Locken, große blaue Augen! War es ihr nicht vergönnt, lange zu leben, so war sie doch ausersehen, ein paar Jahre seine Freude gewesen zu sein, und das ist Ewigkeitswert an sich. Gustav wünschte, bei ihr begraben zu werden, und sein Wunsch wurde erfüllt.«[23]

Zweifellos, weil Mahler so schwer unter Putzis Tod litt, gelangten einige Musikwissenschaftler und Biographen zu der Annahme, hierin liege die Inspirationsquelle der *Kindertotenlieder*. Wie wir jedoch sahen, war ein Teil dieser *Lieder* bereits vor der Ehe mit Alma komponiert und waren die letzten im Sommer 1904 vollendet worden. Ausschlaggebend für diese Rückert-Vertonungen war also vielmehr die Erinnerung an die Tode seiner

Brüder und Schwestern, so wie sie in seiner Familie erlebt und erzählt wurden, besonders von der Mutter und ihm selbst nach ihr. Auch wenn das Thema des Kindestodes bei Gustav Mahler in diesem unheilvollen Sommer 1907 heftig reaktiviert worden ist, beschäftigte es den Komponisten schon lange vorher.

»Nach dem Tode unseres älteren Kindes im Jahre 1907«, schreibt Alma, »konnte sich Mahler nicht mehr überwinden, die *Kindertotenlieder* einzustudieren oder zu dirigieren. Mir war diese Arbeit bei Lebzeiten der Kinder sehr unheimlich gewesen. Die beiden wunderbar begabten Kinder jubelten im Garten vor Freude, und ich fühlte ein Grauen, daß er imstande war, ihren Tod zu singen.«[24]

Nach dem Tod seiner Tochter versinkt Mahler in das gleiche Verstummen wie nach dem Tod seiner Eltern, seiner Schwester und dann nach Ottos Selbstmord. Im Oktober schreibt er an Hermann Behn:

»Verzeih mir, daß ich auf deinen so lieben Brief nicht geantwortet habe, obwohl er mir sehr wohlgetan hat. Auch heute lasse ich es bei einem ziemlich grobgefaßten Bericht, weil ich noch immer nicht in der Lage bin, über das zu sprechen, was du wissen willst. Mir erscheint es unmöglich, nach einem so langen Intervall so plötzlich wieder anzuschließen. Wir müssen zusammenkommen, so wie früher ...«[25]

Die Umgebung ist in Sorge um ihn. So schreibt Bruno Walter an seine Eltern:

»Mich von Mahler zu trennen, wird mir sehr, sehr schwerfallen, obwohl es kommt, denn trotz allem liebe ich ihn sehr und werde ihn immer lieben. Ihr habt sicher von seinem schrecklichen Unglück gehört: Anfang des Sommers hatte er die älteste seiner beiden Kinder an Scharlach verloren. Ein prächtiges Kind, hochbegabt, voller Gesundheit und einer seltenen Kraft. Er ist völlig zerstört. Äußerlich merkt niemand etwas, aber wer ihn gut kennt, ist sich klar, daß er vollkommen zerbrochen ist. Sie [Alma] scheint das besser zu ertragen in Tränen und Philosophie. Übrigens weiß ich absolut nicht, wie man so etwas aushalten kann!«[26]

Bei einem kurzen Aufenthalt Mahlers in Wien sieht ihn Arthur Schnitzler auf einer Bank in Schönbrunn sitzen und findet ihn so angegriffen, daß er sich fragt, wie er überleben wird. Bis zum Ende seines Lebens wird der große Schriftsteller die Erinnerung an diese einsame und stumme Betrübnis bewahren. Ein anderer seiner Freunde, Alfred Roller, bemerkt, daß Mahlers Stimme sich verändert hat: Wenn er gereizt war, konnte sein Bariton plötzlich bis ins Tenorregister schnellen. Nach 1907 hörte man ihn nur noch in seiner tiefen Lage.

Zu dieser Zeit gibt ihm sein Freund Pollak eine Gedichtsammlung zur Vertonung: *Die Chinesische Flöte* von Hans Bethge, eine Anthologie sehr frei übersetzter chinesischer Gedichte, deren Schwermut sich mit Mahlers Traurigkeit trifft. Sie wird für ihn zur Quelle eines neuen Liederzyklus, an dem er auf Spaziergängen in den umliegenden Wäldern zu arbeiten beginnt – in gemessenen Schritten auf Empfehlung der Ärzte, die eine Herzentzündung diagnostiziert haben. Nach Bruno Walter gewöhnt sich Mahler daran, im »Schatten des Todes« zu leben. Er nimmt nach und nach seine normale Tätigkeit wieder auf, schont sich aber sehr.

»Bedeutender aber als die gewiß bedenklichen Änderungen in seinen Arbeitsgewohnheiten schien mir die entschiedene Wandlung in seinem Lebensgefühl. Der Tod, zu dessen Geheimnis seine Gedanken und Empfindungen so oft ihren Flug genommen hatten, war plötzlich in Sicht gekommen – Welt und Leben lagen nun im Schatten seiner Nähe. So unsentimental und ›sachlich‹ wir damals sprachen, so unverkennbar spürte ich das Dunkel, das sich auf sein ganzes Wesen gesenkt hatte …«[27]

Das Abenteuer Amerika –
Das Paar geht auseinander

Im Dezember 1907 reisen die Mahlers in die Vereinigten Staaten. Alma erzählt:

»Der Abschied von Wien war da. Schönberg und Zemlinsky hatten ihre Schüler und die Freunde Mahlers auf dem Bahnhofsperron versammelt ... Sie standen, als wir ankamen, alle schon da, die Hände voll Blumen, die Augen voll Tränen ... Wir fuhren langsam aus der Halle, ohne Bedauern, ohne Sehnsucht. Zu schwer waren wir getroffen, wollten nur weg, nur in die Ferne. Wir waren sogar fast glücklich, je mehr wir uns von Wien entfernten. Wir sehnten uns nicht einmal nach unserem Kinde, das wir bei meiner Mutter gelassen hatten. Wir wußten: Keine Sorgfalt und Liebe kann das Entsetzliche fernhalten ... Wir waren weißgeglüht ... Aber eines waren wir trotz alledem beide: voll Zukunft!!«[28]

Auf der Reise machen sie Halt in Paris. Die ersten Zeichen von Almas Loslösung stellen sich ein. Das Paar macht die Bekanntschaft eines jungen russischen Pianisten, Gabrilowitsch, der Mahler immer wieder seine hohe Bewunderung bezeugt, sich aber von seiner Frau unwiderstehlich angezogen fühlt. Eines Abends in ihrem Hotelzimmer erklärt er sich:

»›Ich muß Ihnen ein furchtbares Geständnis machen – ich bin im Begriff, mich wahnsinnig in Sie zu verlieben. Helfen Sie mir, daß ich dem entgehe. Ich liebe Mahler und darf ihm niemals Schmerz bereiten.‹ Ich schwieg benommen«, erzählt Alma. »Also war ich doch liebenswert, nicht alt, nicht häßlich, wie ich mich damals sah! Er tastete im Finstern nach meiner Hand, das Licht zuckte auf, Mahler stand im Zimmer, voll Liebe und Güte, und der Spuk war verflogen ...«[29]

Vier Monate nach Putzis Tod verspürt Alma, daß ihr Begehren wieder erwacht ist; ihre Libido ist bereit, sich an ein neues Objekt zu binden. Ihr Narzißmus wird durch die Erklärungen des jungen Pianisten ebensosehr wiederhergestellt wie durch Mahlers liebende Gegenwart.

Die Ankunft in Amerika 1908 hat eine anscheinend wirksame Ablenkung zur Folge, und Gustav stürzt sich energisch in vielfältige gesellschaftliche und berufliche Aktivitäten. Ende Januar beobachtet Alma an ihm Zeichen der Erschöpfung. Eines Abends während einer Vorstellung des *Tristan*:

»Ich saß in der ersten Reihe, knapp hinter Mahler, und auf einmal sah ich schleierlos in seinem Gesicht so furchtbare neue Leidenszüge, bekam eine solche Todesangst, ihn zu verlieren, daß ich mit meinen eigenen todverängstigten Nerven einen Herzkrampf bekam und in Ohnmacht fiel ...«[30]

Nach der ersten Saison in New York erklärt Mahler Bruno Walter:

»Denn seit jenem panischen Schrecken, dem ich damals verfiel, habe ich nichts anderes gesucht, als wegzusehen und wegzuhören. – Sollte ich wieder zu meinem Selbst den Weg finden, so muß ich mich den Schrecknissen der Einsamkeit überliefern ... keinesfalls aber ist es jene hypochondrische Furcht vor dem Tode, wie Sie vermuten. Daß ich sterben muß, habe ich schon vorher auch gewußt ... will ich Ihnen nur sagen, daß ich einfach mit einem Schlage alles an Klarheit und Beruhigung verloren habe, was ich mir je errungen; und daß ich vis-à-vis de rien stand und nun am Ende eines Lebens als Anfänger wieder gehen und stehen lernen muß ... Und was meine ›Arbeit‹ betrifft, so ist es eben etwas Deprimierendes, da erst wieder umlernen zu müssen.«[31]

Alma hat sich mit Gabrilowitsch wiedergetroffen:

»... an einem Abend, in Toblach. Gustav Mahler arbeitete. ... Ossip Gabrilowitsch und ich lehnten aus dem Fenster und sahen auf eine mondbeglänzte Wiese ... wir waren einander nahegekommen ... Gabrilowitsch reiste nach diesem einzigen Kuß ab, und wann immer wir uns wiedersahen, immer war der große Kampf da ... Der große Anatom Zuckerkandl hatte von ihm

126

gesagt: ›Er sieht aus wie ein Kischenever Jude nach einem Pogrom.‹ Alles in seinem Gesichte stand schief. Aber da war es eben, dieses Fremde, um dessentwillen ich ihn damals suchen mußte ... Diese jugendliche Kameraderie hatte mir mein Selbstbewußtsein wiedergegeben.«[32]

Dieser Sommer 1908, »voll Schmerz um das tote Kind, voll Sorgen um Mahlers Gesundheit«, wird der qualvollste und traurigste bleiben, den sie jemals miteinander erlebt haben. Alles, jeder Ausflug, jeder Zerstreuungsversuch ist zum Scheitern verurteilt. Nur die Arbeit rettet Mahler. Wie gesagt, hatte er von seinem Freund Pollak das Gedichtbändchen *Die Chinesische Flöte* erhalten, nun sucht er einen Titel für sein Werk; zuerst denkt er an *Lied vom Leiden der Erde*, dann wählt er *Lied von der Erde* – nach chinesischen Gedichten ... Unten auf die Seite schreibt er: *Neunte Symphonie in vier Sätzen* ... Meint er, das böse Los gebannt zu haben, indem er diese Symphonie die *Neunte* benennt, die in Wahrheit schon seine zehnte ist? Glaubt er, damit eine abergläubische Furcht vor dem Tod besiegt zu haben, der Beethoven, Schubert und Bruckner nach ihren neunten Symphonien ereilte? Nun, er tut, als hätte er das Schicksalskap der Neunten nicht umschifft!

Die Mißstimmung zwischen den Ehegatten verstärkt sich. Im September hat in Prag die Generalprobe der Alma gewidmeten *Siebenten Symphonie* statt. Ein Zeuge, William Ritter, berichtet: »Diese grandiose, tosende Symphonie verklang in betäubtem Schweigen ... Auf dem Rang oben zwei, drei von Mahler Geladene, hier und da ... Dann schloß er seine große handgeschriebene Partitur, stieg, ohne jemanden anzusehen, seitlich vom Podium herab, und wie ein Schlafwandler, wie von der Gegenwart dieser Frau hypnotisiert, offensichtlich mit einem Ausdruck unendlicher Traurigkeit und fast der Niedergeschlagenheit setzte er sich neben sie, im rechten Winkel, das Gesicht uns zugewandt, aber die Augen so tief auf sie gerichtet, und wie verstört ... flüstert er – wer weiß was? Und er forscht sie mit einer solchen Inständigkeit mit seinen grüblerischen, trüben Augen aus, daß wir alle ganz erschrocken sind ... Was geht zwischen ihnen vor? ... Und Frau Mahler, ich werde es nie vergessen ... Sie lächelt gezwungen, blickt peinlich nach links und nach rechts, fühlt sich von uns allen beobachtet! Es ist der Unglücklichen doch wohl nicht gleichgültig! ... und sie empfindet also gar kein Mitleid mit diesem niedergeschmetterten und wie in sein Werk verstrickten genialen Mann, der um ihre Liebe beinahe bettelt ...«[33]

Ein Eindruck, den eine Äußerung Mahlers bestätigt, nachdem er das *Tristan-Vorspiel* dirigiert hat: »Was für eine unerhörte Sache, dieser *Tristan*!« Und im Nachsatz, wie zu sich selbst gesprochen:

»Ach, ein geliebter Kopf an deiner Brust ... die geliebte Frau in deinen Armen ... was habe ich davon, wenn ich weiß, daß ich nicht in diesem Kopf und diesem Herzen bin, daß ein anderer dies Herz bewohnt ...«[34]

Trotz der traurigen Feststellung geht die Rückkehr nach Amerika mit überquellender Aktivität einher:

»Ich mache seit anderthalb Jahren so viele neue Erfahrungen, daß ich darüber schwerlich sprechen kann. Wie sollte man eine so furchtbare Krise auch nur beschreiben? Ich sehe jetzt alles in neuem Lichte, denn ich lerne schnell! ... Mir sitzt der Lebensdurst im Leibe, und die süße Gewohnheit des Daseins ist mir angenehmer denn je.«[35]

Im März schreibt Anna Moll, Almas Mutter, an ihren Mann: »Alma geht es sehr gut ... Sie ist von ihrer Bürde befreit. Diesmal macht es sogar ihr etwas aus.«[36] Manche Kommentatoren vermuten, daß die Gatten sich nach Putzis Tod ein weiteres Kind wünschten. Eine neue Schwangerschaft Almas wäre eine Erklärung für Mahlers Genesung und wiedergewonnene Vitalität, doch mag Almas Desinteresse, um es vorsichtig zu sagen, an einem Kind, dessen Vater Mahler gewesen wäre, diesem Wunsch nach erneuerter Gemeinsamkeit schnell die Flügel gestutzt haben.

Zwei Monate später notiert Bruno Walter: »Er vermochte sich der metaphysischen Fragen, die ihn quälten und ihn mehr und mehr erschütterten, nicht mehr durch die Kunst zu erwehren. Was Gott sei, was der Sinn und Zweck unseres Lebens und der Daseinsgrund des ganzen unsäglichen Schmerzes in der Schöpfung, alles das verdüsterte seine Stimmung ... er war resigniert, und das konnte er immerhin in dem Gedanken, daß sein Herzleiden ihm bald die Pforte zu Frieden und Klarheit auftun werde.«

Während des üblichen Sommeraufenthalts in Toblach bemüht sich Mahler, seine Frau zurückzuerobern, besonders durch zärtlich flehende Briefe. Alma antwortet jedoch kaum: Ihr Mann ist für sie der sinnlichen Liebe zu entrückt, die sie sucht und die sie vielleicht bei anderen weckt? Oskar Fried über Mahler: »Er war ein Gottsucher. Mit einem unerhörten Fanatismus, mit einer beispiellosen Hingabe, mit einer unerschütterlichen Liebe war er stets auf der Suche im Menschen, in einem jeden, nach dem Göttlichen. Sich selbst aber betrachtete er als göttliche Sendung und war ganz von ihr erfüllt ... Aber von Zeit zu Zeit hatte er Augenblicke, da er diese himmlische Mission anzweifelte, und es würgte ihn dann beständig die Angst, ob er auch tatsächlich die Erfüllung in sich trage ... Ein Heiland seines Berufes.«[37]

Wir sahen in Mahlers Briefwechsel mit Josef Steiner und Nathalie Bauer-Lechner, wie eng diese Überzeugung, in göttlichem Auftrag zu stehen, sich mit seinen Jugendträumen und -phantasmen verwob. Doch die Rolle der Vertrauten, der Schwester und Mutter war nicht nach Almas Geschmack!

Im folgenden Sommer ist Mahler nach einer äußerst anstrengenden Spielzeit in New York allein in den Ferien auf dem Land, während Alma in einem Sanatorium behandelt wird (behandelt weswegen?). Er beklagt sich, daß sie nicht da ist und ihm kaum schreibt! Und mit Recht: Sie hat soeben Gropius kennengelernt, und zwischen beiden ist eine leidenschaftliche Beziehung entstanden. Mahler erfährt von dieser Beziehung durch eine Fehl-

leistung von Gropius, der einen für Alma bestimmten Liebes-
brief an ihn schickt! Mahler stellt Alma vor die Wahl. Es gibt
eine heftige Auseinandersetzung; sie wirft ihm vor, am Scheitern
ihrer Ehe schuld zu sein ... Nachträglich verweist Alma mit eini-
gem Stolz auf die beschwörenden Worte, die Mahler damals auf
die *Skizzen* zur *Zehnten Symphonie*, die er ihr schickte, schrieb:
»Für Dich leben! Für Dich sterben! Almschi!« In der panischen
Angst, verlassen zu werden, stellen sich bei ihm jähe Leiden ein:
Anginen, eine Blinddarmentzündung und anderes, und sexuelle
Impotenz, von der man allerdings nicht weiß, ob sie erst in diesem Moment auftrat. Gleichzeitig verhält er sich völlig anders
zu Alma, er geht sogar soweit, daß er die *Lieder* spielt, die sie
komponiert, aber für die er sich nie interessiert hatte, und erklärt nun auf einmal, sie seien ausgezeichnet. Einer seiner Briefe
an Alma besagt, wie verstört er war:
»Mein Liebling,
mein Saitenspiel
Komm banne die finstern Geister, sie umklammern mich, sie
schleudern mich zu Boden. Bleib mir, mein Stab, komm bald
heute, damit ich mich erheben kann. Ich liege darnieder und
warte und frage stumm, ob ich noch erlöst werden kann, oder
ob ich verdammt bin.«[38]
Erinnern wir daran, daß der Stab das Symbol der männlichen
Macht ist, mit dem ihn Ahasver in seinem Jugendtraum belehn-
te. Es sieht ganz so aus, als übertrüge Gustav in seiner inneren
Erschütterung die Macht und die Aufgabe des Erlösers hier auf
Alma.

Freud, Mahler, der Tod

Auf den Rat seines Freundes und Schülers Bruno Walter, der selbst zu Freud hatte gehen müssen, als er sich in seinen Aufgaben als Kapellmeister behindert fühlte, und auf Empfehlung eines Wiener Psychoanalytikers und Freundes der Familie von Alma, entschließt sich Mahler, Kontakt zu Freud aufzunehmen. Daß er vor einer solchen Hilfe bis zuletzt zurückscheut, zeigt sich daran, daß er mehrmals die von Freud angebotenen Termine absagt, der damals in Holland Ferien macht. Das Treffen findet im August 1910 in Leyden statt. Doch es ist keine Sitzung, sondern die beiden Männer gehen vier Stunden in intensivem Gespräch durch die Stadt. Freud sagte nachher, nie sei er jemandem begegnet, der ihn so schnell verstanden habe. Mahler ist von einer Bemerkung Freuds tief beeindruckt: »Ich nehme an, daß Ihre Mutter *Marie* hieß. Ich schließe dies aus mehreren Ihrer Äußerungen. Wie kommt es aber, daß Sie eine Frau mit einem anderen Vornamen, Alma, geheiratet haben, da Ihre Mutter in Ihrem Leben doch offensichtlich eine herausragende Rolle spielt?« Hierauf antwortet Mahler, seine Frau heiße Alma-Maria, er nenne sie aber Marie! Auch sei der Vorname ihrer Tochter Putzi eigentlich Maria. Vermerken wir an dieser Stelle, daß Almas Vater der namhafte Maler Schindler war. Der Gleichklang Mahler-Maler läßt vermuten, daß auch in Almas Leben ein signifikanter Name nicht unbedeutend war.

Im Verlauf des Gesprächs erklärt Mahler auf einmal, jetzt verstehe er, weshalb seine Musik nicht die höchsten Gipfel der Kunst erreiche. Immer falle in die grandiosesten Passagen, die sich aus tiefsten Empfindungen speisten, störend eine populäre Melodie ein. Aus Mahlers Lebensgeschichte wissen wir, daß Mahlers Vater seine Frau mißhandelte und daß Gustav als Kind diese bedrohlichen Szenen miterlebte. Eine soll so qualvoll gewesen sein, daß er davonlief. In dem Moment hörte er eine Drehorgel das Wiener Volkslied spielen: »*Ach, du lieber Augu-*

stin«. Die nahezu stetige Wiederkehr einer solchen Brechung der dramatischen Höhenflüge im Werk des Komponisten durch eine mißtönende Volksweise hat für Jones – den Psychoanalytiker, der über die Begegnung Freud-Mahler berichtet hat – ihren Ursprung in diesem Vorfall seiner Kindheit. Doch mögen sich diese fratzenhaften Einsprengsel auch durch Spottlust, Ironie und den jüdischen Humor erklären lassen, die in Mahlers Leben immerhin markante Züge waren.[39]

Freud erläutert Mahler, wie stark Alma an ihn gebunden sei, daß sie eine ödipale Wahl getroffen habe, als sie sich für einen zwanzig Jahre älteren Mann entschied, an dem sie wie bei ihrem Vater den geistigen Reichtum und die kreative Potenz bewunderte. Diese Interpretation beruhigt Mahler in seiner Angst, seine Frau werde ihn verlassen und sich mit Gropius verbinden. Ebenso macht Freud ihn aufmerksam, daß Alma in seinem libidinalen Haushalt und seinem affektiven Fundament einen weitaus zentraleren Stellenwert einnehme, als er glaube. Die Übertragung von seiten Mahlers auf Freud, das heißt, daß Mahler ihm die Rolle des Vertrauten einräumte, war unstreitig bedeutend. Mahler hatte von jeher Vertraute gebraucht, wie es seine Jugendbriefe an Steiner und seine vielen Gespräche mit Nathalie bezeugen, die ihm in der Trauerzeit um seine Eltern eine verläßliche Begleiterin war. Eine Vertraute, die ihn zugleich inspiriert, ist auch Alma. Und nicht zu übersehen ist in diesem Kontext Anna Moll, Almas Mutter. In großen Krisen, bei Putzis Tod, als seine Ehe zu scheitern drohte und während seiner letzten Krankheit schließlich hat Mahler seine Schwiegermutter immer wieder zu Hilfe gerufen wie eine zweite Mutter.

Als Mahler sich überwindet, Freud zu konsultieren, treten sich nicht einfach ein Leidender und ein Spezialist gegenüber. Wie bei jedem psychoanalytischen Geschehen begegnen sich zwei Subjekte, die jedes für sich einem eigenen unbewußten Diskurs unterliegen. In diesem besonderen Fall sind beide Juden und Wiener. Beide gehören Familien an, die sich nach jahrhundertelanger

Verfolgung und Wanderschaft von Galizien aus in Böhmisch-Mähren niedergelassen hatten. Sie sind fast gleichaltrig – Freud ist vier Jahre älter –, beide sind nach dem Tod eines älteren Bruders älteste Söhne, beide hängen unlösbar an einer Mutter, von der sie vergöttert wurden: »Wenn man der unbestrittene Liebling der Mutter gewesen ist, so behält man fürs Leben jenes Eroberergefühl, jene Zuversicht des Erfolges, welche nicht selten wirklich den Erfolg nach sich zieht.«⁴⁰ Beide haben ihre Sendung genial erfüllt. Nur weiß Freud vermutlich ein wenig mehr über die Struktur des menschlichen Subjekts und über die Wirkungen des Unbewußten als sein Gesprächspartner.

Während dieser vierstündigen *walking-talking*-Kur waren diese beiden Protagonisten zwangsläufig durch die Interaktion des beiderseitigen Unbewußten stark angezogen und angeregt. Wenn es in dieser Hinsicht bei Freud eine Spur seiner Begegnung mit Mahler gibt, so finden wir sie in den Werken, die er diesem Thema gewidmet hat, besonders in *Das Motiv der Kästchenwahl*, 1912–1913 nach Mahlers Tod entstanden. Von den Shakespeare-Tragödien *Kaufmann von Venedig* und *König Lear* ausgehend, beschäftigt sich Freud mit einem geradezu universellen Thema der Mythologie und der Literatur: Ein Mann wird vor die Wahl zwischen drei Frauen gestellt, eine scheinbar freie Wahl, die aber jedesmal für diejenige ausgeht, »die nichts sagt«, die stumme, weil sie der Tod ist oder die dritte Figuration der Mutter im Leben eines Mannes: die Mutter Erde, die ihn im Tode empfängt.

Daß Märchen oder Tragödien diese Schicksalsnotwendigkeit in Form einer Wahl darstellen, ist eigentlich eine Verkehrung in ihr Gegenteil. Niemand wählt aus freien Stücken den Tod, aber auf diese Weise akzeptiert der Mann das Wissen, daß er sterben muß. Mahlers Wunsch, in derselben Gruft zu liegen wie seine Tochter Maria-Putzi, ist ein Beleg dieser Thematik, unter der auch das *Lied vom Leiden der Erde* steht.

Eine weitere Gemeinsamkeit zwischen Mahler und Freud zeigt sich, als dieser in seinen letzten Lebensjahren an seinen Sohn

Ernst über den Todeswunsch (Mutter Erde) schreibt: »Ich vergleiche mich manchmal mit dem alten Jacob, den seine Kinder auch im hohen Alter nach Ägypten mitgenommen haben … Hoffentlich folgt nicht darauf wie dereinst ein Auszug aus Ägypten. Es ist Zeit, daß Ahasver irgendwo zur Ruhe kommt …«[41] Wie es ein Aufsatz von 1915, *Vergänglichkeit*, bezeugt, scheint Freud in Hinsicht auf das Lebensende eine gewisse Heiterkeit erreicht zu haben, die im Kern besagt[42]: Mit der begrenzteren Möglichkeit zum Genuß wächst dessen Wert; wenn wir unsere geliebten Objekte verlieren, ist unsere Liebesfähigkeit aufs neue freigesetzt, sie kann aber Erfüllung nur durch die Ablösung der Libido von den geliebten Objekten finden. Diesen Prozeß nennt man Trauer. Ein Mysterium bleibt es für Freud, daß dieser Prozeß nie anders als schmerzvoll ist: Möge ein jeder seine Antwort darauf suchen.

Mahler, der sein ganzes Leben mit Problemen der Trauer intensiv umging, fand in der Musik vielfältige Möglichkeiten zur Sublimierung, ohne aber dadurch vom Leiden befreit zu sein. Unter den Quellen seiner überreichen musikalischen Kreativität gibt es mit Sicherheit auch solche, die der befreiten Libido nach einer Trauer entsprungen sind, wie Freud sie beschreibt. Wir wissen von Mahler selbst, daß nach den vier stummen Jahren, die auf den Tod seiner Eltern und seiner Schwester folgten, die musikalische Inspiration wie eine Sturzflut aus ihm hervorbrach und in die Komposition seiner zweiten Symphonie mündete: der *Auferstehung*.

Auf der Rückreise von Leyden scheint Mahler ruhiger und zuversichtlicher zu sein. Er schickt Alma Gedichte:

> Nachtschatten sind verweht an einem mächt'gen Wort,
> Verstummt der Qualen nie ermattend' Wühlen.
> Zusammen floß zu einem einzigen Akkord
> Mein zagend' Denken und mein brausend' Fühlen.

Diese Verse zeugen von der versichernden und aufbauenden Wirkung des Dialogs mit Freud und beweisen damit die fundamentale Macht der Sprache: Das Signifikans Maria war mit entscheidend bei der Wahl seiner Frau. Seine Tochter war bereits durch ihren Vornamen zur Repräsentantin seiner Mutter Marie bestimmt worden. Mit seinem Wunsch, bei Maria-Putzi, seiner Tochter, begraben zu werden, greift er die Freudsche Hypothese von der Mutter Erde auf, die den Mann im Tode empfange. Und das Signifikans Mahler-Maler bestätigt schließlich den ödipalen Charakter von Almas Wahl.

Am 3. September 1910 schreibt Gustav an Alma: »Freud hat ganz recht – Du warst mir immer das Licht und der Centralpunkt! Freilich das innere Licht, welches mir über Alles aufgegangen und das selige Bewußtsein – durch keine Hemmungen mehr getrübt – steigert alle meine Empfindungen ins Unendliche. Aber welche Qual und welcher Schmerz, dass Du es nicht mehr erwiedern kannst ... will ich mir wieder Alles zurückerobern, das Herz, das einst mein war ...«[43]

Am nächsten Tag wieder ein Brief, in dem er die letzte Zeile des kurz zuvor geschriebenen Gedichts wörtlich aufnimmt: »Ich habe es doch richtig geträumt: ich starb der Welt, ich bin im Hafen.« Hieraus wird eine andere Wirkung des Gesprächs mit Freud erkennbar: Mahlers Trauer über seine eigene Existenz.

Trotz einer schweren Mandel- und Halsentzündung setzt er die Proben der Alma gewidmeten *Achten Sinfonie* unnachgiebig fort. Die Uraufführung wird sein größter Triumph als Komponist und Dirigent ...

Die Unterredung mit Freud hat ihn kurzzeitig gedopt und ihm die Kraft gegeben, seine Münchner Aufführung zur Vollendung zu führen und sich aufs neue für eine erschöpfende Spielzeit in den USA einzuschiffen. Aber im Schatten dieser relativen Euphorie geht Almas Liebesgeschichte mit Gropius mit leidenschaftlichen Begegnungen während der Konzeptproben in München weiter.

Der Gnadenstoß

Im Oktober 1910 reisen die Mahlers nach Amerika. Der heimliche Briefwechsel zwischen Alma und Gropius geht weiter. Alma möchte ein Kind von ihm: »Es wird ein Halbgott.« Manon, ihr künftiges Kind, ist so bereits vorbestimmt, noch ehe es empfangen ist. Diese Konfliktsituation ist nicht unproblematisch für Alma, die anscheinend häufiger zum Alkohol greift, als gut ist. Ende Februar gerät Gustav Mahler in scharfe Auseinandersetzungen mit der Leitung des philharmonischen Orchesters New York. Gleichzeitig leidet er unter einer schweren Grippe, zweifellos der Beginn seiner tödlichen Krankheit. In einem kurz vorher in einer amerikanischen Zeitung veröffentlichten Interview sagt Alma:

»Mein Mann hat sich eine Angina zugezogen. Sein letztes Konzert in New York hat er, um das Publikum nicht zu enttäuschen, schon mit hohem Fieber dirigiert. Jetzt hat sich die Angina zu einer Sepsis ausgeweitet. Mein Mann kann nicht mehr lesen, nicht mehr arbeiten. Gott weiß, wie das alles enden wird!«[44]

Im März sagt sie:

»Ich kannte nicht die Größe der Gefahr. Sonst hätte ich diese drei Monate nie ausgehalten. Diese drei Monate mit ihrem wechselnden Wohlergehen und Schwächerwerden waren schon ohne dieses Wissen kaum zu ertragen, sie waren entsetzlich. Oft war Mahler vollkommen von seiner Genesung überzeugt, oft verzweifelte er und hatte Todesangst ...«[45]

Im April beschließt die Familie, nach Europa zurückzukehren, um Bakteriologen zu konsultieren, vor allem aber, weil Gustav in die Heimat will. Am 18. Mai 1911 um 11 Uhr abends stirbt Gustav Mahler in Wien. Um wenige Monate verschoben, stirbt er im selben Alter wie seine Mutter, Marie.

Als Alma Gucki am nächsten Morgen sagen will, daß sie keinen Vater mehr hat, unterbricht sie die Kleine: »Sag nichts, ich weiß schon.«[46]

In seinem Testament hatte Mahler seiner Frau verboten, Trauer zu tragen und irgendwelchen Aufwand fürs Publikum zu machen.

Die Beerdigung ist nüchtern: keine Musik, keine Reden. Seinem Wunsch gemäß wird er auf dem kleinen Friedhof von Grinzing bei seiner Tochter Maria-Putzi beigesetzt. Er hatte verlangt, daß man ihm das Herz durchsteche. Dies veranlaßte Biographen und Psychoanalytiker zu verschiedenen Hypothesen: Sollte er gefürchtet haben, daß man ihn lebendig begrabe? Oder sollte der »Gnadenstoß« zugleich eine letzte Sühne und Erlösung sein? Oder hatte sie mit einer Identifikation mit Christus zu tun?

Freud, Mahler, der Tod – Zweite Folge

Wie Gustav Mahler muß auch Freud erleben, daß ihm eine Tochter stirbt: Sophie, am 25. Januar 1920:
»Meine Tochter Sophie, 26 Jahre alt, Mutter zweier Knaben ... entschlief ... nach viertägigem Kranksein ... Seither liegt ein schwerer Druck auf uns allen, den ich auch in meiner Arbeitsfähigkeit verspüre. Die Ungeheuerlichkeit, daß Kinder vor den Eltern sterben sollen, haben wir beide nicht verwunden. Im Sommer ... wollen wir mit den beiden Waisen und dem untröstlichen Mann, den wir sieben Jahre lang wie einen Sohn geliebt haben, irgendwo beisammen sein ... Ich habe sehr viel zu tun, aber die Verarmung ist nicht aufzuhalten.«[47]
Diese Einschränkung führt er jedoch nicht nur auf den Todesfall zurück, sondern auch auf sein Alter:
»Sie wissen von dem Unglück, das mich getroffen hat. Es ist wirklich niederdrückend, ein Verlust, der zu vergessen ist ... Nun mag es wohl sein, daß meine Denk- und Ausdrucksfähigkeit nachläßt, warum nicht? Jeder ist dem Verfall im Laufe der Zeit ausgesetzt, und ich habe mein volles Maß an Leistung, vielleicht sogar an Erfolg, gehabt.«[48]

Tatsächlich ist die Verarmung sehr relativ; sie hindert Freud nicht daran, seine wissenschaftliche Arbeit fortzuführen:

»Ich arbeite, soviel ich kann, und bin dankbar für die Ablenkung. Der Verlust eines Kindes scheint eine schwere, narzißtische Kränkung; was Trauer ist, wird wohl erst nachkommen.«[49]

Schiller und Goethe dienen ihm zu Vorbildern der philosophischen Arbeit, die er wenig später Ferenczi vorlegt:

»Der Todesfall, so schmerzlich er ist, findet doch keine Lebenseinstellung umzuwerfen. Jahrelang war ich auf den Verlust der Söhne gefaßt, nun kommt der der Tochter; da ich im tiefsten ungläubig bin, habe ich niemand zu beschuldigen und weiß, daß es keinen Ort gibt, wo man eine Klage anbringen kann. ›Des Dienstes ewig gleichgestellte Uhr‹ und ›des Daseins süße Gewohnheit‹ werden das Übrige tun, um alles im Gleichen weitergehen zu lassen.«[50]

Die Gottesleugnung betont, wie sehr er versucht ist, anzuklagen und sich zu empören. Eine »Auferstehung« kündigt sich im Mai 1920, etwa vier Monate später, an:

»Ich korrigiere und vervollständige jetzt das ›Jenseits‹, das des Lustprinzips nämlich, und befinde mich wieder in einer leistungsfähigen Phase. Fractus si illabatur orbis impavidum, ferient ruinae. Alles nur Stimmung, so lange sie anhält.«[51]

In *Jenseits des Lustprinzips* bekräftigt er seine philosophischen Positionen, denen er die Funktion des Selbstschutzes zugesteht:

»Vielleicht haben wir uns dazu entschlossen, weil ein Trost in diesem Glauben liegt. Wenn man schon selbst sterben und sein Liebstes durch den Tod verlieren soll, so will man lieber einem unerbittlichen Naturgesetz, der hehren *Ananke* erlegen sein, als einem Zufall, der sich etwa hätte vermeiden lassen. Aber vielleicht ist dieser Glaube an die innere Gesetzmäßigkeit des Sterbens auch nur eine der Illusionen, die wir uns geschaffen haben, ›um die Schwere des Daseins zu ertragen‹.«[52] (Zitat aus Schiller, *Die Braut von Messina*).

Sechs Jahre später bekennt und erklärt er in einer Antwort an Binswanger, der ihm den Tod seines achtjährigen Sohnes mitgeteilt hatte:

»... weil Ihr Brief eine Erinnerung in mir geweckt hat – unsinnig! –, die ja nie eingeschlafen war ... ich habe eine geliebte Tochter im Alter von 27 Jahren verloren, aber dies vertrug ich merkwürdig gut. Es war das Jahr 1920, man war zermürbt durch das Kriegselend, durch Jahre darauf vorbereitet zu hören, daß man einen Sohn oder gar drei Söhne verloren hat. So war die Gefügigkeit gegen das Schicksal vorbereitet ...«[53]

Diese Intellektualisierung, ein scheinbarer Ausweg aus der Trauer um seine Tochter Sophie, versagt vor dem nächsten Schicksalsschlag: dem Tod seines Enkels Heinele drei Jahre später, am 19. Juni 1923. Noch bevor dieses Kind starb, das unrettbar krank war, schrieb Freud an seine ungarischen Freunde:

»Diesen Verlust ertrage ich so schlecht, ich glaube, ich habe nie etwas Schwereres erlebt, vielleicht wirkt die Erschütterung durch meine eigene Erkrankung mit. Ich mache meine Arbeit notgedrungen, im Grund ist mir alles entwertet.«[54]

Zum erstenmal im Leben leidet er, nach seinem eigenen Zeugnis, unter Depressionen. In der Folge sagt er mehrmals, dieser Tod habe etwas in ihm getötet, und er könne seitdem an niemandem mehr hängen.

Als Ludwig Binswanger seinen achtjährigen Sohn verliert, teilt Freud ihm, nun drei Jahre nach Sophies Tod, den Tod von Heinele mit:

»Drei Jahre später ... das jüngere Kind dieser Tochter ... ist uns gestorben. Es war geistig hoch entwickelt ... Mir stand es für alle Kinder und anderen Enkel, und seither, seit Heineles Tod, mag ich die Enkel nicht mehr, aber freue mich auch nicht am Leben. Es ist das auch das Geheimnis der Indifferenz – Tapferkeit hat man es genannt – bei meiner eigenen Lebensgefahr ... Sie sind jung genug, um den Verlust zu überwinden; ich muß ja nicht mehr.«[55]

Die physischen Beschwerden, die ihm sein Kieferkrebs verursachte, veranlaßten ihn zu der Bemerkung, »daß infolge seiner Gleichgültigkeit hinsichtlich solcher Kleinigkeiten wie die Wissenschaft der Trauerprozeß im Dunkeln weitergehen müsse«. Nach Schur gingen bei Freud Kummer und Trauer und die Reaktion auf seinen Krebs ineinander über.

Über den herausragenden Stellenwert, den Heinele in Freuds seelischem und affektivem Leben einnahm, sagt er in einem Brief an Jones, der im März 1928 eine Enkelin verloren hat:

»Meine schmerzliche Teilnahme geht über das eigene Erleben. Ich erkenne, mir wurde der Trank in zwei Portionen vorgesetzt, den Sie auf einmal leeren mußten. Sophie war zwar eine liebe Tochter, aber kein Kind. Erst als drei Jahre später, Juni 1923, der kleine Heinele starb, wurde ich auf die Dauer lebenssatt ... Er war auch von überlegener Intelligenz und unsäglicher seelischer Anmut und er sprach wiederholt davon, daß er bald sterben werde! Woher wissen es diese Kinder?«[56]

Aus diesem Kommentar geht nicht hervor, ob der kleine Heinele dieses »Wissen« bereits hatte, bevor er krank wurde, oder ob er wie viele schwerkranke Kinder im Lauf seiner Krankheit gespürt hat, was das Schicksal ihm für die nächste Zukunft bereithielt. Solche Todesahnungen ihrer kleinen Kranken werden von Eltern und Großeltern meistens schwer ertragen.

Es liegt zutage, wie unterschiedlich Freud über den Tod von Sophie und über den Tod von Heinele spricht.

Über Sophie: »... ein Verlust, der zu vergessen ist ... Der Todesfall, so schmerzlich er ist, findet doch keine Lebenseinstellung umzuwerfen ... um alles im Gleichen weitergehen zu lassen ... Ich habe eine geliebte Tochter [...] verloren, aber dies vertrug ich merkwürdig gut ... Ihr Brief [hat] eine Erinnerung in mir geweckt – unsinnig! –, die ja nie eingeschlafen war ... Sophie war zwar eine liebe Tochter, aber kein Kind ...«

Über Heinele: »Dieser Tod hat etwas in mir getötet ... als der kleine Heinele starb, wurde ich auf die Dauer lebenssatt ... mir stand es für alle Kinder und anderen Enkel, und seither ... mag ich die Enkel nicht mehr, aber freue mich auch nicht am Leben ...«

Wie Mahler in Putzi, wie Mallarmé in Tole, hatte sich Freud in diesem Kind wiedererkannt und -gefunden; er sah in ihm sein eigenes Genie neu verkörpert; das Kind gab seinem Leben wieder einen Sinn und frische Impulse.

Durch Heineles Tod erleidet Freud jene wesentliche Amputation, die er seiner Mutter zuzufügen fürchtete, wenn er vor ihr sterben müßte. Er wußte wirklich sehr gut, welchen Ausnahmeplatz er in ihrer narzißtischen Ökonomie besetzte.

Aber trotz seines unendlichen Leidens und des scheinbar totalen Versiegens seiner libidinösen Investitionen überlebte Freud den Tod seines Enkels um sechzehn Jahre und verfaßte noch eine Reihe grundlegender Schriften wie *Hemmung, Symptom und Angst, Die Zukunft einer Illusion, Das Unbehagen in der Kultur, Neue Folge der Vorlesungen zur Einführung in die Psychoanalyse, Die endliche und die unendliche Analyse.* Und 1939, in seinem Todesjahr, erschien der Schluß von *Der Mann Moses und die monotheistische Religion.*

Könnte man angesichts der retardierten Wirkungen, die der Tod seines Enkelkindes auf ihn hatte, auch von einer Auferstehung sprechen, wie nach der Trauer um seinen Vater, der 1896 starb? Dieser Tod hatte ihn aus der Fassung gebracht:

»Auf irgendeinem der dunkeln Wege hinter dem offiziellen Bewußtsein hat mich der Tod des Alten sehr ergriffen. Ich hatte ihn sehr geschätzt, sehr genau verstanden, und er hat viel in meinem Leben gemacht, mit der ihm eigenen Mischung von tiefer Weisheit und phantastisch leichtem Sinn. Er war lange ausgelebt, als er starb, aber im Innern ist wohl alles Frühere bei diesem Anlaß aufgewacht. Ich habe nun ein recht entwurzeltes Gefühl.«[57]

Wie es Lacan formuliert, hatte der Verlust des Vaters in ihm die »Mobilisierung der Signifikanten« ausgelöst, die am Anfang seiner Selbstanalyse und der Errichtung seines psychoanalytischen Theoriegebäudes stand. Im Vorwort zur zweiten Auflage der *Traumdeutung*, die 1908 erschien, schreibt Freud:

»Für mich hat dieses Buch nämlich noch eine andere subjektive Bedeutung, die ich erst nach seiner Beendigung verstehen konnte. Es erwies sich mir als ein Stück meiner Selbstanalyse, als meine Reaktion auf den Tod meines Vaters, also auf das bedeutsamste Ereignis, den einschneidendsten Verlust im Leben eines Mannes.«[58]

Alma nach Mahlers Tod

Nachdem die schickliche sechsmonatige Trauerzeit nach Mahlers Tod abgelaufen ist, setzt Alma ihr gesellschaftliches Leben fort. Die Treffen und der Briefwechsel mit Gropius gehen weiter, aber sie will ihn nicht heiraten und schlägt auch das Eheangebot Dr. Fraenkels aus, ihres sehr ergebenen Hausarztes während Mahlers Krankheit. Dafür befreundet (?) sie sich mit dem melomanen Biologen Kammerer, dem sie eine Zeitlang bei seinen Arbeiten assistiert. 1912 macht sie die Bekanntschaft des berühmten Malers Oskar Kokoschka, von dem sie gemalt werden will. Damit beginnt eine lange, stürmische Liebe, die zu vielerlei Anekdoten Anlaß gibt. So bestellt Kokoschka bei einem Handwerker eine Puppe in Almas natürlicher Größe und nach ihrem Bild und bekleidet sie mit Pariser Wäsche. Er beauftragt einen Freund, das Gerücht auszustreuen, er werde mit dieser stummen Frau im Fiaker in die Oper fahren. Im Verlauf einer orgiastischen Nacht dann wird die Puppe mit Rotwein übergossen und verliert buchstäblich den Kopf, so daß am nächsten Tag die Polizei kommt und die Leiche fordert. Alma möchte sich von einer so anstrengenden Beziehung befreien, aber er gefällt ihr sosehr! Wenig darauf entschließt sie sich, eine aus dieser Liebe entstandene Schwangerschaft abzubrechen.

Im August 1914 setzt sie den Schlußpunkt: »Ich weiß jetzt, daß ich erst im Tode wieder singen kann. Ich werde nie mehr die Sklavin eines Mannes sein, weil ich künftig nur für mein eigenes Wohlergehen und für die Verwirklichung meiner Ziele Sorge tragen werde.«[59] Eine erstaunliche Erklärung bei einer Frau, deren Willen und Verführungskraft allerseits anerkannt werden, aber daß Mahler ihr seit ihrer ersten Begegnung eine Sklavenrolle auferlegt hatte, ist ebenso unstreitig wie die Tatsache, daß sie bis an ihr Lebensende Mahlers Witwe blieb.

Während des Krieges trifft sie sich mit Gropius, der in Berlin auf Urlaub ist, und heiratet ihn heimlich. Wieder schwanger (zum siebenten Mal?), diesmal aber glücklich darüber, entbindet sie am 5. Oktober 1916. Das sehr erwünschte, »sofort unwiderstehliche« Kind wird nach ihrer Großmutter väterlicherseits Manon genannt.

Aber Gropius muß zurück an die Front ... Alma löst sich nach und nach von ihm.

An einem Herbstnachmittag 1917 besucht sie die sächsische Gesandte, Eliane von Nostitz, die acht Tage zuvor einen kleinen Jungen verloren hat. Während sie zögert und kaum weiß, was sie dieser Mutter sagen soll, wird sie von deren Haltung überrascht: Die Worte fließen ihr nun von allein, denn sie erkennt sich selbst, wie sie nach Marias und nach Mahlers Tod war. Keine Trauerkleidung, »nichts fürs Publikum«, sondern in Gesellschaft gehen, ins Konzert, ins Theater.

Auf dem Heimweg von diesem Besuch stellt ihr ein Freund den jüdischen Dichter Franz Werfel vor, der zu seinen Lebzeiten mit Thomas Mann verglichen wurde. Er ist zehn Jahre jünger als sie und hat Ähnlichkeit mit ihrem Vater.

Erneut schwanger ... von Werfel (?), trifft sie sich mit ihrem Ehemann Gropius, der immer noch beim Militär und in Berlin ist, und teilt ihm mit, daß sie ein zweites Kind bekommen. Infolge stürmischer sexueller Kontakte tritt im siebenten Monat eine Blutung ein, und sie bringt einen frühgeborenen Sohn zur Welt.

Werfel fühlt sich elend und schuldig. Die beiden mutmaßlichen Väter rufen einander an. Gropius, der hört, wie Alma und Franz über den Vornamen des Kindes diskutieren, begreift, daß das Kind nicht von ihm ist.

Der kleine Martin Werfel kommt im Januar 1919 ins Krankenhaus. Während er dort dahinsiecht, wird sich Alma einer Art Schamlosigkeit bewußt und begreift, daß das Baby ihretwegen leidet. Sie läßt ihr Leben Revue passieren ... und kommt zu dem Schluß, daß sie nichts zu bereuen, sich nichts vorzuwerfen habe, aber sie fragt sich, weshalb sie diesen Männern nicht aus dem Kopf gegangen ist ... Eine Frage, der Françoise Giroud unter dem – oh! wie scharfsichtigen – Titel ihres Buches über Alma nachgeht: *Von der Kunst, geliebt zu werden.*[60]

Martin stirbt am 15. Mai 1919. Gropius telegrafiert an Werfel: »Wäre lieber ich gestorben.«[61] Alma will weder den einen noch den anderen mehr und macht sich auf die Suche nach Kokoschka. Sie verlangt die Scheidung, und Gropius willigt schließlich unter der Bedingung ein, daß er Manon regelmäßig sehen kann. Alma kauft ein Haus in Venedig und setzt ihr Leben mit Werfel fort.

Ihre Begegnungen mit auch trauernden Freunden sind getreulich in ihrem Tagebuch notiert, so als versuchte sie, diese Eltern zu verstehen – wenn nicht, ihnen zu helfen. Wie oft in solchen Fällen werden Erinnerungen, Fragen, Empfindungen ausgetauscht. Als die einzige Tochter Arthur Schnitzlers Selbstmord begeht, erzählt er:

»Als ich im Jahre 1907 Gustav Mahler auf einer Bank in Schönbrunn ganz allein und trauernd sitzen sah, den Kopf gesenkt – es war dies nach dem Tod Ihrer Tochter Maria –, da dachte ich mir: wie kann dieser Mann das überleben? Wenn man mir damals die Zukunft gezeigt hätte, wie seine Tochter Anna mein Kind in den letzten Augenblicken umsorgt und begleitet hat!«[62]

Zu einem Buch, das er gerade las, *Der gerettete Christus*, meinte Schnitzler, Christi Tod käme in keinem Zeitbericht vor ... Man

144

habe die Einzigartigkeit und Größe des Geschehens nicht sofort erkannt. »Auch mir« – schreibt Alma – »war der Opfertod Christi nie ganz verständlich gewesen ... Ich könnte ohne Juden nicht leben, lebe ja auch dauernd fast nur mit ihnen.« Aber ihre Lieblingstochter Manon stellt sie Elias Canetti mit den Worten vor: »Schön ist sie, was? Also das ist Manon, meine Tochter. Vom Gropius. Da kann eben keine mithalten. Du gönnst ihr's, Annerl, gell? Warum soll man nicht eine schöne Schwester haben! Der Apfel fällt nicht weit vom Stamm. Haben Sie den Gropius einmal gesehen? Ein schöner, großer Mann. Genau was man arisch nennt. Der einzige Mann, der rassisch zu mir gepaßt hat. Sonst haben sich immer kleine Juden in mich verliebt, wie der Mahler.«[63]

Trotz ihrer Zurückhaltung heiratet Alma 1929 Franz Werfel, der nun der berühmteste Wiener Schriftsteller ist. Sie führt das erste Haus in der Stadt. Eine neue Liaison bahnt sich an, diesmal mit dem Pater Hollnsteiner, einem Bewunderer Hitlers, der kein Wort sagt, als Werfels Werke von den Nazis verbrannt und Mahlers Musik verboten wird. Gropius emigriert im April 1933 nach London: Das Bauhaus wurde als Brutstätte bolschewistischer Kultur geächtet.

Manons Tod, Almas unendliche Trauer

Während dieser politischen Ereignisse werden Alma und Werfel von einer Familientragödie niedergedrückt: Manon hat sich mit Kinderlähmung angesteckt. Einige Zeit, nachdem die Tochter eines Freundes an Kinderlähmung gestorben war, hatte Alma den wehmütigen Schmerz im Auge des Vaters bemerkt, als Manon, rank und schlank wie immer, über einen Platz auf sie zukam, und sie konnte ein Unbehagen nicht loswerden – ein Vorgefühl? –, als sie Manon neben dem unglücklichen Vater sitzen sah.

Bruno Walter soll in Wien *Das Lied von der Erde* dirigieren. Die Werfels brechen ohne Manon auf, die ihre Eltern beschwört, sie in Venedig zu lassen ... »Wir wußten nicht, daß sie damals schon sterbenskrank war.« Die Lähmung zwingt sie in einen Rollstuhl. Eine gewisse Besserung läßt eine Zeitlang hoffen, aber nach einem Jahr verschlimmert sich die Krankheit wieder. Am Ostermontag 1935 murmelt Manon den Eltern mit erloschener Stimme zu: »Laßt mich ruhig sterben, ich werde doch nicht mehr gesund«, und zu ihrer Mutter: »Mami, du kommst darüber hinweg, wie du über alles hinwegkommst« ... Darauf verbesserte sie sich: »... wie jeder über alles hinwegkommt«. Das waren ihre letzten Worte.

»Das Furchtbare ist geschehen«, schreibt Alma. »Heute ist mir mein schönstes holdseligstes Kind entrissen worden.« Wegen der Ansteckungsgefahr findet die Beerdigung auf dem Grinzinger Friedhof in aller Eile statt. Ganz Wien ist dabei. Obwohl Alma schon drei Kinder verloren hat, ist sie das erstemal wirklich getroffen. »Unfaßbar sind die Wege Gottes ... Nichts hält mich mehr. Ich möchte von der Welt fortgehen, aber der letzte Mut fehlt mir, ein Ende zu machen.«

Almas Leben nach dem Verlust ihrer liebsten Tochter verläuft zwiegeteilt. Auf gesellschaftlicher Ebene eine überbordende Aktivität, häufige amouröse und sexuelle Begegnungen, dabei immer ein Sinn für das Zweckmäßige, eine fehlerlose Klarsicht der politischen Ereignisse, die sich jetzt in den Vordergrund drängen. Daneben bezeugen ihre Aufzeichnungen tiefen Schmerz, eine offene Wunde, immer in Verbindung mit Manons Tod. Ihr Lebenstrieb gibt ihr die Energie, eine Reihe Kämpfe zu bestehen, sei es mit den Männern (oder gegen sie), wie Werfel und etliche andere, sei es angesichts der politischen Dramen. Aber der destruktive Strom ihres psychischen Leidens treibt sie geradezu zwanghaft in eine Sucht nach Verführungsszenarien, nach manchmal obszönen Begegnungen und zum unmäßigen Alkoholgenuß.

»Nur mühsam komme ich über Manons Tod hinweg. Und diese vielen Tode um mich, das Schwerste – Manons Verschwinden – läßt mich in allen Wesen jetzt nur ein Provisorium sehen. Wenn ich ein Kind sehe, sehe ich sogleich in seinen Zügen das schneller reifende, werdende, vergehende Leben und den nahen Tod. Wenn ich ein Tier sehe – den Tod. Wenn ich Pflanzen sehe – der Tod sieht mich durch sie an.«

Ihre Memoiren, in die sich immer auch Aktuelles mischt, zeigen den Faden, an den sie sich zu klammern versucht, um die erlittenen Verluste, vor allem Manons Tod, zu verwinden.

»Die Art – der Moment des Gezeugt-Empfangen-Werdens und des Geboren-Werdens ist ausschlaggebend und bestimmend für das Leben der Menschen. Meine vier Kinder kamen vollkommen verschieden auf die Welt. Meine Älteste, Maria, kam unter schwersten Krämpfen und Lebensgefahr meiner- und ihrerseits, als Steißgeburt auf die Welt. Sie lag lange wie tot, ganz blau, und damit begann ihr kurzes dramatisches Sein, das ebenso dramatisch und stürmisch endete ... Empfangen wurde sie in trostlosen Kämpfen um eine unvollkommene Liebe ...

Anna Mahler kam an einem schönen Junitag, mittags um zwölf Uhr an. Die Luft war still, die Vögel sangen, ehe Arzt und eine weise Frau da waren, war sie schon da. Höchst independent und vorlaut. Man legte sie auf ein Polster – es war nicht nötig, sich um sie zu kümmern. Der Arzt hatte an mir zu tun, weil die Geburt zu vehement war. Anna winselte leise, und ich liebte sie gleich allzusehr.

Dann kam meine ewig holde Manon – viele Jahre später. Ich trug sie zehn Monate und, als sich gar nichts rührte, verletzte ich mich innerlich selber, um dem Arzt weiszumachen, daß ich blute. Er glaubte mir, sah auch, was er sehen sollte, und ging an die operative Entbindung. Es war eine langsame und schwere Geburt. Die Wehen mußten immer wieder in Gang gebracht werden, bis endlich das wunderschöne schwarzlockige Kind auf der Welt war, das ich mit heiliger Scheu betrachtete. Ihr ganzes asthenisches Wesen, ihr Zaudern, ihre übergroße Ruhe, lag im Wesen dieser Geburt.

Und zuletzt – mein Sohn. Vom Schicksal war er nicht fürs Leben bestimmt ... Seine Geburt war fast unser beider Tod, und sein Tod nach zehn Monaten wiederum fast mein Tod.«

Juli 1935:

»Es wäre der fünfundsiebzigste Geburtstag Gustav Mahlers. – Alles um mich voll Toter. – Ich sehne mich verzweifelt nach Manon. Sie war die meinem Herzen Nächste. Näher als alle Menschen, die ich einst liebte. Ich liebe nur noch die Idee Manon, sonst nichts mehr auf der Welt ... Ich sehe Manon Tag und Nacht, sie ist mir allgegenwärtig, so nah, so unvergessen in und bei mir; sie war mein Eigenstes, und was auch Franz Werfel und Hollnsteiner sagen mögen – der Sinn meines Lebens ist dahin ... Wie furchtbar ist dieser Gott – und wenn er existiert ... wie verabscheuungswürdig! Zerstört meine Fortsetzung in der reinsten Form!«

Bis zum Ende ihres Lebens wiederholt Alma in immer neuen Variationen, welche verheerenden Wirkungen Manons Tod auf sie hat, welche Sehnsucht sie nach ihr, ihrem narzißtischen Double empfindet, und sie fragt sich nach ihrem Sein im Jenseits:

»Franz Werfel und ich sind uns durch das Unglück, das uns betroffen hat, noch näher gekommen, wenn das überhaupt möglich war ... Manon lebt mit uns weiter ... Dieses Kind, das jeden meiner Gedanken wußte, ja vorausahnte, dieses Kind ist mir entrissen, und ich bleibe als Bettlerin da! ... Sie ist nun entweder ein Nichts ... oder ein glückseliges Wesen ... in ihrer Sündenlosigkeit.«

Ein solcher Schritt findet sich häufig bei trauernden Eltern. »Warum sie? War mein Glück zu groß? Werde ich sie wiedersehen?« Hier schließt sich das Paar um das Bild des verlorenen Kindes zusammen, als könnte es nur auf Grund dieser verinnerlichten Gegenwart existieren. Manon mit ihren charakteristischen Gesten, ihren Worten, ihrer Schönheit ersteht in *Zenua*.

Krank geworden, klagt Alma mutlos: »Mir ist alles gleichgültig geworden, mein Leben und das der anderen ... Wozu überhaupt alles? Wenn der Tod einen so angrinst mit seiner unerbittlichen Unlogik.«

Das aber ungeachtet ihrer eigenen Lebensgier! Und einer Scharfsicht, die an Zynismus grenzt:

»Ich liebe niemanden und nichts mehr ... Eltern hat man, um sie zu belügen ... / Männer hat man, um sie zu betrügen ... / Seele hat man, um sie zu vertieren ... / Gott, o Gott! Was liebst du so das Böse!?«

Die Geburtstage rufen schmerzliche Erinnerungen hervor, aber mit der Zeit auch behagliche Momente: Der Lebende trägt Geist und Herz des Toten unzerstörbar in sich.

Im April 1936:

»Heute ist es ein Jahr, daß uns Manon verlassen hat. Der Schmerz und die Unbegreiflichkeit ist wie am ersten Tag ... Auch Werfel träumt Tag und Nacht von Manon – auch ihm kann sie nie verlorengehen.«

Und im folgenden Jahr, 1937:

»Ich fühle, als ob alle meine Kinder, diese zarten, hellgrünen Sprößlinge, in mir weiterleben – ob sie nun auf der Erde leben oder unter der Erde zerfallen. Und in mir pochen – bis zu meinem Zerfall – ewig also! Und vollkommen unverlierbar. Ja, ich möchte sagen, die Gestorbenen sind mir sicherer als die Lebenden. Nichts kann sie mir mehr rauben. Es ist ein ungeheurer geistiger Besitz, den mir niemand nehmen kann ...«

Besser läßt sich der Mechanismus der Verinnerlichung der Toten, ein unumgänglicher Weg im Fortgang der Trauer, nicht beschreiben. Dennoch bleibt der Tod schrecklich, die Phantasmen können das Denken nicht über eine elende materielle Wirklichkeit hinwegtäuschen:

»Der Mensch frißt Gras oder tote Leiber, und er liebt verzweifelt und kurz, um wieder in starren Todesschrecken zu versakken.«

Der Tod ist grausam, ekelhaft, aber die Tote wird idealisiert; an Kokoschka, die alte Liebe, mit dem sie immer noch in Verbindung steht, schreibt sie:

»Du weißt, daß mein Leben einen Todesstoß bekommen hat durch den unüberwindlichen Verlust meines Kindes Manon. Du hast dieses wunderbare Geschöpf kaum gekannt; sie wuchs in der Krankheit weit über uns alle hinaus. Und wenn Alban Berg ihr als Engel sein letztes Werk widmete, so war sie es wirklich geworden ... Ich habe keine Freunde mehr seitdem, und wenn ich noch immer hoffnungsvoll oder zukunftsfreudig wirken sollte, so trügt der Schein.«

Im Februar 1938 überstürzen sich die politischen Ereignisse: Österreich scheint den Werfels zu Recht in tödlicher Gefahr. Alma fährt nach Wien, um materielle Fragen zu regeln – sie behält in solchen Situationen immer einen kühlen Kopf – aber aus Sorge um Werfel fährt sie allein. Ihre Tochter Anna und Hollnsteiner werfen ihr unpatriotisches Verhalten vor und halten sie für vergiftet durch die Auslandspresse, aber »die Judenkarikaturen und der Text dazu überstiegen alle Grenzen«.

Die Zeit der Emigration beginnt: Zürich, Paris, Amsterdam, London, wo sie in Depression verfällt und Werfel einen Herzanfall hat. Trotzdem greift er zur Feder und benutzt Almas Aufzeichnungen für *Der veruntreute Himmel*, eine Transposition von Manons Tod.

Das Münchner Abkommen bringt eine gewisse Erleichterung, aber sie weiß, es ist nur ein Aufschub:

»Ich bin hoffnungslos ... Der Sieg jedweder Rasse oder Klasse wird eine furchtbare Niederlage sein ... Ich, die ich unlösbar mit den Geschicken der Juden bin ... Ich werde jetzt mit diesem Volk bis ans Ende der Welt wandern müssen.«

Ist es Mahler, der da spricht? Ist es Ahasver?

Im November 1938 stirbt Anna Moll, ihre Mutter:

»Und das erstemal empfinde ich, daß ich Fleisch von ihrem Fleisch bin, daß mich das versteinernde Herz dort in Wien hier frieren macht. Ich halte so wenig vom Blut – und doch spricht es jetzt eine laute Sprache.«

Diese merkwürdige Verleugnung der Familienbande, besonders zwischen Mutter und Tochter, ist nur dadurch zu erklären, daß sie Manon als ihr Double, ihr zweites Ich empfand und nicht als ihre Tochter. Alma erlebte und identifizierte sich nicht als Mutter. Dieser Beziehungstypus entspricht der Formel: »Wir waren Schwestern.« Doch nur aus der Sicherheit, daß sie selbst für ihre Mutter ein unbestreitbar phallischer Repräsentant war, hat sie ihre unbeirrbare Kühnheit, ihre Vitalität und ihre ratgebende Macht über bedeutende Männer gewonnen, die sie liebten.

Franz Werfel weigert sich, Europa zu verlassen, und so werden sie in Sanary von der Kriegserklärung überrascht. Die Schikanen beginnen:

»Die Emigration ist eine schwere Krankheit ... ich soll allen helfen und beistehen und lindern – und bin doch selbst eine einzige Wunde ... Werfel ... ist noch ärmer als ich, weil er in seinem Blut gekränkt ist, was mir ja nur mittelbar geschehen ist.«

Endlich haben sie die notwendigen Visa, sind im Oktober 1940 in New York und gehen weiter nach Los Angeles, wo sie auf eine ganze Emigrantenkolonie treffen: »Ein Halt unter Gespenstern.«

Am 21. April 1942, Manons Todestag, erinnert sie sich wiederum:

»Morgen sind es sechs Jahre, daß ich meine Manon verlor ... und man lebt weiter ... Jeder weiß in seinem Innern genau, wofür er bestraft wird ... Manon aber ist nicht bestraft worden. Sie hat im Leidensjahr ein ganzes Frauenleben durchgekostet, ohne den hinkenden Pferdefuß, der zum Leben dazugehört ... Und sie ist im Herzen der Menschen, die sie kannten, eine Heilige geblieben. Auferstehen im Fleisch. O ja! Jeder so, wie ihn Gott gedacht hat. Keine Knochen! Keine Zähne! Keine Haare!

Das ›Alt-Biblische‹? Nein! Kein Erd-Anhängsel!

Lichter Leib, durchsichtig und wissend ...

Ich fühle die Gemeinschaft der Heiligen im Blut. Metaphysische Gläubige, wie Helene Berg, sehen den reinen Leib in der Erscheinung.«

Ihre Überlegung hat den gleichen Tenor wie die der englischen Schriftstellerin Rosamond Lehmann, ohne daß ihre Hoffnung, ihre Erwartung von einer gleich starken Gewißheit getragen wird. Sie forscht nicht weiter, sondern bleibt im wiederholenden Bericht ihres Unglücks befangen. Weder sucht sie einen »spirituellen« Zugang zum Jenseits wie Rosamond Lehmann, noch gelangt sie zu einer Problematisierung oder Sublimierung.

Franz Werfel, der sich mit seinen Romanen und Dramen früh einen unbestrittenen Ruf erwarb, stirbt am 26. August 1944. Alma nimmt nicht an der Totenwache teil, zu der sich alle ihre Freunde einfinden. Bei dem nicht religiösen Begräbnis spielt Bruno Walter Orgel und singt Lotte Lehmann ein Lied von Schubert.

Trotz ihrer dreißig gemeinsam verlebten Jahre scheint Alma diese Trauer gut zu verwinden. Sie ist nun sechsundsechzig, hat drei Ehemänner und vier Kinder gehabt und trinkt täglich eine Flasche Benediktiner. Auf der Rückkehr nach Europa macht sie in London Station, um ihre Tochter Anna wiederzusehen, die sich gerade von ihrem vierten Ehemann trennt. Alma findet ihre Tochter vorzeitig gealtert und ihre Enkelin häßlich. Ihre Lieblingstochter Manon wird in der Ewigkeit des Todes und in Almas psychischer Realität ihre ganze Schönheit und besondere Lebendigkeit behalten, all das, worin diese Mutter sich in dieser Tochter wiederfand.

1945 kommt sie nach Wien zurück: Carl Moll, ihr Stiefvater, hat alles verkauft, was sie ihm anvertraut hatte, und hat sich am Tag, als die Sowjets in Wien einmarschierten, mit seiner Tochter und seinem Schwiegersohn umgebracht. An ihrem siebzigsten Geburtstag zieht Alma eine Art Bilanz:

»Ich fühle mich nicht alt, ich fühle mich wie ein Wesen in voller Entfaltung ... Mein Leben war schön. ... ist mein Dasein ge-

rechtfertigt und gesegnet ... Ich sehe noch den Tod meines Vaters, den Tod Gustav Mahlers, Manons und Franz Werfels. Ich
habe viel in meinem Leben verloren, aber ich darf nicht klagen.
Das Leid ist aufgewogen durch so viel Glück, das ich erleben
durfte.«

In der Tat war das Leben dieser sehr schönen, intelligenten und
begabten Frau von zahllosen Ereignissen geprägt, im Persönlichen von ihren Liebschaften und Lieben; im Politischen auf entscheidende Weise durch das Aufkommen, den Sieg und dann
den Sturz des Nazismus; und endlich durch eine Reihe von To-
den, von denen der Manons, des zweiten Ich, zweifellos der bedeutsamste war. Alle diese Ereignisse wurden mit Sorgen, mit
einer gewissen Angst oder mit Traurigkeit bestanden, aber anscheinend nie mit Melancholie. Sie besaß einen solchen Lebenstrieb, daß sie die »Macht des Schicksals« besiegte.

Sie lehnt es ab, sich wegen eines Diabetes behandeln zu lassen,
den sie für eine »jüdische Krankheit« hält, und stirbt, die Hand
ihrer Tochter Anna umklammernd, am 11. Dezember 1964 mit
fünfundachtzig Jahren. Sie will auf dem Friedhof von Grinzing
bei Manon begraben werden. So »ruhen« denn die Eltern jeder
bei ihrem liebsten Kind: Gustav bei Putzi, Alma bei Manon.

Geschenk der Isis –
Isadora Duncan

> *Isadora bedeutet Kind der Isis oder Geschenk der Isis. Isis ist*
> *die Göttin der Geburt. Isis wird mich immer beschützen, weil*
> *ich ihren Namen trage.*
>
> Isadora Duncan

»Warum weinst du?« fragte Agnès de Mille ihre Mutter, als sie
eine Vorstellung von Isadora Duncan[1] sahen. »Ihre Kinder sind
ertrunken, und sie ist so traurig«, antwortete die Mutter. Sowe-
nig sie von der Darbietung der Tänzerin selbst verstand, war sie
doch, wie alle Zuschauer, von dem bodenlosen Schmerz ergriffen, den die Duncan mit ihrem Tanz ausdrückte.[2]
Der Name Isadora Duncan weckt Bilder von Schönheit und
Anmut, von Leidenschaft und Herausforderung, von Mut und
Tragödie. Zu ihren Lebzeiten war sie eine Legende. Seit ihrem
Tod ist sie zum Mythos geworden. Sie war großmütig, besessen
von ihrer Arbeit, sie war von einer tiefen Liebe zum Leben und
von Leidenschaft für die Kunst erfüllt und hat die Welt durch
ihre schöpferische Art zu tanzen in Bann geschlagen. Sie war
eine Idealistin, überzeugt, daß der Mensch gut sei, und stellte
sich eine Zukunft vor, in der die Menschheit in Harmonie leben
werde.
»Denn eine Kunst, die nicht religiös geübt wird, ist keine Kunst,
sondern Marktware.«[3]
Sie war eine Mitbegründerin des Ausdruckstanzes, eine Pionie-
rin der Frauenbewegung, hat die Korsetts, die traditionellen

Tanzschuhe samt all den gängigen Theaterkonventionen über den Haufen geworfen, die die Frau entweder auf die Rolle des Opfers oder aber der Verführerin beschränkten. Vom antiken kultischen Tanz der Griechen inspiriert, in dem der Tänzer die menschlichen Empfindungen in Bewegung umsetzt, hat sie eine Tanztechnik entwickelt, die von der emotionsgeladenen natürlichen Bewegung ausgeht: Für sie ist das spirituelle und physische Zentrum des Körpers das Sonnengeflecht. Daraus schöpft ihr Tanz seine Tiefe und Wirkungsmacht. Sie tanzte als erste nach klassischer Musik – Chopin, Beethoven, Brahms – und hat Instrumental- und Vokalmusik, gesprochenen Text und visuelle Elemente in ihren Tanz integriert. Sie wollte den Tanz über die Unterhaltung hinaus zu einer eigenständigen theatralischen Kunst erheben.

Deirdre und Patrick

Am 21. April 1913 berichtet der *San Francisco Examiner* über die Tragödie:
»Nachdem Mrs. Duncan am vergangenen Abend im Châtelet getanzt hatte (eine Gala-Soirée mit Mounet-Sully), wollte sie von ihrem Haus in der Rue Chauveau nach Versailles fahren. Um 3 Uhr 30 schickte sie ihre beiden Kinder mit dem Kindermädchen dorthin voraus. Die Kinder waren soeben in die Limousine gestiegen, die von der Rue Chauveau in Richtung Seine fuhr, als der Chauffeur, um nicht mit einem Taxi zusammenzustoßen, den Wagen bremste. Danach mußte er aussteigen, um den Motor, der blockiert hatte, wieder in Gang zu bringen. Er wollte seinen Sitz gerade wieder einnehmen, als er zu seinem Entsetzen sah, wie die Limousine sich von allein in Bewegung setzte, die Treppen zum Quai hinunterrollte und in der Seine versank. Vor wahnsinniger Angst konnte er nur die Hände ringen. Als Mrs. Duncan die Nachricht erhielt, brach sie zusam-

men. Die ganze Nacht wachte sie weinend bei den Leichen der beiden Kinder, die man nach kurzem Aufenthalt im amerikanischen Krankenhaus von Neuilly nach Hause übergeführt hat. Das Gesicht mit einem Schal verhüllt, kniet sie bei den beiden Leichen und verweigert jede Nahrung.«

Ein Arzt des amerikanischen Krankenhauses hatte versucht, Deirdre durch Mund-zu-Mund-Beatmung wiederzubeleben. (Dieser Arzt taucht im August 1914 noch einmal und auch unter tragischen Umständen auf, durch die, wie wir sehen werden, beide sehr intim werden.)

Ein Augenzeuge berichtet:

»Die trauernde Mutter in ihrem Leiden für alle Ewigkeit bleibt in ihrem Zimmer eingeschlossen. Sie scheint jener anderen Welt anzugehören, in welcher die Kinder sind. Später glitt sie wie ein Schatten an uns vorüber in das Zimmer, wo die Särge standen. Zur Beisetzung geht sie allein an der Spitze des endlosen Zuges: Paris Singer, der mutmaßliche Vater von Patrick, mußte mit einem Herzanfall ins Krankenhaus eingeliefert werden. Sie hat ein christliches Begräbnis abgelehnt: ›Nicht in Ihrem Himmel werde ich meine geliebten Kleinen wiederfinden, sondern in allem Schönen, das die Natur hervorbringt, in allen schönen Gesten der Menschen, in allen großen Werken. Die Seelen meiner Kinder leben für alle Ewigkeit in einer Wolke von Licht.‹«[4]

Cécile Sorel, ihre Freundin, erzählt: »Sie gleicht einem Klageweib der Antike ... Wie gerne hätte ich ihre bloßen Füße in den Sandalen geküßt.« Zur Erwiderung der unzähligen Beileidsbekundungen läßt sie in mehreren Zeitungen die Worte erscheinen: »Alle Männer sind meine Brüder, alle Frauen meine Schwestern, und alle kleinen Kinder der Erde sind meine Kinder.«

Revolutionierung des Tanzes

Isadora wird am 27. Mai 1878 in San Francisco geboren. Ihre Mutter, Mary Isadora Gray, ist die Tochter eines Iren, der unter Abraham Lincoln gekämpft hat, der dann im Planwagen gen Westen fuhr, sich in San Francisco niederließ und den ersten Fährverkehr über die Bucht nach Oakland einrichtete. Diese streng katholische irische Familie muß sich nicht wenig gewundert haben, als ihre Tochter mit zwanzig Jahren einen anglikanischen Schotten heiratet, der nicht nur dreißig Jahre älter, sondern außerdem geschieden und Vater von vier Kindern ist. Anscheinend war es die langjährige Leidenschaft Joseph Duncans, alles Mögliche zu drucken, von der kleinen literarischen Zeitschrift bis zum Papiergeld (gültig innerhalb seiner eigenen Druckerei, was aber seine späteren geschäftlichen Abenteuer ahnen läßt). Aus Interesse für die Kunst eröffnet er 1854 eine Kunstgalerie (Chinese Sales Rooms) und wird Gründungsmitglied des Kunstvereins von San Francisco. Unglücklicherweise interessiert er sich auch für windige Immobiliengeschäfte. Dora und Joseph haben vier Kinder: Elizabeth, Augustin, Raymond und Isadora.

Als Isadora geboren wird, geht die Bank des Vaters Bankrott; ein Bankrott, der die ganze Familie betrifft, so daß Vater und Onkel am Tag ihrer Taufe flüchtig sind. Einige Monate später verhaftet, wird Joseph Duncan freigelassen, aber seine Frau Dora verlangt die Scheidung. Er geht nach Los Angeles, wo er ein drittes Mal heiratet und sich in neue finanzielle Abenteuer mit Immobilien stürzt. Zwanzig Jahre später, im Oktober 1898, ertrinkt Joseph Duncan mit seiner dritten Frau und ihrer kleinen Tochter bei einem Schiffbruch.

Dora Duncan, die mit ihren vier Kindern allein geblieben ist, erfüllt mutig ihre Pflicht, gibt Klavier- und Musikstunden, um die Familie zu erhalten. Umzüge von einer Wohnung in die andere sind die Regel, jedesmal geht es darum, die Gläubiger zu befriedigen, und Isadora erinnert sich, wie sie sich schämte, das ärmste Kind in der Schule zu sein. Trotz ständiger materieller Sorgen ist das Leben zu Hause dank der Kunst und der Musik sehr lebendig und reich.

»Wenn meine Mutter Klavier spielte oder Gedichte rezitierte, vergaß sie uns beinahe ... und alles, was um sie herum war.«

Die Großmutter tanzt Gigues, Isadora deklamiert Shakespeare: Die Familie wird ein regelrechter Clan, unabhängig, fest verschworen und überaus stolz.

Im Jahr 1885 beginnt Dora, Tanzunterricht für Kinder zu geben. Raymond und Isadora nehmen sehr früh daran teil. Der Erfolg ist so groß, daß Isadora die Schule aufgibt. Sie lernt gerne, hört auch nie auf, zu lernen, aber außerhalb herkömmlicher Institutionen. Mit zwölf Jahren liest sie *Adam Bede* von Georges Eliot. Dieses mit evangelischer Moral getränkte Melodram erzählt die Geschichte eines jungen Mädchens, das sein unehelich geborenes Kind umbringt und in Schande endet. Für sie ist es eine Entdekkung, sie beschließt, sich der Befreiung der Frauen zu widmen, für ihr Recht zu kämpfen, Kinder auch ohne den erniedrigenden Ehevertrag zu bekommen.

Sie ist dreizehn Jahre, als sie mit allen Duncans gemeinsam ihre erste öffentliche Vorstellung gibt. 1894 steht ihr Name im Jahresbuch von San Francisco mit der Angabe: Tanzlehrerin. Was lehrt sie? Ein neues System von Körperkultur und Tanz. Wichtige Anregungen erhält sie durch die Arbeit von François Delsarte[5], Professor für Gesang und Deklamation in Paris, dessen amerikanischer Schüler, Steele Mac Kay, 1870 in New York ein »Ästhetisches Konservatorium« nach dem Vorbild seines Lehrers geschaffen hatte, den er auch in die Vereinigten Staaten holen wollte, aber Delsarte starb im darauffolgenden Jahr. Sein Einfluß auf die Entwicklung des amerikanischen Kunsttanzes war beträchtlich.

Als Isadora 1890 zu tanzen und zu lehren beginnt, ist sie bereits auf der Suche danach, was »wahrer Tanz« sein sollte.

»Mein Leben und meine Kunst sind aus dem Meer geboren. Meine erste Vorstellung von tänzerischer Bewegung verdanke ich bestimmt der Bewegung der Wellen.«

Immer wieder betonte sie, wenn man in den Positionen ihres Tanzes einen griechischen Ursprung erkenne, so käme es daher, daß die Griechen ganz natürlich tanzten, so wie sie, und daß sie dieselben Bewegungen und Positionen aus der Natur abgenommen habe.

So jung sie ist, wird Isadora die Leitfigur der ganzen Familie, ihre Mutter billigt alle ihre Entscheidungen, besonders bei ihrem Aufbruch nach der Ostküste. Im Jahr 1895 bringt sie in Chicago ihre erste Aufführung mit ihrer Schwester Elizabeth und ihren beiden Brüdern heraus. Sie stand damals bei dem großen Produzenten Augustin Daly unter Vertrag, bei dem sie dann mehrere Jahre arbeitet, vor allem in Shakespeare-Stücken. Aber ihr unabhängiger Geist drängt sie sehr bald zur Selbständigkeit. In New York reagiert die Kritik zurückhaltend, denn für die New Yorker Gesellschaft, sei sie auch *sophisticated*, gilt zwar Musik als Kunst, aber Tanz als Unterhaltung. Die Zuschauer sind schockiert, daß sie die *Rubàiyyat* von Omar Khayyam mit nackten Armen und in Spitzengardinen tanzt!

Die Erfolge der jungen Truppe gehen mit materiellen Einbrüchen einher: Im Jahr 1899 verliert die Familie alle ihre Habe bei einem Hotelbrand. Isadora beschließt, mit der Familie nach Europa zu gehen. In London feiert sie Erfolge und wird schnell in die High-Society eingeführt. Drei Jahre darauf, 1902, geht sie nach Paris. Es ist der Beginn einer internationalen Karriere, die sie nach Berlin führt, wo sie mit ihrer Schwester eine Tanzschule eröffnet.

Isadora heiratet am 17. Dezember 1904 Edward Gordon Craig. Ihrer Mutter gefällt diese Ehe ganz und gar nicht, für sie hat Craig die gleichen verhaßten Züge wie ihr Ex-Ehemann: unzuverlässig, verführungssüchtig ... Tatsächlich entdeckt Isadora bald, daß ihr Mann noch andere Liebesbeziehungen ... und auch Kinder hat. Schwanger geht sie nach Holland, Edward besucht sie nur selten. Sie will sich umbringen und geht ins Meer. »Die Flut war so niedrig«, erzählt sie einer Freundin, »daß ich es nicht konnte, und ich habe so gefroren.« Dora, ihre Mutter, ist bei der schweren Geburt dieses ersten Kindes, der Tochter Deirdre, nicht anwesend und kehrt bald zurück nach San Francisco. Mutter und Tochter sehen sich erst zehn Jahre später noch einmal, kurz vor Doras Tod. Das Ehepaar Craig trennt sich im September 1907 endgültig.

Isadora vertraut Deirdre einer Amme in San Remo an und reist wieder durch ganz Europa. Verzweifelt über Craigs Untreue, nimmt sie Pim, einen hübschen Homosexuellen, der mit achtzehn Koffern reist, mit nach Rußland. Er verhilft ihr zu einem neuen Leben und zu der Vitalität, die sie braucht. Pim verschwindet in Rußland spurlos.

1910: Sie ist mit ihrem Liebhaber und derzeitigen Mäzen, Paris Singer, ihrer Tochter Deirdre und ihrem Bruder Augustin in Ägypten. Ihr zu Ehren hat Singer (der Erbe des Vermögens der berühmten Nähmaschinenwerke) seine Yacht »Isis« getauft. Mit einem zweiten Kind schwanger, schreibt sie:

»Das kleine Leben, das in mir keimte, schien diese Reise ins Land der Schatten und des Todes zu ahnen. In einer mondhellen Nacht im Tempel von Denderah war es mir, als wären alle Augen der Göttin Hathor auf mein Kind gerichtet, das doch noch nicht einmal geboren war.«

Von Ägypten gehen Singer und Isadora nach Beaulieu an der Côte d'Azur, wo sie die Geburt des Kindes, Patrick, erwarten. Danach nehmen sie alle zuerst im Trianon Palace in Versailles Wohnung, dann auf Singers Landsitz bei London. Dort kommt es zum ersten Bruch mit Singer: Er lädt den Pianisten Capelet ein, in den sie sich verliebt. Im Jahr 1912 sind sie aber wieder versöhnt und wieder in Ägypten: Isadora tanzt vor den Tempeln. Singer kann es sich auf Grund seines Vermögens erlauben, großartige Pläne zu entwerfen und zu realisieren: Er will an den

Champs Élysées ein Theater für Isadora bauen lassen. Aber im November begegnet sie Henry Bataille: Das Paar bricht zum zweitenmal.

Im Januar 1913 geht sie mit ihrem Pianisten nach Rußland. Auf der Tournee wird sie von Vorgefühlen und Visionen heimgesucht. Während einer laufenden Vorstellung ändert sie das Programm und fordert von ihrem Begleiter, Chopins »Trauermarsch« zu spielen: Ein Traum gibt ihr eine neue Choreographie ein. Als sie in Kiew im Schlitten zum Hotel fuhr, sah sie zu beiden Seiten der Straße Kindersärge gereiht. Entsetzt zeigt sie sie ihrem Pianisten: »Siehst du, lauter tote Kinder.« Er kann aber nur antworten: »Es ist nur Schnee.«

Wieder in Frankreich, wohnt die Familie in Versailles im Trianon Palace, Isadora tanzt in Paris. Am Abend des 18. April sind Antoine Bourdelle und seine Frau unter den Zuschauern. Tief erregt, sagt der Bildhauer zu seiner Frau: »Sie tanzt den Tod.« Am Ausgang hält er den Wagen der Tänzerin für einen Leichenwagen! In diesem Kontext geschieht das Unglück.

Der Irrlauf

Craig, Deirdres Vater, schickt ein Telegramm: »Nein, ich kann nichts sagen, nicht ein Wort. Ich habe Millionen gesagt, habe Millionen Gedanken geschrieben. Alles vergeblich. Ich kann nur wiederholen: meine Liebe – meine Liebe – viele Millionen Mal. Höre es für immer. Am 20. April 1913 ... 1 900 000 [sic].«[6]

»Man befürchtete, der Schock könnte mich um den Verstand bringen«, schreibt sie in ihrer Autobiographie, »aber im Moment war ich in einem Zustand der Exaltation. Alles um mich weinte, aber ich weinte nicht, im Gegenteil, ich hatte den ungeheuren Wunsch, die anderen zu trösten. Es fällt mir schwer, mich heute in meine damalige Gemütsverfassung zu versetzen. War ich wirklich in einem Zustand der Hellsicht, wußte ich, daß es keinen Tod gibt – daß die kalten kleinen Wachsgebilde nicht meine Kinder waren, sondern nur ihre wesenlosen Hüllen? – und *daß die Seelen meiner Kinder für immer im ewigen Licht weilten?*[7]

Eine Mutter schreit zweimal, als käme es nicht aus ihr selbst – bei der Geburt und beim Tod. Denn als ich diese kalten kleinen Hände faßte, die niemals mehr die meinen streicheln würden, hörte ich mich schreien – es war derselbe Schrei, wie ich ihn bei ihrer Geburt ausstieß. Warum derselbe, da der eine der Schrei höchster Freude ist und der andere ein Schmerzensschrei? Ich weiß nicht, warum, ich weiß nur, es ist derselbe Schrei. Vielleicht, weil es im Kosmos nur einen ewigen großen Schrei aus Schmerz und Freude, Verzückung und Todesangst gibt: den Mutterschrei der Schöpfung?«[8]

Mit dem Tod ihrer Kinder versenkt sich Isadora in einen Mythos, in den der Opfer-Göttin, die Verkörperung eines schrecklichen Schicksals, selbst eine Göttin. Als sie einmal die Sage von Niobe gelesen hatte, dachte sie:

»Wie leer und düster wäre das Leben ohne die Kinder. Denn mehr als meine Kunst und tausendmal reicher als die Liebe eines Mannes hatten sie mein Leben mit Glück erfüllt ...

Ich habe sagen hören, daß Schmerz adelt; aber ich kann nur sagen, daß die letzten Tage, bevor mich dieser Schicksalsschlag traf, auch die letzten meines geistigen Lebens waren. Seitdem trieb mich nur noch eines ... Flucht ... Flucht ... Flucht vor diesem Grauen, und mein Leben bestand letztendlich nur mehr aus einer Kette grundloser Reisen. Ich war der traurige irrende Jude, der fliegende Holländer, ein Geisterschiff auf einem Geistermeer. Diese Tragödie ... setzt allen meinen Hoffnungen auf ein frohes, natürliches Leben ein Ende für immer ... Ich war mit diesen beiden wunderbaren Kindern ja nicht nur aufs Innigste mit Fleisch und Blut verbunden, sondern auch durch höhere Ziele auf einer fast übermenschlichen Ebene, durch die Bindung an die Kunst.«

Die beiden Kinder sollten ihr Werk fortsetzen und weiterentwikkeln: Sie wollte Deirdre ihre Schule mit den vielen Zweigstellen in aller Welt übergeben.

»Erinnerst du dich an den kleinen Stich«, schreibt sie an Craig, »auf dem Deirdre im Tempel von Karnak mit einem so klaren, sanften Blick zu sehen ist? So war sie, von Mal zu Mal glanzvoller, süß und fröhlich. Nie hätte sie im Leben so gelitten wie ich. Wenn ich sie ansah, dachte ich: Mein Leben ist Stückwerk, eine Katastrophe, aber das ihre wird einmal vollkommen schön sein.«

Patrick sollte ein großer Künstler werden, der Musik und Tanz zu einer »neuen, aus neuer Musik geborenen Tanzform« verschmelzen würde. Mit ihren Schülern, den Isadorables oder Isadorettes, versucht sie, diesen ihren Plan zu verwirklichen ... und ihre Kinder wiederzufinden.

Nach der Beisetzung hatte sie den Plan gefaßt, ihr Leben zu beenden: Sie wollte eingehüllt und davongetragen werden von einer großen Liebe. Auf ihrem Bett, die Hände über der Brust gefaltet, richtete sie unaufhörlich eine Botschaft an Singer: »Komm zu mir, ich brauche dich, ich sterbe.« Endlich kommt Singer, aber er schreckt vor der Intensität ihres Schmerzes und ihrer Erwartung zurück und reist sehr schnell ab, ohne es ihr zu sagen.

Augustin, ihr Bruder, und ihre Schwester Elizabeth nehmen sie mit nach Albanien, das nach dem Balkankrieg verwüstet ist. Sie sieht nur »ein düsteres, graues Land, wo es weder Wunsch noch Leben gibt, weder Wunsch noch Bewegung«. Da sie ihre Kinder verloren hatte, wäre es eine Aufgabe gewesen, für die hungernden, notleidenden Kinder dort zu leben? Aber als Gesundheit und Kräfte wiederkehren, wird ihr das Leben unter den Flüchtlingen unerträglich.

»Es besteht ein großer Unterschied zwischen dem Leben eines Künstlers und dem eines Heiligen. In mir regte sich wieder mein Künstlerleben.«

Sie kann nicht für die Armen und Enterbten kämpfen: Sie kämpft im Tanz und für den Tanz.

Mit ihrer Schwägerin Penelope macht sie einen Ausflug nach Konstantinopel und trifft auf dem Schiff Raoul, einen jungen türkischen Schauspieler, der in die Heimat zurückkehrt, um seine Mutter in ihrem ungeheuren Schmerz zu trösten: Zwei ihrer Söhne haben Selbstmord begangen. Er fragt sich, wie er sie trösten soll, da er selbst so verzweifelt ist, daß er seinen Brüdern am liebsten folgen möchte. Diese nahezu shakespearesche Tragödie bewegt Isadora, zumal die Mutter sie um Hilfe bittet: Nicht nur, daß sie ihre beiden Söhne nicht ins Leben zurückrufen kann, sie fühlt auch, daß der dritte ihnen nachfolgen will. Isadora gelingt es, dem jungen Mann das Geständnis zu entlokken, daß seine Verzweiflung nicht sosehr vom Tod seiner Brüder herrührt, sondern aus einer enttäuschten Liebe. Der Erwählte ist ein Knabe, was Isadora, eine glühende Verehrerin Platons, aber nicht empört:

»Ich war nicht schockiert, wie es manche vielleicht gewesen wären. Ich glaube, daß die erhabenste Liebe eine reine spirituelle Flamme ist, die nicht unbedingt vom Geschlecht abhängt.«

Acht Monate nach dem Tod der Kinder lädt ihre Freundin, die Duse, sie nach Viareggio ein. Es ist eine ihrer vielen Rasten in dem Irrlauf, der bis zu ihrem Tod andauert. Als sie eines Nachts allein ist, steht sie auf und geht ans Meer:

»Ich nahm mir vor, so weit hinauszuschwimmen, bis ich nicht mehr an Land käme. Aber mein Körper kehrte ganz von selbst immer wieder zur Erde zurück, so stark ist der Lebenswillen, wenn man jung ist.«

An einem Herbstnachmittag wandert sie am Strand entlang, da sieht sie dicht vor sich das Gesicht von Deirdre und Patrick. Sie halten sich an der Hand.

»Ich rief sie, aber sie rannten lachend vor mir her, uneinholbar. Ich bin ihnen nachgelaufen, aber plötzlich waren sie im Nebeldunst verschwunden.«

Die Kinder gehen so stark und bildhaft in ihren Gedanken um, daß sie zu solchen Pseudo-Halluzinationen gelangt, wie sie sehr häufig bei Eltern »auf der Suche nach dem verlorenen Kind« vorkommen. In der Umkehr sieht sie sich tot – bei ihnen. Dieses Verschmelzen zu einer Einheit im Tod kann ebenso zur spirituellen Verschmelzung in einer künstlerischen Produktion führen.

Während dieses Aufenthaltes in Viareggio macht sie die Bekanntschaft eines jungen italienischen Bildhauers:

»Eines Tages lag ich am Strand, da fühlte ich, wie eine Hand sich auf meinen Kopf legte. – Warum weinen Sie? Kann ich etwas für Sie tun? fragte mich ein junger Mann. – Ja, retten Sie mich, retten Sie meinen Verstand! Schenken Sie mir ein Kind. Ich fühlte seine kräftigen jungen Arme um mich und seine Lippen auf den meinen. Er drang mit seiner ganzen italienischen Leidenschaft in mich ein. Ich war vor Trauer und Tod gerettet, ich war dem Licht wiedergegeben, ich konnte wieder lieben … ich mußte nicht mehr allein sein … Von da an geriet ich in eine Phase von intensivem Mystizismus: *Ich fühlte den Geist meiner Kinder an meiner Seite: Sie würden wieder auf die Erde kommen, um mich zu trösten.*«[9]

Einige Monate später in Paris teilt sie Singer mit, daß sie von dem jungen Italiener schwanger ist; sie erzählt ihm ihren mystischen Traum von der Reinkarnation der Kinder und von ihrer Rückkehr auf die Erde.

»Musik war ein Leben lang meine große Inspiration und wird sich eines Tages vielleicht als der Trost meiner schrecklichen Jahre erweisen … Niemand hat begriffen, wie sehr ich gelitten und fast im Delirium gelebt habe, seit ich Deirdre und Patrick verloren hatte.«

Im Juni 1914 gibt ihre Truppe eine Gala im Trocadéro: Sie erhält Beifall für die Aufführung, für ihre Auffassung vom Tanz, aber ebenso für ihre pazifistischen Ideen, ihre Appelle an die Brüderlichkeit und Gemeinschaft der Menschen. Der Beifall gilt auch der versehrten Mutter.

Ende Juli, Anfang August 1914 herrscht in Paris Drunter und Drüber, der Krieg ist erklärt. Sie fühlt sich von der Anstrengung, ihren Gram und ihre Trauer in neues Leben zu verwandeln, tief erschöpft, sagt sie. Die Entbindung steht kurz bevor, aber eine geeignete Klinik, die sie aufnehmen will, ist schwer zu finden. Überzeugt, daß Deirdre oder Patrick wiederkehren, bedauert sie, daß der Arzt ihr keinen Champagner gibt, um die Schmerzen leichter zu ertragen. Er kann nicht mehr wie: »Mut! Mut!« sagen, seine Assistentin, die völlig durcheinander ist, wiederholt nur immer: »Madame, es ist Krieg.« Endlich hört sie das Kind schreien; es schreit, also lebt es: ein Augenblick unvergleichlichen Glücks. »Es ist Krieg? Na und! Mein Kind ist da, ist in Sicherheit, ich halte es in meinen Armen.« Die Kinderfrau, die Isadora das Baby in die Arme gelegt hat, sagt: »Es war, als hätten sich für Isadora die Tore des Himmels aufgetan. Wir ließen sie ein Weilchen allein, aber als wir wiederkamen, um ihr das Baby abzunehmen, meinte Isadora, daß etwas nicht stimme. Sie sagte, als sie mit dem Baby allein war, habe sie es gefragt: ›Wer bist du? Deirdre oder Patrick? Egal, ich habe dich wieder.‹ Aber die Wiederbelebungsversuche scheitern: Bei der Mitteilung, daß es tot ist, schließt sie nur die Augen.«

»In dem Augenblick habe ich den Höhepunkt menschlichen Schmerzes erreicht, denn mit diesem Tod wurden mir meine ersten Kinder noch einmal entrissen; es war wie eine Wiederholung, nur noch schlimmer.«

Ein Freund sagt zu ihr: »Was bedeutet denn heute noch Ihr privates Leiden? Schon fordert der Krieg Hunderte Opfer. Schon kommen Verwundete und Sterbende von der Front.« Wie selbstverständlich stellt sie ihr Landhaus in Meudon der französischen Regierung als Militärlazarett zur Verfügung. Aber diese anderen Tragödien haben mit ihr nichts zu tun: Ihr Schmerz ist nicht derselbe wie der dieser Angehörigen von im Krieg gefallenen Soldaten. Trotzdem geht sie als Krankenschwester nach Deauville, wo man das Kasino in ein Lazarett umgewandelt hat.

Sie fühlt sich erschöpft und will den Arzt des Kasinos konsultieren, aber er läßt sich entschuldigen. Als er schließlich doch kommt, blickt er sie seltsam an und nimmt sie in die Arme. »Sie sind nicht krank«, rief er aus, »krank ist nur Ihre Seele, krank aus Mangel an Liebe. Sie kann nur eines heilen: Liebe, Liebe und nochmals Liebe.« Es war jener Arzt aus dem amerikanischen Hospital, der versucht hatte, Deirdre wiederzubeleben. Eine Beziehung entsteht, aber als wäre auch er halluziniert, weiß dieser Arzt, wenn er Isadora schlafen sieht, nicht mehr, ob er nicht wieder vor der toten Deirdre steht. Das ist das Ende dieser Liebe. Wieder treibt es Isadora ins Meer, um ihrem unerträglichen Leiden ein Ende zu setzen, weil sie doch keinen Trost findet, nicht durch ihre Kunst, durch ein neues Kind oder die Liebe.

Sie reist nach Amerika, wo Singer – den sie Lohengrin nannte – Kinder in ihre Schule aufgenommen hatte. Wieder reist sie von Ort zu Ort und gibt Vorstellungen, die Enthusiasmus erregen, wie an der Metropolitan Opera New York am 3. April 1917, dem Tag, an dem die Vereinigten Staaten in den Krieg eintraten, oder die wegen ihres Tanzstils und ihrer Lebensweise, die sie kaum zu verhehlen sucht, mißbilligt werden.

»Bei einem großen Schmerz ist nicht die erste Zeit am härtesten zu tragen, wenn der Schlag uns getroffen hat, uns in einen solchen Zustand von Exaltation versetzt, daß man wie empfindungslos ist, sondern später, viel später, wenn die Leute sagen: ›Sie ist darüber hinweg; es geht ihr ganz prima ...‹ Alle meine Freunde behaupteten: ›Sie hat vergessen, sie ist wieder obenauf‹, aber *wenn ich ein kleines Kind sah, das* ›Mama‹ *rief, durchbohrte es mir das Herz*. Mein ganzes Sein wand sich in einer solchen Not, daß mein Hirn nur nach Lethe, nach Vergessen schrie, in welcher Form auch immer; *und in diesem entsetzlichen Leiden mühte ich mich, Leben zu schaffen, Kunst zu schaffen*.«[10]

Mit ihren Schülern, besonders den Isadorables, sechs von den ehemaligen, bemüht sie sich, Kinder zu entdecken. Sie sieht sich als gebende Mutter, als Mutter, die gelitten hat: eine Mater dolorosa, als eine Mutter, die Liebe schenkt, als Quelle aller Kreativität ...

Eine Freundin beschreibt sie im Tanz der Furien in San Francisco:

»Alle dramatische Gewalt und Schönheit, Mitleid, die Barmherzigkeit der Heiligen und die süße Frische der Jugend sprachen aus ihrer Kunst. Und doch lag darunter ein Strom von Traurigkeit, von Verzweiflung fast, den man früher nicht bei ihr kannte. Dieser klagende Aspekt offenbarte, wie sie ihrem Tanz den Gedanken an ihre toten Kinder unterlegt. Sie mimte die Trennung von ihnen, hob sie empor und entließ sie in himmlische Sphären.«

Im Lauf der Jahre löst eine Liaison die andere ab, und ihr Lebenswandel erregt Skandal. So in New York, wo Singer ihr ein prächtiges Diamanthalsband schenkt. Auf dem nachfolgenden Fest trinkt sie maßlos und benimmt sich derart vulgär, daß Singer sie an den Haaren packt, das Kollier zerbricht und abreist, ohne die Hotelrechnung und die Kosten der Tanzschule zu bezahlen, für die er damals aufkam. Ein anderer Wohltäter spendiert ihr die Rückreise nach Europa, aber ihre finanzielle Lage ist zerrüttet. Trinken wird ihre einzige Zuflucht.

Als wieder Frieden herrscht, nimmt sie ihre Dinge allein in die Hand, bis der deutsche »Erzengel« Walter Rummel die Szene betritt. Nach dem Verkauf des Hauses in Meudon läßt sie ihre Isadorables wiederkommen. Die Truppe fährt nach Athen und arbeitet für die Restaurierung der Ruinen von Kopamos auf Hymette ... aber der Erzengel verliebt sich in eine ihrer Elevinnen: Er wird ein normaler Mann.

Tanz und Revolution

Vom Marxismus begeistert, nimmt sie im Juli 1921 die Einladung hoher russischer Würdenträger an, in Moskau eine Schule des revolutionären Tanzes zu schaffen ... Nach sechs Monaten fließen aber keine Subventionen mehr. Sie begegnet dem großen Dichter Sergej Jessenin, der zwei Ehen hinter sich und drei Kinder hat und mehrere homosexuelle Beziehungen. Als sie ihn erblickt, sieht sie ihren Sohn Patrick mit seinem blonden Haar. Durch Jessenin erschließen sich ihr Erotik und Heroismus. Nach allerlei Episoden heiraten sie in Rußland und gehen im Oktober 1922 nach New York.

Der erste Empfang ist triumphal, aber die Kritiken sind schlecht. Jessenin erträgt das Exil nicht. Er versinkt im Alkohol und randaliert in den verschiedenen Hotels, in denen sie wohnen. Durch mehrere Mißerfolge getroffen, verläßt Isadora die USA im Januar 1923: Sie erklärt, sie sei eine Rote und habe mit dem American Way of Life nichts im Sinn.

Im Pariser Hotel Crillon gehen Jessenins Alkoholexzesse und Pöbeleien weiter, bis er ausgewiesen wird und nach Berlin ausweicht. Isadora setzt alles in Bewegung, ihn dort aufzufinden und nach Versailles zurückzuholen. Aber die Skandale hören nicht auf, und sie fahren wieder nach Rußland. Sie arbeitet an ihrer Tanzschule und geht auf Tournee durch den Kaukasus. Jessenin erhängt sich im Dezember 1925.

Obwohl sie in Rußland große Popularität genießt und Erfolg hat, sind die materiellen Bedingungen doch derart, daß sie bei ihrer Rückkehr nach Europa vor dem Nichts steht. Im Frühling 1925 findet ein Freund sie in einer Bar in Villefranche-sur-Mer, allein, ohne Geld und ohne Bleibe. Sie trinkt und zerstört ihr Leben, sagte sie, um ihre toten Kinder zu vergessen und weil niemand sie mehr tanzen läßt. Tatsächlich haben der Alkohol und ein allgemeines Sichgehenlassen ihre Anmut und Schönheit vernichtet. Gleichwohl hat sie alle möglichen Männer nacheinander, immer auf der Suche nach einem Freund, am liebsten einem Künstler. Als sie auf einem Empfang einen jungen russischen Pianisten spielen sieht, fragt sie die Gastgeberin, ob er ihr Liebhaber oder der einer anderen Frau sei:

»Wenn er zu keiner gehört, dann nehme ich ihn. Genies nehme ich immer, Genies mit großem G brauchen mich.«

Adieu, Freunde, jetzt geht es ab in den Ruhm

Im September 1927 trifft man sie in Nizza mit einer Freundin, die erzählt, wie dieses tragische Leben endet. Isadora ist derzeit mehr oder minder mit einem italienischen Rennfahrer liiert, der über einen wunderbaren roten Bugatti verfügt, den sie Singer vorführen will. Weil letzterer nicht da ist, beschließt sie, den Bugatti selbst zu probieren: Adieu, Freunde, jetzt geht es ab in den Ruhm. Der Wagen springt an, ihr langer Schal verfängt sich in den Rädern und erdrosselt sie. Isadora ist sofort tot.

Viele Künstlerleben sind von Impulshandlungen, affektiven Brüchen, von ständigen Reisen und Selbstmordversuchen geprägt. Im nachhinein sind wir versucht, in Isadoras Kindheit eine Präfiguration jenes Irrlaufs seit der Tragödie zu erkennen. Zuerst, als sie die Unterstützung der institutionalisierten Religion ablehnte, ergab sie sich einem totalen Pantheismus. Die »allumfassende Liebe« war von jeher ein Bestandteil ihrer Theorien über den Tanz und hat ihre charakteristischen Ausdrucksformen von Kind auf inspiriert. Daß sie hoffte, in dieser auf die ganze Menschheit ausgedehnten Naturliebe einen Weg zur Vereinigung mit ihren beiden Kindern zu finden, liegt auf der Hand. Den Tod gibt es nicht, hatte sie gesagt, die Leichen sind nur die Hüllen der ewigen Seelen. Aber um den Verlust der Kinder zu überwinden, deren Laufbahn fertig vorgezeichnet war: ihre Auffassung des Tanzes weiterzugeben und fortzuführen, hat sie nur die Möglichkeit, ihre Trauer mit und in ihrem Körper zu verarbeiten. Sie sinkt immer tiefer in den Abgrund. Ihre Rufe, durch Liebe errettet zu werden, treffen auf niemanden, der sie ihrem Irrlauf entreißt. Jedes neue Liebes-»Objekt« ist immer nur Illusion oder halluzinatorische Befriedigung des Triebs, der Wirklichkeit zu entfliehen.

Wenige Monate vor ihrem Tod, im Sommer 1927, beendet sie ihre Autobiographie.[11] Diese ist weniger eine Suche nach Wahrheit als ein Roman. Aber hatte ihr Leben nicht etwas Romanhaftes? Trotz ihrer Erfolge und ihres internationalen Ruhms bringt ihr die Kunst nach der Tragödie den Lebenselan nicht wieder, der sie bis dahin getragen hatte. Sie hat versucht, sich zum Trost andere affektive Bande zu schaffen, die allesamt zerbrachen: unglückliche Partnerwahl? Gewiß, aber vor allem eine Unfähigkeit, Menschen außerhalb ihrer Kunst Liebe zu geben. Hilfsmittel wie der Alkohol konnten ihr zu dem Eindruck verhelfen, sie habe neue kreative Kraft gewonnen, zu einer gewissen Vitalität zurückgefunden: Öffnete ihr das Vergessen – die Lethe – die Tür in eine illusionäre Welt, die Welt ihrer psychischen Realität? Diese Welt war ihr nicht fremd: Sie lebte in ihr von frühester Jugend auf, und keine Trauerarbeit hat diese verändern oder sie davon abbringen können: Wünschte sie es? Sie wußte, daß ihr Lebensraum das Delirium war: Als ihre Kunst ihr keine Hilfe mehr bot, konnte sie nur noch einem letzten Trieb nachgeben und die Bremse loslassen.

Verfolgt vom Licht der Nacht –
Yuko Tsushima

Hör' ich euch sprechen
Von einem verlornen Kind, ihr
Die ihr mich verließet,
Verwünsch' ich die Grausamkeit
Des Berges Chichibu Azuma.
    Die Tochter des Takasue

Heutzutage wird der Tod eines Kindes oder ein anderer ebenso grausamer Tod in unserem Alltag dermaßen vergessen, daß man darüber unbedingt sprechen muß.

Ein Jahr nach dem grausamen Tod Daimons, ihres achtjährigen Sohnes, folgt Yuko Tsushima dem Zwang, zu sprechen, zu schreiben. In *Verfolgt vom Licht der Nacht* erzählt sie von ihrer Trauer um ihren Sohn Daimon oder »Großer Traum«, der 1985, während er badete, an einem schweren Asthmaanfall starb.

Yuko Tsushima ist die letzte einer Familie von drei Kindern. Nachdem sie an einer religiösen Universität für junge Mädchen aus guter Familie studiert hat, heiratet sie einen »Gigolo«, von dem sie sich schnell wieder trennt. Aber sie wünscht sich ein Kind, wenn auch ein außereheliches. Ein Mann, den sie nicht beim Namen nennt, erfüllt ihr den Wunsch. Obwohl er schon verheiratet ist, kümmert er sich um seinen Sohn. Doch kann er aus beruflichen Gründen nicht bei ihnen bleiben, und Daimon ist mit seiner Mutter fast immer allein.

»Schreiben schließt immer einen Adressaten ein« (Freud)

Um »niederzuschreiben, was sie denkt«, richtet Yuko Tsushima eine Reihe »Briefe« an die »Tochter des Takasue«, die Autorin und Heldin eines berühmten Textes aus dem 11. Jahrhundert, *Yoru no nezame*. Neben diesen Briefen ergänzt sie die Fragmente jenes unvollständigen alten Manuskriptes, von dem sie ausgeht. Die auf diese Weise vervollständigten Fragmente bilden die Antworten der Schriftstellerin des 11. Jahrhunderts auf die Briefe Yukos, der Schriftstellerin des 20. Jahrhunderts.

»Heutzutage wird der Tod eines Kindes ... in unserem Alltag dermaßen vergessen, daß man darüber unbedingt sprechen muß. Vor tausend Jahren dagegen, als der Tod eines Kindes, der immer ein sehr schmerzliches Ereignis ist, noch zum täglichen Leben gehörte, wäre dies sicherlich so schwer zu ertragen gewesen, daß Ihr solche Tode völlig aus Euren Schriften verbannt habt.«

Tatsächlich sind Berichte über den Tod von Kindern mit der Zeit häufiger geworden, während sie früher den großen Dichtern und Tragöden des Altertums und den Memoirenschreibern überlassen blieben. Von daher kam man sogar zu der Ansicht, diese Tode hätten sich im inneren Leben der Familien kaum bemerkbar gemacht, und schlußfolgerte daraus, es habe gar kein Gefühl für Kinder gegeben. Aber wie wir sahen, sprechen zahlreiche Zeugnisse gegen eine solche Verallgemeinerung.

»Als ich über das Buch nachdachte, das Ihr uns hinterlassen habt, bevor Ihr aus dieser Welt gingt ... wurde mir klar, daß ich über das, was Ihr geschrieben habt, nicht reflektieren kann, wenn ich Euch nicht auch schreibe, was ich denke.«

Sie, die verwundete Frau, wendet sich an eine andere (an andere) verwundete Frau(en). So werden die Fäden zweier Zeugnisse verflochten, die sich mit der Thematik: Weiblichkeit und Mutterschaft, Einsamkeit und Ausgeschlossensein, Trennung, Verwundung und Tod befassen.

Obwohl in dem alten Dokument nicht vom Tod eines Kindes die Rede ist, glaubt Yuko, daß auch seine Heldin den Verlust eines Kindes erfahren habe:

»Ich weiß nichts über Euch. Aber ich bin überzeugt, daß auch Ihr übervoll wart von schwer erträglichen Gefühlen, als Ihr ›Yoru no nezame‹ schriebt. Ich will unbedingt glauben, daß es so ist, und mir diese zu eigen machen.«

Die »Tochter des Takasue« – wie diese Autorin traditionell genannt wird – hatte eine jüngere Schwester, die heimlich ein Kind zur Welt gebracht hatte. Hierin sieht Yuko zweifellos den Zug, der ihr die Identifizierung mit der Ahnin erlaubt.

»Da wir beide menschliche Wesen sind, ob in der gegenwärtigen oder in Eurer Welt, kann es wohl keine großen Unterschiede darin geben, was wir im Verlauf unserer Ehe, Schwangerschaft oder Entbindung empfunden haben.«

Die Empfindungen im Lauf der grundlegenden Etappen eines Frauenlebens müßten aller Wahrscheinlichkeit zufolge in den Jahrhunderten dieselben sein. Aber Yuko ist sich dessen nicht sicher. Schließlich gibt es heutzutage so viele Möglichkeiten, in den Verlauf einer Schwangerschaft oder einer Niederkunft einzugreifen:

»Man kann von Menschenhand die Schwangerschaft von der Partnerbeziehung trennen oder auch die Entbindung von der Schwangerschaft ... kann während der Schwangerschaft feststellen, ob das Baby normal ist.

Es ist also wenig wahrscheinlich, daß Schwangerschaft und Entbindung heute auf ganz die gleiche Weise erlebt werden wie vor tausend Jahren.«

In wenigen Worten stellt Yuko Tsushima hier den Eingriff der neuen Zeugungs- und Geburtsmethoden in die Gefühlswelt in Frage, daß nämlich der Kinderwunsch jetzt in die Mühlen der Technologie geraten ist. Trotz allem bleibt eine Gewißheit: Der Tod ist unwandelbar. Die Gefühle, die Affekte, die ihn begleiten, haben sich sicher nicht verändert.

»Eure Erzählung bleibt lebendig, auch noch nach tausend Jahren ... Ihr aber, die Autorin, habt nicht weitergelebt wie Eure Erzählung ... In rein leiblicher Hinsicht haben sich Leben und Tod im Zeitraum von tausend Jahren gewiß nicht grundsätzlich geändert ... wenn uns auch diese und jene Zweifel ankommen, können wir das eine doch nicht vergessen, selbst wenn wir es wollten: daß der Tod stets gegenwärtig und stets der gleiche ist, in welcher Epoche, in welchem Land auch immer ...

Der Tod war zu allen Zeiten eine wahnsinnige und grausame Unumstößlichkeit.«

Trotz dieser Gewißheit über den Tod ist unsere Auffassung des Todes und unsere Haltung ihm gegenüber Wandlungen unterlegen. Früher, in der Welt der Tochter des Takasue, »wurden Leben und Tod als eine Einheit betrachtet«.

Wenn Yuko wie ihre Gesprächspartnerin begreifen könnte, daß der Tod zu jedem Menschenleben gehört, wäre sie vielleicht nicht von so wirren Gedanken und Gefühlen befallen worden und hätte vielleicht nicht soviel geklagt!

»Als ich mir überlegte, daß Ihr, wenn es ein Jenseits gäbe, dort sicherlich mit meinem Sohn zusammen wäret, fühlte ich Euch mir auf einmal nahe ... der Gedanke einer egoistischen Mutter.«

Wenn ... Also sind ihr Sohn und die Ahnin vielleicht beisammen? Demnach wäre es nicht unmöglich, sich mit ihnen zu vereinen? Die Hoffnung auf ein solches Wiedersehen bewegt das Gemüt aller trauernden Eltern, auch wenn sie sich die Möglichkeit rational untersagen. Wie immer die philosophische oder religiöse Position sei, ob Glauben oder erklärter Atheismus, leben aus dieser Hoffnung Phantasmen und Träume, künstlerische und literarische Produktionen. Die Gewißheit des Todes und die Verleugnung der Trennung sind untrennbar verbunden. Wie immer es aber damit steht: Das Leiden dauert bei dem Überlebenden im Untergrund fort, gleichsam als ein empfindsamer Fonds, der durch das kleinste Hindernis im täglichen Leben aktiviert wird. Was ist dieses Leiden?

Die japanische Romanautorin stellt dieselbe Frage wie Freud:
Wie ist der Schmerz der Trauernden zu erklären?

Die Tochter des Takasue

Wer ist nun die Ahnin, an die sie sich wendet, um ihre Gedanken
so niederzuschreiben, wie sie ihr in den Sinn kommen, ohne sich
um eine chronologische oder logische Ordnung zu kümmern
wie ein Psychoanalytiker?
Die hochberühmte Frau, bekannt unter dem Namen »Tochter
des Takasue«, lebte von 1008 bis ungefähr 1060. Sie gehörte
einer äußerst kultivierten Familie an, die sich der Literatur weih-
te, und soll mit acht Jahren begonnen haben, Gedichte zu machen. Mit neunzehn Jahren schrieb sie ein Reisetagebuch, in dem
sie Märchen und Sagen der Länder aufzeichnete, die sie mit ihrem Vater, dem Statthalter einer fernen Provinz, bereist hat.
Im Jahr 1024 stirbt ihre ältere Schwester bei der Geburt eines
Kindes. Von »unaussprechlichem Schmerz« übermannt, nimmt
sie ihre beiden verwaisten Neffen zu sich, aber »der Mond
schlägt ihre Gesichter«, ein böses Vorzeichen. Wenig darauf
überbringt ihr ein Bote ein Gedicht mit dem Titel »Der Prinz, der
einen Leichnam fand«. Ihre Schwester hatte danach verlangt,
bevor sie starb:

> Warum suchte sie
> Diesen Leichnam, der doch noch nicht
> begraben war,
> Sie, die nun
> Ruht unterm Moos ...

Warum war es ihrer Schwester so wichtig, dieses Gedicht zu
haben? Sie weiß es nicht.
Mit äußerster Diskretion erzählt die Tochter des Takasue von
ihren Reisen, ihren Entdeckungen, ihrem täglichen Leben, ihren

Träumen und ihrer Einsamkeit. Einige Anspielungen auf Botschaften oder Begegnungen mit »einer Person« lassen vermuten, daß in ihrem Denken, ihrem recht einförmigen Alltag ein Dichter und Musiker, für den sie anscheinend entflammt war, eine bedeutende Rolle spielte. Aber beide lassen »die Zeit verfließen, ohne daß einer den anderen sucht«. Die Erinnerungen an ihn tauchen Jahre später in Form von Träumen auf:

> Aus meinem Traum erwacht,
> Netzte ich mit Tränen der Reue
> Mein Lager.
> Dies kündige ihm,
> Abnehmender Mond.

Der Tod ihres Mannes macht sie hilflos und ebenso das Kind, das seinen Vater beweint:
»Zur Stunde, da der Verstorbene in flüchtigem Rauch in die Wolken entschwindet, sehe ich dieses Kind, das ich im Herbst mit dem Blick begleitete, als es geputzt und gehegt, stolz seinem Vater folgte: Über seinen schwarzen Kleidern, seinen groben Trauerstoffen, schreitet es hinter dem Karren, weint und weint; bei diesem Anblick strömen die Erinnerungen herbei, eine unaussprechliche Empfindung befällt mich, und ohnmächtig werdend, wähne ich mich auf der Straße der Träume, auf der jener, der nicht mehr ist, mich gewiß irren sieht ...«
Identifikation mit einem verlorenen Kind? Von ihrem Vater, Takasue Sugawara, der seine Familie nicht in die Provinz mitnehmen konnte, über die er zum Gouverneur ernannt worden ist, hat sie ein Gedicht erhalten – »Hain des verlorenen Kindes«:

> Daß ich ihn verlassen,
> Mag ihn gegrämt haben,
> Ganz wie mich,
> Dieser Hain des ›Verlorenen Kindes‹,
> Dessen bloßer Anblick mich betrübt ...

Allein nun in ihrer Trübsal, sorgt sie sich um ihre Zukunft: Ob ihre Wünsche, sich mit den Entschwundenen zu vereinen, erfüllt werden? Ein Traum beruhigt sie: Buddha verspricht ihr, sie zu holen. Aber sie muß warten:

Ihr denkt sicherlich,
Daß ich schon nicht mehr
Von dieser niedern Welt sei.
Ach, weinend, immer nur weinend
Überlebe ich noch.

»Wie kommt es«, fragt sie einen Neffen, der sie besucht, »daß Ihr Eure verlassene Tante besucht?«

»Verlassene Tante«, so heißt ein Berg, auf den man in früheren Zeiten die Greise führte, damit sie dort stürben. Die Redewendung bedeutet, daß man untröstlich ist. Die Tochter des Takasue will sagen, sie sei noch unglücklicher als jene »in der Finsternis einer mondlosen Nacht verlassene Tante«.

»Der Tod ist immer derselbe«

Nur Yukos ältere Schwester hätte die besondere Welt verstehen können, in der sie sich sieht.

»Wenn ich bedenke, daß es auf dieser Welt jemand anderen gibt, der dieselben Erinnerungen an denselben Ort hat wie ich, empfinde ich eine gewisse Erleichterung bei dem Gedanken, daß ich ihm ein wenig von meinem Leben anvertrauen kann, zumal zwischen ihr und mir ein Bruder war, der mit fünfzehn Jahren starb. Manchmal sage ich mir, daß ich, wenn meine Schwester nur lebt, ruhig irgendwann sterben kann ...«

Nun, sie tauschen keine Erinnerungen aus, weder über ihre Kindheit noch über den toten Bruder, der sie tatsächlich trennt. Wenigstens aber werden diese Erinnerungen allein durch die Gegenwart der Schwester auf der Welt bleiben. So denken manche Sterbende, besonders Kinder, wenn sie sich versichert haben, daß sie im Gedenken der Überlebenden gegenwärtig bleiben werden.[1]

Es ist jenes Überleben, das man wichtigen Personen seines psychischen Horizonts zuteilt, den Toten, den Ahnen, auf deren Autorität man sich beruft: »Meine Großmutter sagte ... mein Großvater machte ... Ich bin, ich sage ... ich mache ... wie sie.« In diesem zeitlosen Universum wird auch das tote Kind eine Autorität.

»Ich will auf die Suche nach der Bedeutung dessen gehen, was die Essenz des menschlichen Lebens ausmacht, und es anderen mitteilen.«

Die Essenz des menschlichen Lebens ist mit dem Tod verknüpft. Wer nach der Bedeutung des einen sucht, lernt den Sinn des anderen kennen. Wer nach der Bedeutung des Endes – im doppelten Sinn des Wortes – sucht, sucht auch nach dem Geheimnis des Ursprungs.

Sein Kind wiederfinden

Diese Mutter war im Augenblick des Sterbens nicht bei ihrem Kind. Das Ereignis trat plötzlich ein, unvorhersehbar. Sie konnte nur nach seinem Tod bei ihm bleiben:

»Ich sage mir, wenn man mich nur noch drei, vier Tage bei ihm gelassen hätte, wäre ich ganz natürlich gestorben, wie ich es mir wünschte. Jetzt bleibt mir nur der Freitod übrig ... aber wenn ich so stürbe, könnte ich vielleicht das Ziel, das ich mir gesetzt habe, nicht erreichen, nämlich mein Kind wiederzusehen.«

An einem anderen Ort als zu Hause zu sterben oder allein, ohne daß jemand bei einem ist, ist für den Sterbenden wie für den Überlebenden grausam. Wie aber soll man bei ihm sein, ihn bis zum letzten Moment begleiten und wirklich mit ihm aufhören zu leben, gleichzeitig mit ihm?

180

Wissen manche schwerkranke Kinder intuitiv um eine solche Gefahr, wenn sie lieber im Krankenhaus bleiben wollen, anstatt zu ihrer Familie zurückzukehren? Oder wollen sie ihre Eltern vor dem Wissen verschonen, daß ihr Ende nahe ist? Außer ihrer expliziten Funktion haben »Begleiter« vielleicht auch eine Schutzrolle für die Eltern (die nahe Umgebung), wenn die Trennung kommt, mit deren Endgültigkeit sie besser fertigwerden.

Ein Mädchen mit einer fortschreitenden, invalidisierenden Muskelkrankheit, das im Krankenhaus behandelt wurde, hatte mir ganz bündig erklärt, nachdem es auf Umwegen von seinem Ende gesprochen hatte: »Wenn ich wüßte, daß ich es sein werde, also gelähmt, möchte ich lieber sterben.« Ein Wunsch, den man schwer in sich zuläßt, aber der auch für die anderen nicht leicht zuzulassen ist: »Niemand will gerne sterben!« hatte es mit einem geronnenen Lächeln hinzugefügt. Jahre später, da die Krankheit schleichend fortschritt, beschlossen sie und ihre Mutter, die Zukunft anzunehmen und einander in den Tod zu »begleiten«. Aber als junges Mädchen beging sie ihren Freitod heimlich. Nach einer Zeit der Bitterkeit über die einsam vollbrachte Tat und über den Bruch des Pakts verstand die Mutter die Entscheidung ihrer Tochter: Sie sollte ihr Leben als Gattin und Mutter der Familie fortsetzen.[2]

»Da es für mich das Entsetzlichste war, in dem Alptraum weiterzuleben, daß ich mein Kind verloren hatte, mußte ich rückhaltlos die ›Strafe‹, weiterzuleben, auf mich nehmen.«

Strafe? Gab es ein Verschulden? Diese Mutter kann sich schuldig fühlen, weil sie ihr asthmatisches Kind im Bad allein gelassen hat. Tiefer kann die Schuld sich auf seine illegitime Empfängnis beziehen. Ein schon verheirateter Mann war die Stütze ihres Lebens geworden. Weil es der Wunsch dieses Mannes war, ein Kind von ihr zu haben, hatte sie sich mit dieser Mutterschaft abgefunden. Er war ein äußerst aufmerksamer Vater sowohl für sie wie für das Kind, aber seine Arbeit nötigte ihn, fortzugehen, so daß Yukos Sohn in der gleichen Situation aufwuchs wie Yuko als Kind. Außerdem war Daimon auf Grund seiner außerehelichen Geburt nicht gesetzlich anerkannt. Doch nur anerkannte Kinder galten als eigenständige Existenzen. Sie war also sehr allein:

»Zu der Zeit, als ich noch nicht erkannte, welches ›Licht‹ das Kind in sich selbst besaß, fühlte ich mich einsam.«

Das Kind hat sie dies aber schnell vergessen lassen: »Das Lächeln eines Kindes kann Schmerz und Leiden in unendliches Glück verwandeln.«

Wie immer die gegenwärtigen oder vergangenen Bedingungen auch seien, ein Tod und vor allem der Tod eines Kindes ruft unweigerlich Schuldgefühle hervor, die sich an irgend einen Vorwand heften, ob rational oder nicht.

Die Wiederholung

»Immer wenn ich mich in den Tagen, die auf die Totenwache folgten, an mein Kind zu erinnern versuchte, sah ich das Gesicht meines Bruders ...«

Yuko spricht hier über den realen Tod ihres Bruders, den man wegen einer Geisteskrankheit in eine Anstalt gegeben hatte und der dort mit fünfzehn Jahren starb. Sie übergeht den »psychischen Tod« dieses Bruders, stellt aber sein Bild wieder her. Er wird zum »großen Bruder« für Daimon. Nun, auch der Schmerz von Angehörigen eines »zurückgebliebenen« Kindes ist tief, unbestimmbar und dauerhaft, gleichviel welche Lösung gefunden wird – falls man überhaupt von Lösung sprechen kann! Ob Einweisung oder nicht, das Problem bleibt voll bestehen, beladen mit Versagen, Schuld und unheilbarer Verwundung. Der psychische Tod eines Kindes ist für viele Eltern ebenso schwer zu ertragen wie ein wirklicher Tod.

Ein halbes Jahr nach dem Tod ihres Sohnes, ein Spätfolgeeffekt, wird sie sich klar, daß sie die Trennung von ihrem Bruder vor fünfundzwanzig Jahren erlebte. Sie war dreizehn Jahre alt. Was soll man von einer solchen Verquickung des brüderlichen Bildes mit dem des Sohnes halten? Der Unterschied im Verlustgefühl ist offenbar, Yuko kann über diesen Unterschied nachdenken und ihn anerkennen. Aber wenn die Erinnerung, das Bild des einen so viele Jahre nachher wieder lebendig werden, wenn diese Vergangenheit immer noch gegenwärtig sein kann, warum, fragt sie sich, sollte sie dann nicht auch mit ihrem Kind zusammenleben können, bis sie selber stirbt? Die Frage führt zu der Überzeugung, daß es so sein kann, und diese Überzeugung hilft ihr bei ihrer Trauerarbeit.

»So gelangte ich zu der Gewißheit, daß mein Bruder, der als erster gestorben war, das Sterben meines Sohnes begleitet und beschützt hat.«

Daimon, ihr Sohn, hat den Tod als erster kennengelernt. Warum ist er ausersehen worden? Bestimmte Umstände, also eine Krankheit oder ein Krieg hätten es leichter gemacht, seinen Tod anzunehmen. Das weiß sie. Aber sie weiß auch:

»Niemand ist unsterblich. Sterben muß jeder …

Der Tod kann nicht kommen, wo kein Leben ist, und ebenso kann man sagen, daß das Leben, schon wenn es entsteht, den Tod enthält.«

Leben ist ein Epiphänomen des Nichtseins. In demselben Moment, in dem ein Kind geboren wird, ist es bestimmt, zu sterben, aber:

»Es gibt niemand, der sich mit dem Tod seines Kindes abfinden kann.«

Der Körper meines Kindes

Yuko beschließt, ihr Kind einäschern zu lassen. Diese plötzliche, unvorbedachte Entscheidung stürzt sie in eine Reihe von Fragen. Warum mußte sie sich, nachdem sie die Tatsache des Todes anerkannt hatte, noch eine Trennung auferlegen, die Trennung vom Körper ihres Kindes?

»Der Körper meines Kindes war zu schnell und zu leicht in Asche zerfallen ... am neunundvierzigsten Tag ... da ich noch nicht die Zeit gehabt hatte, den Tod meines Kindes anzuerkennen, konnte ich mich nicht entschließen, seine Asche zu bestatten. Auch am hundertsten Tag konnte ich mich noch nicht trennen.«

Wer kennt nicht Witwer, Witwen oder Eltern, die so an der Urne, an der Asche des Entschwundenen hängen, daß sie sich nicht überwinden können, sie aus dem Haus zu lassen?

»Und nun weiß ich nicht mehr, ob es gut oder schlecht ist, Menschen zu retten, indem man ihr krankes Organ durch ein frisches, funktionstüchtiges von jemand ersetzt, der soeben gestorben ist. Natürlich, wenn man mir sagte, dies sei das einzige Mittel, das Leben meines Kindes zu retten, würde ich mich sicher mit allen meinen Kräften an diese Möglichkeit klammern ... Aber ... Eltern, die soeben ihr Kind verloren haben, klammern sich an seinen Körper auch solange wie möglich ... Wie glücklich wäre ich gewesen, hätte man mir einen Fuß oder auch nur ein Ohrläppchen meines Kindes gelassen!«

Dies nun führt geradewegs zu einer Art Fetischisierung: Bald sind es die Gegenstände des Toten, bald ein Stück seines Körpers. Gleichwohl ist ein solches Denken in Betracht zu ziehen in einer Gesellschaft, die nach Organspenden verlangt. Ist es ein Beweis von Menschenliebe, einen Teil (und einen hochprivilegierten wie das Herz, die Augen ...) eines Körpers herzugeben, von dem das Subjekt, das ihn bewohnte, radikal ausgeschlossen ist? Kürzlich erklärte sich in Italien eine amerikanische Familie, die Eheleute Green, deren Sohn Nicolas von zwei verkappten und bewaffneten Banditen ermordet worden war, damit einverstanden, daß sein Herz, seine Leber, seine Nieren, die Pankreas und die Hornhäute entnommen wurden, um kranken Kindern implantiert zu werden: »Sonst hätte Nicolas' Tod überhaupt keinen Sinn«, sagte seine Mutter. »Eine Lektion in Großmut«, pries der Romancier Enzo Biagi diese Entscheidung, eine Ansicht, die Yuko durchaus nicht teilt und der sie mit ziemlicher Härte widerspricht!

»Ich empfinde immer nur Kummer und Zorn, daß man in unserer Zeit die Leiche eines Kindes öffnet, um nach seiner Todesursache zu forschen … Ich frage mich, wieso man um jeden Preis ein Menschenleben retten will, indem man rücksichtslos auf dem Körper eines Kindes herumtritt. Es ist tot, ja. Aber ihr müßt auch sterben … Genug gescherzt, kann man sich so leicht damit abfinden, daß jemand anderes gestorben ist, damit man selbst gerettet wird?«

Ein junges Mädchen im »Wartesaal der Todeskandidaten«, seit Monaten mit Nierendialyse behandelt und auf der Liste für eine Nierentransplantation, sagte, als die Osterferien nahten: »Ich werde ja in der Zeitung sehen, wie viele Autounfälle es in den Tagen gibt. Ich sollte es nicht sagen … aber in Festtagen sehe ich immer nach: Vielleicht ist diesmal eine Niere für mich dabei?«

Mochten auch der Ton und das Lächeln die grausamen Worte dementieren, so als bäte sie damit um Vergebung für die unumwundene Wahrheit, konnte sie dennoch nicht anders, als ihren Lebenswunsch über die Tatsache zu stellen, daß dieser auf Kosten der Opfer der namenlosen Katastrophen geht.

Die Krankheit der Trauer

»Ich meine, es ist keinem Menschen erlaubt, sich über die Gefühle derer hinwegzusetzen, die übrigbleiben. Gewiß gehört der Körper, den ein Toter in dieser Welt zurückläßt, nicht mehr demjenigen, der gestorben ist, aber er gehört denen, die noch leben und die man liebt.«

Die Anhörung kranker Kinder zeigt, daß sie ganz und gar nicht empfindungslos, sondern vielmehr sehr aufmerksam für die Gefühle derer sind, die übrigbleiben, die sie verlassen werden. Sie wissen, daß die Überlebenden durch ihren Tod um einen Teil ihrer selbst gebracht werden, um ein Stück ihres Lebens, einen Plan, eine Vitalkraft. Der Überlebende ist wie von einer Krankheit befallen, der *Krankheit Trauer*, die sich chronisch entwickelt, mit Erholungen und Rückfällen, wie sie jederzeit durch den Konflikt zwischen Seelenleben und Wirklichkeit auftreten können.

Einige Monate später bereitet Yuko der Gedanke an alle die Menschen, die auf dieser Erde leben und die auch Erfahrungen mit dem Tod gemacht haben, eine gewisse Besänftigung. Manchmal erlebt sie mitten im Alltag, was Todesnähe sein kann.

»Noch jetzt glaube ich, wenn ich auf einmal die Hand ausstreckte, könnte ich ihn zu mir zurückholen, und er würde schelmisch lachen und sagen: Na, hast du mich endlich gefunden?«

Wie Rosamond Lehmann, Isadora Duncan und viele andere erlebt Yuko für Augenblicke eine gedachte Nähe mit demjenigen, der nicht mehr ist. Ein Geständnis, das man nicht so leicht öffentlich macht, denn unsere Kultur ist allzu schnell darin, einen solchen Gedanken, eine solche Illusion, so flüchtig sie immer sei, als pathologisch einzustufen.

Einmal sieht sie ein Kind und glaubt, es sei das ihre: welch eine unfaßliche Freude! Nur zu denken, daß es das ihre sei! Sosehr es schmerzt, enttäuscht und in Tränen mündet, bleibt ein solches Wiedersehen ein Moment des Glücks. Vielleicht das Zeichen, daß es doch ein Jenseits gibt?

»Und wenn es auch nur für den Bruchteil einer Sekunde war –, an jenem Tag hatte ich mein Kind wirklich wiedergesehen … Und ich erlaubte mir die Hoffnung, daß ich es wiedersehen würde. In welcher Gestalt und wann … Nach meinem Tod? … Ich weiß auch nicht, ob es ein Jenseits gibt … Bald hatte ich den Eindruck, gerade weil ein Lebender nichts vom Tod verstehen kann, daß ich dieses Unverständnis so nahm, als wäre es eine Gewißheit.«

Nach dem Tod? Die Autorin Rosamond Lehmann lebt auf Erden in der Gewißheit, daß sie mit ihrer Tochter Sally und anderen ein anderes Leben anderswo leben werde, in einer subtileren materiellen Substanz als der irdischen, der leiblichen Hülle. Doch müsse man sich darauf vorbereiten. Sie will lernen, will wissen, wie man dieses Ziel erreicht. Dagegen versucht Isadora Duncan vergeblich, sich ihre verlorenen Kinder neu zu erschaffen, aber sie sieht sie nur in ihren Visionen wieder. Für die meisten von uns bleibt der Tod im Bereich des Unbegreiflichen in dem Sinne, daß er »außerhalb jedes Wissens« liegt, etwas wirklich Unvorstellbares, mit unseren Fähigkeiten zur Symbolisierung nicht zu erfassen.

»Mein Kind ... war plötzlich tot«, schreibt Yuko.

Eine Frage wird oft gestellt: Haben die Modalitäten, unter denen der Tod eines Kindes geschehen ist, spezifische Reaktionsmodi bei den Trauernden zur Folge? Die Zeugnisse von Eltern, deren Kinder nach einer langen Krankheit starben, berechtigen uns nicht, eine Unterscheidung zwischen diesen und denjenigen zu treffen, die unerwartet mit dem Verlust konfrontiert werden. Alle bisher publizierten Untersuchungen mit dem Ziel, Tiefe, Dauer und Intensität der Trauer in ein Verhältnis zum Modus des Todes zu setzen, erbringen keine Argumente, um eine solche Frage zu beantworten. Wie immer dem sei, praktisch alle diese Eltern hegen den Wunsch, den anderen, den Verlorenen wiederzufinden. Dieser Wunsch kann zu einer Dauererwartung erstarren. Er kann zur Tat werden in einem künstlerischen, literarischen oder musikalischen Werk oder aber in der bewußten oder nicht bewußten, verabredeten oder nicht verabredeten Empfängnis eines neuen Kindes.

Der Vater

»Unser Kind hat erst sterben müssen, bis ich erfuhr, was ein Vater ist. Weil ich aufwuchs, ohne meinen Vater zu kennen, und Mutter geworden war, ohne verheiratet zu sein, hatte ich immer an Vätern gezweifelt und hatte sie gefürchtet.«

Yuko ist also groß geworden, ohne ihren Vater, Dazai Ozamu, zu kennen, einen Schriftsteller, der als der letzte japanische Romantiker gilt, »Morphinist, Alkoholiker und tuberkulosekrank«. Die Bitte, die sein weitgehend autobiographischer Roman: *Ningen shikkaku* (englisch: *No Longer Human*) erhebt, ist in der Tat ein Bekenntnis:

»Ich bin ein Clown geworden. Das war meine letzte Bitte an die Menschen. Äußerlich hat mich das Lächeln nie verlassen; dafür war im Innern alles Verzweiflung. So stellt sich Yozo dar, der einer reichen japanischen Familie entstammt und Maler werden will. Er wirft sein Studium an einem Tokioter Lyzeum hin, arbeitet statt dessen in Ateliers, wird aber schneller mit Sake und Mädchen vertraut, als er Zeichnen und Malen lernt. Unglückliche Liebschaften ... Da er künstlerisch nur Mittelmaß erreicht, existiert er von Karikaturen für zweitrangige Blätter. Mit siebenundzwanzig Jahren scheitert er, krank, vergreist in einer baufälligen alten Hütte, wo er seine Lebensgeschichte aufschreibt, ›ein Leben in Schande‹, und kennt von nun an weder Glück noch Unglück.«

Nach mehreren Selbstmordversuchen bringt sich Ozamu 1948 um, indem er sich mit seiner Geliebten im Stausee Tamadawa bei Tokio ertränkt. Seine Leiche wird an seinem neununddreißigsten Geburtstag geborgen.

Yuko sagt, sie habe ihren Vater nicht gekannt. Dennoch muß dieser Tod durch Ertrinken wie ein Echo aufgetaucht sein, nachdem ihr Sohn beim Baden ertrunken war. Das Scheitern dieses Vaters spielte wahrscheinlich eine fundamentale Rolle für Yukos Einsamkeit, der wahre Hintergrund ihres ganzen Werkes.

Daimons Vater aber scheint für Yuko und Daimon eine wirkliche Stütze gewesen zu sein.

»Durch seinen Tod hatte unser Kind uns, mich und diesen Mann, auf unerwartete Weise verbunden: Es gab noch jemanden, der zuerst die Freude, die Wirrnis und dann den Schmerz begriff, die man dadurch erfahren hatte, daß man ein Kind in die Welt setzte, es heranwachsen sah, von seiner Zukunft träumte und dann plötzlich erleben mußte, daß es ins Jenseits entschwand.«

Dieser Vater kam, als ihr Kind gestorben war. Durch seine Gegenwart bestärkte er Yuko in ihrer Mutterstellung und versicherte sie zugleich über sein Vatersein.

In einem intimen Moment sagt sie zu ihm:

»Ich weiß noch genau, wie er in meinem Bauch war. Und trotzdem leben nur noch du und ich. Wieso lebst du, wenn er tot ist? Das ist so unlogisch, verstehst du?

Wo wäre die Logik? Sollte man ein neues Kind zeugen ... das Daimon gliche?

Ich habe ihn sogar inständig angefleht, mir ein zweites Kind zu machen. Dann hätte ich wieder ein Kind, das ihm vielleicht gleichen würde. Es wäre doch zu traurig, ihm keinen Bruder zu geben ... Als er mich fragte, was ich täte, wenn ich nun ein Kind bekäme, das ihm überhaupt nicht ähnlich wäre, antwortete ich, dann müßte ich eben fünf oder sechs bekommen, bis eines dabei wäre wie er ... Nein, ich will kein Kind mehr, ich hätte zu große Angst ... Seit ich ihn verloren habe, weiß ich, wie groß das Glück einer Frau ist, die ein Kind erwartet.«

Geht es hier um das vermißte narzißtische Vollständigkeitsgefühl während der Schwangerschaft? Ein Glück, das sich mit dem Gefühl der Allmacht paart? Manchmal wird die Geburt eines Kindes wie ein Verlust erlebt: Es ist die Depression post-partum, auf englisch hübscher *baby blues* genannt. Die junge Mutter fühlt sich verlassen, vereinsamt, vielleicht sogar beraubt? Die Vollkommenheit der Schwangerschaft wiederzuerleben, könnte durchaus der Grund oder einer der Gründe für den Wunsch sein, wieder ein Kind zu bekommen. Aber kann es dann als »Ersatz«-Kind gelten? Denn in diesem Fall ersetzt das neue Kind ja nicht das vorige, dessen Existenz als besonderes Subjekt anerkannt worden war, sondern es rehabilitiert die Frau in ihrem mütterlichen Status, der durch den Tod tief versehrt worden ist.

Diese Frage stellt sich auch, wenn Frauen immer wieder schwanger werden wollen, obwohl das Risiko einer Erbkrankheit besteht. Oft erleben diese trauernden Mütter jede neue Schwangerschaft als Herausforderung des Schicksals. In ihrem Allmachtsgefühl glauben sie, das neugeborene werde das gestorbene kranke Kind nicht nur ersetzen, sondern es werde auch anders sein, nämlich nicht von der Krankheit betroffen. Wissen sie, daß das kommende Kind trotzdem »krank« sein wird, weil es a priori um seine Individualität gebracht ist?

Das Wirken der Zeit?

Die Zeit heilt alle Wunden, sagt man. Aber für Yuko bringt sie Verarmung mit sich, denn ihre Erinnerungen kennen nur eine vergangene Zeit. Sich eine Zukunft vorzustellen, verschärft das Empfinden, daß man beraubt worden ist. Für wen soll man leben, für was?

»Viele Leute glauben, wenn man ein Kind verliert, sei das erste Jahr am schwersten zu ertragen, weil dann der Schmerz am stärksten sei, aber was ich empfunden habe, ist ein wenig anders. Bevor ein Jahr überstanden ist, muß das Leben, das man vorher, als das Kind noch da war, geführt hat, noch nicht ganz Vergangenheit sein, man kann sich an es erinnern, als wäre es noch am Leben … Wenn aber das Jahr vorüber ist? Für mich gehörte das zu einer Zukunft, die ich mir nicht vorstellen wollte … unendlich traurig … Und wenn vier, fünf Jahre um sind, wie werde ich mich an jenem Tag dann an ihn erinnern? … Habe ich mich dann endlich doch dahin durchgetastet, ein Leben weiter-zuführen, das ich nicht mehr will? Ja, wenn ich diesen Tag über-stehe, heißt das, ich finde mich damit ab, in dieser Welt weiter-zuleben ... Ich wollte, ich könnte dem entfliehen.«

Nach Freud besteht der Trauerschmerz sowohl aus einer Ablö-sung von dem geliebten Objekt wie auch aus einer Bindung an die Vorstellungen des geliebten Objekts. Die schmerzlichste Pha-se sei nicht die Ablösung, das Loslassen der Bindungen, sondern jene der Überbesetzung des verlorenen Wesens: der Überbeset-zung seiner Vergegenwärtigungen, seiner Signifikanten gerade dann, wenn das geliebte Wesen aus der Wirklichkeit entschwun-den ist.

Für Yuko besteht der Schmerz in der Tatsache, daß man sich von der vergangenen Zeit entfernt, daß man nicht mehr in jener Zeit leben kann, sondern in der Gegenwart leben muß, daß man nicht in einer schon Phantasie gewordenen Zeit bleiben kann. Das Verfließen der Zeit gehört mit in jenen Bereich, den wir nicht zu fassen, nicht einzuordnen vermögen.

Das Kind hat eine Zeit des Glücks erlebt:

»Ich frage mich, ob mein Sohn sein Menschenleben wirklich genützt hat ... mehr als wir, hat er das Glück zu leben erfahren, das mit Kenntnissen und Erfahrungen nichts zu tun hat.«

Trotzdem bewegt viele Trauernde die Frage: »Warum, warum gerade er?«

»Ich finde keinen Grund, weshalb mein Kind als erstes gegan-gen ist und ich geblieben bin.

Noch immer träume ich aus großer Sehnsucht, daß ich mein Kind wiederhabe. Bestimmt werde ich mich nicht in mein Schicksal ergeben, bis der Tag kommt, an dem auch ich sterben darf.«

Yuko weiß, daß sie mit der Trauer um ihr Kind nie fertigwerden wird – ohne sich aber deshalb aus dem Leben zu flüchten, wie es ihre beständige literarische Arbeit beweist. Kommt es von ihrer Trauer, daß alle ihre Geschichten zwischen Traum und Wirklich-keit siedeln?

Ein »Grab« für Anatole –
Stéphane Mallarmé

Tole Mamé: Anatoles Leben und Tod

Anatole Mallarmé wird am 16. Juli 1871 in Sens geboren. Über das Befinden der Familie vor seiner Geburt sagt sein Vater Stéphane:

»Geneviève ... bekommt in diesem Sommer einen kleinen Bruder oder eine kleine Schwester – große Freude für sie; für uns Sorgen. Mein Nervenleiden in den letzten Jahren; Marie das ganze letzte Jahr leidend: Es gibt Anlaß zu Befürchtungen.«[1]

Auf materieller Ebene ist die Lage nicht minder heikel, denn die Familie verläßt Avignon und geht nach Paris, ohne daß Stéphane eine sichere Anstellung in Aussicht hat. Marie Mallarmé trägt schwer an der Schwangerschaft und beklagt sich über das Warten auf »den kleinen Teufel, der nicht mehr lange auf sich warten lassen kann«[2].

Schon ab September muß die Familie um sein Leben bangen. Krisen und Erholungen wechseln einander ab. Im Oktober scheint sich Marie Mallarmé mit dem Tod des Kindes abzufinden:

»Ich ging sehr traurig und mutlos von ihm und hatte sogar Angst, ich sehe ihn nicht wieder, man muß es jetzt dem Willen Gottes überlassen, denn der Arzt kann nichts weiter tun, aber es ist sehr traurig, wenn man so wenig Hoffnung haben kann, daß dieses liebe kleine Wesen gesund wird.«

Trotz ihrer dunklen Angst wird Tole gesund – so nennt er sich selbst. Er wächst und wird ein schönes Kind. »Dieses reizende

Bürschchen hatte das merkwürdige und anziehende Gesicht eines kleinen Fauns und dazu auch noch seltsam gespitzte Ohren.«[3] Schelmisch, geistig rege, drollig, offen für die Schönheit der Natur und der Frauen, so daß es die Erwachsenen verblüfft, bezaubert der Kleine seinen Vater: »das köstliche Wesen ..., das unser Schatz und unsere ganze Freude war«.[4]

Im Frühling 1878 erkrankt Anatole an Gelenkrheumatismus, der zuerst die Knie befällt, dann die Ellbogen, Handgelenke und Schultern. Das Kind beweist große Geduld. »Er ist sehr lieb«, sagt seine Mutter, »von Zeit zu Zeit bittet er mich, ihm die Tränen abzuwischen.« Zu seinem Vater sagt Tole: »Wenn du wüßtest, mein liebes Papachen, wie mir die Knie wehtun.«[5] Das schwere Gelenkrheuma kompliziert sich schnell durch eine Herzschwäche. Aus dem Briefwechsel Stéphane Mallarmés geht hervor, welche unausweichlichen Wechselbäder von Hoffnung und Verzweiflung, von Niedergeschlagenheit und Momenten der Freude hierauf folgen.

»Haben Sie bis dorthin, wo Sie sind«, schreibt er an den Freund Robert de Montesquiou, der dem Kind von den Balearen einen Vogel geschickt hatte, »die Jubelschreie unseres Kranken gehört, der die Augen von der wunderbaren Prinzessin nur ließ, um sie zu schließen vor lauter Glück über die Gefangene in dem wunderbaren Palast, der wegen der Edelsteingärten, in deren Glanz er schimmert, Semiramis heißt? Ich möchte gerne glauben, daß diese so lange Zeit unwahrscheinliche Erfüllung eines langgehegten Wunsches etwas bewirkt hat und daß die Gesundheit sich nun um Wiederkehr bemüht; sogar ohne wie ein Zauberer den geheimen Einfluß des kostbaren Steins zu beschwören, den die Käfigbewohnerin ständig auf das Kind richtet ... Es ist mir mehr als eine Freude, Ihnen vor jedem anderen zu vermelden, daß ich glaube, daß alle unsere Sorgen sich in Zukunft zerstreuen werden.«[6]

Die Besserung hält nur kurze Zeit an. Zwölf Tage später ist der Ton wieder ganz anders:

»Ich wage gar nicht, von uns Nachricht zu geben, weil es in diesem Kampf zwischen Leben und Tod, den unser armer, so sehr geliebter Kleiner aushalten muß, Minuten gibt, in denen ich hoffe und einen wenig vorher geschriebenen, zu traurigen Brief bedaure, als hätte ich einen Unglücksboten ausgesandt. Ich weiß nichts mehr und sehe auch nichts mehr, so vieles habe ich schon mit gegensätzlichen Empfindungen beobachtet. Der Arzt folgt der Pariser Behandlung, und doch scheint er wie mit einem unrettbaren Kranken zu verfahren, dem man Erleichterung verschafft; und beharrt, wenn ich ihn verfolge, auf der Trennung, darauf, daß auch kein Hoffnungsschimmer bleibt ... das Leiden, das schreckliche Leiden scheint sich unaufhaltsam einzunisten. Hebt man die Bettdecke auf, erblickt man einen geschwollenen Bauch, nicht zum Ansehen!

So ist es. Ich sage Ihnen nichts von meinem Schmerz; wohin immer er mein Denken auch treibt, scheut dieser Schmerz doch vor dem Schlimmsten zurück! Aber was nützt es, noch so zu leiden: Das Entsetzliche, von uns ganz abgesehen, ist das Unglück an sich, daß dieses kleine Wesen einmal nicht mehr sein könnte, wenn dies sein Los ist! Ich gestehe, daß ich da schwach werde und diese Vorstellung nicht ertragen kann.

Meine Frau scheint in dem Zustand unseres Lieblings eine schwere Krankheit zu sehen, mehr nicht: Man darf ihr den Mut nicht nehmen, den sie aufbringt, um ihr Kind mit solcher Gefaßtheit zu pflegen. Also bin ich der einzige hier, der mit dem Beilschlag des ärztlichen Urteils umgeht ...«[7]

Marie Mallarmé wacht Tag und Nacht bis zur Erschöpfung bei ihrem Kind und betet. Stéphane wirft sich Schwäche vor:

»Ich zehre mich auf mit Fragen, wie ich einem möglichen und vielleicht bald eintretenden Unglück standhalten soll ... Es fällt mir zu schwer, zu schreiben und von mir aus mein armes Herz zu verurteilen, indem ich Nachricht von ihm gebe, ich kann es nicht. Ich lasse Geneviève schreiben, die in ihrer Kindlichkeit gar nicht sieht ...«

Er bekennt seine Befürchtungen, seine Schwäche, Momente »magischen Denkens« (der Unglücksbote mit der schlechten Nachricht), sogar seine Abscheu vor dem kleinen Kranken. Gleichzeitig sagt er – behauptet er –, er sei der einzige, der die Wahrheit erkenne, der um das »schreckliche Geheimnis« wisse. Seine Frau sei in einem Zustand von Gleichmut, der sie befähige, Anatole zu pflegen. Ist es wirklich so? Marie Mallarmé hat über diese schmerzliche Periode kein Zeugnis hinterlassen, aber auch bei Anatoles erster Krankheit hatte sie ihrem Mann nichts gesagt. Und Geneviève, ihre Tochter, sei zu kindlich, um zu begreifen, wie ernst der Zustand ihres Bruders ist. Für den Vater sind Frau und Kinder (das kranke wie das gesunde) schlicht Unwissende.

Die wahren oder abgemilderten Betrachtungen, mit denen dieses Schreiben schließt, sind Teil der Sorgen, die jede Familie in solchen schmerzlichen Zeiten befallen. Die tödliche Angst wird ausgedrückt, indem man sie aus der Seelentiefe auf ein objektives, faktisches Feld verlagert, über das leichter zu sprechen ist.

9. September, Brief an Robert de Montesquiou:

»… das schlechte Wetter hilft der schlechten Gesundheit, alles verdüstert sich: Wir haben die grausamsten Stunden durchlebt, die unser allerliebster Kranker uns je verursacht hat … Die früheren Besserungen waren nur Schein, die Krankheit scheint jetzt aufs Ganze zu gehen … Tole spricht viel von Ihnen und macht sich morgens sogar den Spaß, allerliebst Ihre Stimme nachzuahmen … Der Papagei … blickt im Moment mit dem einen Auge zum Wald und mit dem anderen zu dem Bett, wie der verhinderte Wunsch seines Herrchens nach einem Spaziergang.«[8]

Der Papagei, der für Robert de Montesquiou, dann für Tole sprach, spricht nun auch für die fassungslosen Angehörigen.

Wie fast alle Familien in einer solchen Situation beschließen auch die Mallarmés, einen Professor zu konsultieren.

»Ich habe unseren kranken Liebling einem der besten Spezialisten übergeben; und vielleicht können wir ein wenig Hoffnung hegen. Du kannst Dir unseren Schmerz vorstellen, da Du weißt, wie eng ich an der Familie hänge; und dieses reizende, herrliche Kind hatte mich dermaßen verzaubert, daß es noch immer an allen meinen Zukunftsplänen und meinen teuersten Träumen teilhat ...«[9]

Obwohl er von seinem Sohn schon in der Vergangenheit spricht, läßt er ihn weiterleben, indem er ihn in seine Pläne und Träume integriert. Aus den Dokumenten, die seine Tochter Henri Mondor und Jean-Pierre Richard überließ und die unter dem Titel *Pour un tombeau pour Anatole* (Für ein Grab für Anatole) erschienen sind, werden wir diese Verflechtung noch sehen, die der dichtende Vater mit dem von ihm mit einer Sendung betrauten Sohn in Gegenwart, Vergangenheit und Zukunft eingeht. Eine so enge Verflechtung, daß der eine vom anderen kaum zu trennen ist und daß ihrer beider Geschichte ineinanderfließt.

»Ich bin ziemlich außer mir, wie einer, auf den ein schrecklicher, nicht nachlassender Wind einstürmt. Nachtwachen, widersprüchliche Gefühle von Hoffnung und jäher Furcht haben jeden Gedanken an Ruhe hinweggefegt, sind aber noch gar nichts gegen den so vielfältigen Kampf, den ich hier mit tausenderlei Sorgen werde führen müssen. Keine Arbeit seit langem! Ich wußte nicht, welch schrecklicher Pfeil aus einem undurchdringlichen Dunkel auf mich zufliegen würde ... Mein kleiner Kranker lächelt Ihnen aus seinem Bett zu wie eine weiße Blume, die sich der untergegangenen Sonne erinnert.«[10]

Ratlosigkeit zeichnet sich ab, jene Verworrenheit und Betäubung, mit der Eltern manchesmal vor einem Kind stehen, das ihnen entgleiten wird: Die tausenderlei Sorgen haben nicht nur mit den Wechselbädern zwischen Hoffnung und Furcht zu tun. Keine Arbeit, das kann auch heißen, daß es in der gegenwärtigen Unrast ausgeschlossen ist zu schreiben und daß Beschäftigungen materieller Art jede andere in den Hintergrund drängen. Eine solche Anhäufung von Sorgen verschlingt alle Energie, alle Gedanken. Tatsächlich ist durch die verleugnete oder abgewiesene Vorwegnahme des Todes ein bewußter und unbewußter Kampf ausgebrochen. Er wirkt vorbereitend, vorbeugend. Auf Grund dessen wird oft angenommen, die Trauer sei weniger heftig, weniger lang und werde besser ertragen, wenn der Verlust des geliebten Kindes nach einer chronischen Krankheit eintritt, als wenn sein Tod unerwartet kommt. Ist eine solche Unterscheidung berechtigt? Kann man Schmerz nach seiner Intensität und Dauer messen? Trauer ist ein psychischer Prozeß, der bei jedem ein wenig anders verläuft, je nach Art der Bindung zwischen dem Toten und dem Lebenden und nach den Möglichkeiten des letzteren, seine Bindung zu verlagern.

Alle Freunde nehmen an der Tragödie Anteil. So wünscht der Chevalier de Chatelain eine »mystische Transfusion«: »Ich bitte Gott jeden Tag, er möge mich von dieser Welt abberufen, auf der ich nichts mehr zu suchen habe, und die Gesundheit Ihrem lieben Sohn geben.«[11]

Am 8. Oktober stirbt Anatole.

Robert de Montesquiou wird als einer der ersten informiert: »Während ich einen Brief an Sie zur Post trug, hat unser liebes Kind uns verlassen, ganz still, *ohne es zu wissen*. Ich wollte nicht, daß Sie unser Unglück durch die Trauermitteilung erfahren. Der arme, angebetete Kleine hatte Sie sehr lieb.«[12]

Wie seine Mutter und seine Schwester soll Anatole nicht gewußt haben, was ihm bevorstand? Seine Photographien fesseln gerade durch den lastenden Blick, durch einen Ernst, der bei einem Kind dieses Alters nicht normal, aber bei todkranken Kindern meistens zu beobachten ist. Die Kinderärzte bezeichneten diesen Blick früher als »wissend«. Entgegen der noch immer vorherrschenden Verkennung dessen, was ein Kind und im besonderen ein schwerkrankes Kind ist, *wissen* solche Kinder.

»Heute, um drei Uhr, hat unser armer Kleiner uns plötzlich verlassen, *ohne es zu wissen*. Nach Ihrer Anteilnahme an der Trauer, die ich seit langem in mir trug, wollte ich nicht, daß Sie es durch die Trauermeldung erfahren.«[13]

198

Bei einem Kranken, der seit vielen Monaten leidet, von plötzlichem Tod zu sprechen, heißt, keine Vorstellung davon zu haben, was der Kranke wußte, während Vater und Mutter schon mit der Trauer um ihn lebten. Es kann sein, daß Mallarmé sich weigerte zu sehen, daß das körperliche Leiden des geliebten Kindes sich durch das seelische Leiden erhöhte, das dem Bewußtsein seiner Todesnähe entsprang. Wünscht der Erwachsene, daß Kinder in bezug auf den Tod ebenso unschuldig sein mögen wie hinsichtlich des Geschlechtlichen? War er einem kindlichen Denken nicht gewachsen, das vom Tragischen bestimmt war? Beanspruchte der Dichter-Vater die Tragödie für sich, zu der nur er Zugang zu haben glaubte (oder wünschte)?

Kann elterliche Liebe zulassen, daß ein Kind um seine Todesnähe weiß? Wer Kranke, so jung sie immer seien, in kritischer, sogar terminaler Situation anhört, stellt fest, daß die Geheimhaltung hierin die Beziehung zu demjenigen verbürgt, der nichts sagen kann oder will, der das Schweigen wahrt. Nun, wenn Sterbende einen Wunsch haben, dann den, daß ihre Beziehung zu den geliebten Menschen ihnen bis zum Ende, bis zu der wirklichen Trennung erhalten bleibe. Damit sie bis an die Grenze des Lebens uneingeschränkt, unvermindert fortdauere, kann der Kranke sich damit abfinden, daß der andere ihm seinen Lebensmodus aufnötigt, seine Weise, mit ihm, dem kranken Kind, umzugehen, auch wenn er über die wahre Lage schweigt oder sie verkennt. Der Kranke kann sich möglicherweise dann in seinem ihm gehörigen Geheimnis, in seinem Wissen stark fühlen. Dem Geheimnis seines Ursprungs stellt er das Geheimnis des Todes entgegen. Mallarmé hat schon vorher um seinen Sohn Anatole getrauert. Wie konnte er glauben, daß ein Kind, dessen Wahrnehmungen der anderen, seit es auf der Welt war, sich anhand der Grundfragen geschärft und orientiert hatte: »Was denkt er? – Was will er von mir? – Was bin ich jetzt ... was werde ich nachher für ihn sein?«, daß dieses Kind nichts von der Last gewußt habe, die sein Vater schon so lange trug?

Diese Last war um so schwerer, als die Trauer um sein Kind in Mallarmé die Trauer um seine Mutter und seine Schwester wieder heraufbeschwor. Dennoch verharrte er in Geheimnis und Schweigen. Geneviève Mallarmé sagt später: »Im Jahr 1879 erlebten wir mit unendlicher Qual, daß mein kleiner Bruder starb, ein wunderbares Kind von acht Jahren. Ich war damals noch sehr jung, aber der tiefe, wenn auch stille Schmerz, den ich im Vater fühlte, machte mir einen unvergeßlichen Eindruck.«[14]

Die folgenden Monate verrinnen schweigsam mit dem Sammeln von Erinnerungen. Marie Mallarmé wird sich nie trösten. Stéphane flüchtet sich in seine Bücher und Manuskripte. Im Dezember entschuldigt er sich bei Marius Roux, daß er ihm für die Zusendung eines Buches nicht gedankt hat: »Ich erhielt das neue Werk zu einer Zeit der tödlichen Ängste und des eifersüchtigen Kampfes um das Leben meines Sohnes, der mir genommen worden ist …« Ein Kampf um sein Leben, indem er ihn durch sein Schreiben unsterblich macht? An einen Freund, der ebenfalls ein geliebtes Wesen verloren hat, schreibt Mallarmé:

»Ich verhehle es Ihnen nicht, Sie haben noch viel zu weinen … Ich sage Ihnen nicht, haben Sie Mut, weil das feige ist. Man muß weinen, solange man nur kann: In diesen vielen Stunden lebt man noch mit dem, um den man klagt.«

Henri Mondor fügt hinzu: »Mallarmé will für immer mit den geliebten Schatten seiner Mutter, Marias und Anatoles leben.«[15]

Ein Jahr darauf schreibt Mallarmé an seine Halbschwester Jeanne Michaud:

»Dieser Todestag schmerzt uns sehr, nicht weil er unsere Gedanken dahin zurücklenkt, wo sie ohnehin zu jeder Stunde sind, sondern weil er einen Zyklus von Augenblicken beschließt, in denen wir uns sagen konnten: ›Vor einem Jahr lebte unser Liebling noch und machte dies oder jenes …‹ Diese Frist ist nun um; und wir fühlen uns, ach! noch weiter von dem entfernt, was dieses geliebte kostbare Leben für uns war. *Eine neue Trennung* …«[16]

Die Zeit bringt Entfernung, eine neue Trennung: einen neuen Tod? Der erste Todestag scheint ein schwieriges Datum zu sein. Er geht mit tiefem Unbehagen oder unvorhergesehenen Handlungen einher, mit einem sonderbaren Befinden, einem Traum, jedenfalls einem ungewöhnlichen Umbruch in der Erinnerung und zwingt dazu, das Vergangene erneut zu durchleben. Wie Gustav Mahler trug Stéphane Mallarmé tatsächlich tiefe Narben.

Zwiesprache mit dem Schatten:
Erste Trauer, erste Verse

Der Leser, der nach der Chronologie von Mallarmés Werken fragt, trifft auf etliche Schwierigkeiten, wie sie das Beispiel der *Hérodiade* belegt: Im Oktober 1864 begonnen, über die Jahre hin in unregelmäßigen Abständen immer wieder aufgenommen, ist das Poem beim Tod des Dichters im Jahr 1898 noch unvollendet. Ein solcher Prozeß mit seinen Pausen, Rückgriffen, Streichungen und Änderungen, Verdichtungen und Ausweitungen ist auch ein treffendes Bild der Trauerarbeit, das heißt ein Prozeß, dessen Etappen man nie eindeutig beschreiben, gliedern, auflisten oder standardisieren kann. Der Verlust eines geliebten Objekts durch den Tod bezeichnet *offenbar* einen Einschnitt, den Beginn einer Umwälzung, einer psychischen Verarbeitung, in der Verzweiflung, Ablehnung, Verweigerung, Traurigkeit und Sehnsucht in Bewegung sind: Alle diese mobilisierten Affekte bestehen so verflochten nebeneinander oder greifen so ineinander, daß sie sich erst nach und nach zu verschiedenen Parametern ordnen:
– Der erste besteht aus dem, was Freud das einem jeden spezifische »Kristall des Subjekts« nennt, das heißt das, was die Konstitution des einzelnen als Subjekt bestimmt. Unter dem Trauma des realen, gegenwärtigen Verlustes hallt dieses Kristall entsprechend seinen Schnittflächen und seiner Architektur wider.

– Das zweite ist die Möglichkeit, die dieses Subjekt zur Sinnge-
bung, zur Symbolisierung hat, das heißt die Realität des Todes
mit seiner individuellen und kulturellen imaginären Welt zu verbinden, um seinen Gedanken, Phantasmen und Träumen Gestalt
zu geben.

Warum sagen wir »offenbar«, wenn von der Prägung durch einen realen Verlust die Rede ist? Wir alle haben von Geburt an
eine ursprüngliche Trauer zu verarbeiten, diejenige um das Wesen, das uns getragen und uns ein Gepäck mitgegeben hat, das
ihm spezifisch ist, also seine Wünsche und Erwartungen, seine
subjektive Konstitution und seinen Diskurs. Hieraus erfolgt eine
Reihe weiterer Trauern, die uns durch alle Trennungen, alle Verluste auferlegt werden, die notwendig zu unserer Konstruktion
als menschliches Subjekt beitragen. Um zu verstehen, welchen
Weg Kummer und Leiden bei Stéphane Mallarmé, dem trauernden Vater, nehmen, spüren wir am besten in seiner eigenen Geschichte auf, was ihn als Subjekt geformt und seine Sensibilität
geprägt hat. Von frühestem Alter an trägt er einen Vorrat an
Bildern und ein Netz von Signifikanten, von Metaphern in sich,
die er buchstäblich *auszudrücken*, bis zum äußersten zu läutern
versucht, um seinen Stil, seine Sprache zu finden. »*Ich erfinde
eine Sprache*«, sagt er immer wieder.

Stéphane Mallarmé wird am 18. März 1842 in Paris in einer
kleinbürgerlichen Familie geboren: Sein Vater, Numa, ist Regi-
straturbeamter, eine traditionelle Stellung in der väterlichen Familie[17]. Seine ersten Schuljahre verlaufen in einer behaglichen
Atmosphäre, die von den Großeltern mütterlicherseits mit bestimmt wird. Aber 1847 stirbt plötzlich seine Mutter Elisabeth,
man weiß nicht genau, woran, wahrscheinlich an Schwindsucht,
aber die Großmutter, Madame Desmolins, vermutet: Lebhafte
Einbildungskraft habe ihren Organismus ausgezehrt (!).

Stéphane ist erst fünf Jahre alt und seine Schwester Maria drei.
Die Familie wird auseinandergerissen: Er wird seinen Großeltern anvertraut, die Schwester bleibt beim Vater. So kommt

zum Tod der Mutter die Trennung von der Schwester und vom Vater. Die Familie erkennt die offenkundigen Zeichen von Verzweiflung bei Stéphane nicht. Daß ein fünfjähriges Kind seine tieferen Empfindungen nicht in Worte fassen kann, ist begreiflich. Erst nach Marias Tod, als er fünfzehn ist, enthüllen seine ersten poetischen Versuche, wie sehr diese beiden Verluste und die Wiederholung der Verwundung und des Schmerzes ihn geprägt haben, was er als Kind noch nicht äußern konnte.

GEBET EINER MUTTER
Auf den Steinen
Kniet eine Frau, allein.
Ist es der fromme Engel, vom Herrn
Ins Allerheiligste gestellt, das Gebet der Waise
Zum Himmel zu tragen in Weihrauchschwaden?
Nein, Sohn, es ist eine Mutter ...

Schon als Jüngling feiert Stéphane die Macht des Wortes: »Brüder, vergessen wir nicht jene, die im Schatten ruhen/ Unterm Kreuz und die ein Wort von uns erwecken kann ...«
Der Tote hinterläßt sein Gedenken, die Erinnerung bewahrt ihn lebendig, der Tote kann durch das Wort erweckt werden. *Schatten*, so wird jemand nach dem Tod genannt. Wie Mauron nachgewiesen hat[18], ist dieses Wort ein Leitmotiv in Mallarmés ganzem Werk. Lamartine, Hugo, Balzac, Gautier, Poe, Baudelaire, Villiers, alle, die ihn inspirierten, waren mit dem Tod und mit den Phänomenen des Spiritismus vertraut, mit Erscheinungen und Besuchen der Schatten.
Numa, der Vater, heiratet ein Jahr nach Elisabeths Tod wieder. Mit seiner zweiten Frau Anne, die erst neunzehn Jahre alt ist, gründet er schnell eine neue Familie. Als seine Stiefschwester geboren wird, kommt Stéphane auf eine »aristokratische« Schule, dann besucht er das Jesuitenkolleg in Passy. Seine Zeugnisse sind ziemlich schlecht. Maria, die bei ihrem Vater lebt, wird aufsässig.

Durch Aufsässigkeit, Mangel an Disziplin und schlechte Schulergebnisse bekunden Kinder sehr häufig ihre Trauer. Aber in dem konformistischen Milieu der Familie, sowohl der mütterlichen wie der väterlichen, werden solche Verstöße nicht geduldet.

Die Großmutter mütterlicherseits appelliert in jedem ihrer Briefe an seine religiösen Überzeugungen und seine Moral und fällt höchst konformistische Urteile über den engen Zusammenhang zwischen beiden. Diese Lehren schlagen sich in einem kurzen Aufsatz des Zwölfjährigen nieder, der *Schutzengel*:

»... auf Erden hat ein jeder seinen guten Engel, von der Wiege bis zum Grab. Dieser Engel breitet seine schützenden Flügel über die Wiege des Kindes und behütet es vor tausend und abertausend kleinen Gefahren ... Und wenn der Schüler zum Mann geworden ist und er an eine glänzende Zukunft denkt, oh! warum, guter Engel, verbirgst du dann das Haupt unter deinem weißen Flügel und weinst sosehr? ... Ah! ich verstehe, du weinst, weil du gesehen hast, daß die Zukunft des jungen Mannes nicht so sein wird, wie er es sich erwartet, und weil er dir viel Kummer bereiten wird. Und wird er dann in die Welt geworfen, wachst nur du über ihn, nur du verläßt ihn nie, *du ersetzt ihm die Mutter, die er vielleicht verloren hat.*«[19]

Aber wie die Umgebung auch auf ihn einreden mag, Stéphane hat sich insgeheim seine Kindheitserinnerungen und seine von der Toten begleiteten und beschützten Zukunftspläne bewahrt. Als Numa, der Vater, in die Registratur von Sens berufen wird, werden die Kinder getrennt: Stéphane lebt in Sens, aber immer im Internat. Er ist kein schlechter Schüler, gehört aber nur zum Mittelfeld: Er wirkt gleichgültig und abwesend.

Zehn Jahre nach dem Tod der Mutter, im August 1857, stirbt seine kleine Schwester Maria ebenfalls an Tuberkulose. Sie ist dreizehn Jahre alt.

Die Trauer um Maria, die Abwesend-Gegenwärtige, mit der er die Zwiesprache fortsetzt, wird zur Inspirationsquelle für *Ge-*

stern, Heute, Morgen, eine Elegie, auf der Heimkehr vom Friedhof in Passy[20] entstanden und gewidmet *Ihr, die schläft*:

> Ich murmelte am Grab, wo sie schläft
> ... Oh! Maria! Maria! Ist der Sarg
> nicht kalt? Armes Marielein! ...

»Die Wolke« stellt eine pathetische Frage:

> »Hast deinen Schatten im weißen Marmor gewiegt, wo
> Den großen Schlaf schläft Marie?«

Die tödliche Einsamkeit, in die er sich verschließt, drückt sich
aus in dem Gedicht *Tränen*, gewidmet »Meiner Schwester«:

> Oh, weinen möcht' ich! Weinen unterm Laubdach!
> Fern menschlichem Gelächter, fern dem Vogelsang!
> Weinen ... über wen? über jene, deren entblättertes Leben
> Wie eine Blume im Wind zu den Gräbern flog? ...
> Nein: über mich. Denn ich bin der Tod, mein Engel,
> Ich, dessen kaltes Herz sich ins Leichentuch hüllt.

Ein dritter Verlust trifft ihn: Zwei Jahre nach seiner Schwester
stirbt ihrer beider Freundin Harriett Smyth an Schwindsucht.
Sie ist siebzehn. In den zwei Gedichten *Ihre Grube ist ausgeho-
ben* und *Ihr Grab ist geschlossen* wird der Schwester und der
Freundin zusammen gedacht:

> ... war es nicht genug an der falsch Beweinten,
> Gott, daß du meine Schwester geerntet, eine Rose verirrt
> Zwischen Ähren, vom Alter niedergebeugt?

Sein von den Geliebten verlassenes Leben zu beenden, wäre Sté-
phanes Wunsch:

> Man weiß nicht, für wen seine Träne fließt – und fleht.
> Gestern wars' meine Schwester, heut' meine Freundin!
> Diese Nacht hat für morgen mein Leintuch gewebt:
> Bette mich ein, düstrer Tod, ich kann allein nicht leben.

Die beiden jungen Toten, die Victor Hugo in den *Betrachtungen* beweint: Léopoldine, seine Tochter, und Claire, die Tochter Juliettes, inspirieren ihn zu diesem Traum von einer Vereinigung zwischen Toten und Lebenden:

> Hugo! Hugo! Die Lautenstimme
> Die einen Engel im entzückten Himmel beweint,
>   deine Tochter, schlafend unter einem Kreuz,
> Ist eine Stimme, die manche Wonnen ins Herz bringt,
> Manche Tränen ins Auge.
> Meine Seele ist den so schönen Schatten verschwistert
> Leben und Grab gelten für uns nicht mehr. Bald
> Helf' ich ihren Schritten, bald nehm' ich ihre Schwingen.
> Unsagbare Vision, da ich tot wie sie bin,
> Sie wie ich lebend!
> Sie leihn ihre Gestalt all meinen Gedanken.

Er schreibt, er schreibt viel, aber er verpatzt sein Abitur. Er erfüllt weder die Erwartungen seiner Großmutter noch die seines Vaters. In der Verzweiflung und unter dem Unverständnis der Familie durchlebt er eine religiöse Krise voll Auflehnung und Haß gegen Gott:

> Und wenn ich weine o Gott, lachst du im Rauch
> der in weißen Flocken vom Himmel der duftenden Urne
>   entquillt!
> Du lachst … und wie du lacht das glückliche All.
> Gott, deine neidische Lust ist, Herzen zu brechen!
> Du schlägst aus deinen Winden die Flut, darin du dich
>   spiegelst!
> – Oh! um dich, Herr, einmal lächeln zu machen,
> Wie viele unserer Tränen braucht es noch?

Gegen Gott anzukommen, ist unmöglich, es gibt nur den Ausweg, bei den Toten zu bleiben. Wie teilt man ihr Los? Indem man sich auch auslöscht? Indem die Toten wiederkehren?

Gott ist keine Hilfe, aber man hat die Erinnerung an die Geliebten; das Gedenken und die Macht des Wortes machen die Abwesenden wieder lebendig:

> Wer geliebt wurde, stirbt nicht ganz!
> Man läßt sein Gedenken zurück wie der Stern in Nächten
> Seinen Schein, den kein Schatten verdunkelt:
> Und tot im Sarg lebt man auf in den Herzen!

Und aufs neue wird die Rückkehr des Schattens berufen, der nach dem Tod seiner Freundin Ettie spricht: Es ist das Sonett, dessen Titel Cellier aufgegriffen hat: *Die Tote, die spricht*:[21]

> Wenn auf vergessenem Wald ein düsterer Winter lastet ...
> und bleibst noch lange wach dein Aug' nicht eher ruht
> Bis daß der Widerschein des letzten Scheites Glut
> vom alten Lehnstuhl her nach meinem Schatten tastet.
> Will einer öfter noch sich des Besuchs erfreun
> Belaste nicht mit zuviel Blumen diesen Stein
> nur schwer kann meiner Hand erloschne Kraft ihn heben.
> Die Seele die sich matt dem hellen Herde naht,
> Schon deines Mundes Hauch vermag sie zu beleben
> der meinen Namen vor sich hin geflüstert hat.[22]

Die Tote wird also leben, wenn derjenige, der sie beweint, sie beim Namen ruft. Der Dichter läßt den Schatten allein kraft des Namens wiederkehren. Der Dichter ist derjenige, der benennt: »Ich sage eine Blume! *Ich nenne eine Tote*, und wenn sie nicht im Vergessen weilt, wo meine Stimme keinen Umriß bannt, steigt durch nichts anderes wie: die Kelche hoch, musikalisch als reine und milde Idee die Abwesende aus allen Bouquets. ›Der Toast‹.«
Mallarmé will nicht, daß man die Toten in einen zu schweren Sarg legt, der zu sehr mit Blumen beladen ist, als daß sie sich freimachen und herausfinden könnten. Dagegen kann das Buch

durch seine Form an ein Grab erinnern. Das Buch ist das wahre Grab des Dichters: »Wenn ich das Buch aufschlage, öffnet sich das Grab, und der Tote spricht.«[23]

Als Cazalis ihm eine Photographie seiner jungen Freundin, Ettie Yapp, mit den Worten schickt: »Empfange das Porträt unserer Schwester«, dankt ihm Stéphane mit den Worten:

»Dieses ergreifende Wort erleuchtet Deinen ganzen Brief. Es ist schlicht, weil wir Brüder sind, und doch ist es so süß. Ja, soll sie in unsere Träume eingehen, neben Chimène, Béatrice, Juliette, Régina und alle die anderen und, was noch besser ist, in mein Herz neben jenes arme junge Schemen, das dreizehn Jahre war, meine Schwester, der einzige Mensch, den ich über alles liebte, bevor ich euch alle kannte: Sie soll mein Ideal im Leben sein *wie es meine Schwester im Tod ist.*«[24]

Sechzehn Jahre später schreibt er an Marias Todestag an jene Marie, die seine Frau geworden ist:

»Hast Du Geneviève [ihrer Tochter] gesagt, daß wir an einem 31. August, 1857, vor sechzehn Jahren die arme Maria verloren haben, die heute einunddreißig Jahre alt wäre? Mein Gott, welch ein Unglück! Was für eine liebenswürdige Frau, was für eine Mutter sie geworden wäre. Und du, Geneviève, du hättest mit ihren Kindern spielen können, deinen Cousins oder Cousinen.«[25]

Stéphane und die andere Maria

Im November 1860, nach dem Abitur, erkrankt Stéphane zum erstenmal an Rheuma. Trotz der väterlichen Weisungen will er Lehrer werden, weil ihm dieser Beruf die nötige Ruhe zum Schreiben gewähren würde.

Er verliebt sich in eine junge Deutsche, Maria, die er zunächst für eine Engländerin hält, und reist mit ihr nach London. Aber dort geraten sie in Schwierigkeiten. Nach drei Monaten kehren beide zurück nach Frankreich und trennen sich in Boulogne. Erste Trennung. Die zweite erfolgt, als er einundzwanzig ist. Zwar schlägt er ihr vor, zu heiraten, aber an seinen Freund Cazalis schreibt er: »Wenn ich Maria heiraten würde, um glücklich zu werden, wäre ich nicht bei Troste. Gibt es überhaupt Glück auf dieser Erde? Kann man es *ernstlich* anderswo suchen als im Traum? Es ist das falsche Lebensziel: Das wahre ist die Pflicht. Die Pflicht, die sich Kunst nennt, Kampf, oder wie Du willst ...«[26] Étienne Stéphane Mallarmé und Christina Maria Gerhard heiraten am 10. August 1863 in London. Es sei darauf hingewiesen, daß seine Frau sich lieber Maria als Christina nennen läßt. Wieder in Frankreich, erhält Mallarmé eine Anstellung in Tournon, wo am 19. November 1864 ihr erstes Kind geboren wird, Stéphane-Françoise-Geneviève.

»... das Töchterchen macht es wie die Mutter, läßt es sich wunderbar gehen und ist erstaunlich kräftig. Ein schönes Kind, weiß und rosig, mit schmalen blauen Augen und dickem schwarzen Haar. Ich bin sehr stolz.
Du kannst Dir vorstellen, wie glücklich wir sind.
Besonders erfreut hat es mich, daß sie sich *zum Geburtstag den meiner armen Mutter ausgesucht hat, den Tag der heiligen Elisabeth.*«[27]
Glücklich, stolz sicherlich, aber:
»Diese Freude hat mich trotzdem nicht neubelebt; ich bin in einer grausamen Lage; die Dinge des Lebens erscheinen mir zu vage, als daß ich sie lieben könnte.«[28]
Ungeeignet, nach akademischer Vorschrift zu lehren, fürchtet er, verrückt zu werden: Nach Monaten der Isolation, in denen er mit niemand gesprochen hat, kann er eines Morgens plötzlich nicht aufstehen und meint, er habe die Sprache verloren. Er kniet sich auf einen Stuhl und ruft die Sprache selbst um Hilfe an, indem er die ganze Nacht Gebete spricht. Seine Freunde, besonders des Essarts und Banville, beschwören ihn, sein Werk nicht zu vernachlässigen, aber er leidet unter furchtbaren Migrä-

nen und einer realen Depression. Im Frühling gibt er die *Héro-diade* auf, ein Werk, für das er die Sprache einer neuen Poetik erfinden wollte, die er so definiert: »Nicht die Sache schildern, sondern ihre Wirkung.«

»Ich weiche vor Spiegeln zurück, wenn ich mein verfallenes, er-loschenes Gesicht sehe.«[29] Es ist das Gesicht des »Igitur«.

»Wie bedroht von der ewigen Qual, zu sein, die er vage ahnt, sucht er sich im Spiegel überdrüssig und sieht sich verschwommen.«

In *Winterschauer* wird das Bild im Spiegel genauer: »Und viel-leicht erblicke ich ein bloßes Schemen, wenn ich lange hinsehe.«

Im Sommer 1865 verwundert er sich: *Wie kann er, fast zum Schatten geworden, Leben spenden?* Es ist die Geburt des »Fauns«, seines Doppelgängers; der Faun bemächtigt sich zwei-er Nymphen gleichzeitig: Mit zwanzig Jahren war Mallarmé in die zwei Freundinnen Ettie und Maria verliebt. War es ein Ver-brechen, zwischen beiden gewählt und damit das von den Göt-tern geschaffene Paar geteilt zu haben? Nachdem er eine Maria, seine Schwester, und eine Harriett, seine Freundin, verloren hat-te, waren ihm die lebendigen Maria und Ettie begegnet.

Im Winter 1865 hat er neben Neuralgien, Migränen und ande-ren gesundheitlichen Problemen auch noch finanzielle Sorgen. Vor allem mit dem Tod beschäftigt, macht Mallarmé eine Krise durch, die fast drei Jahre dauert. Er zwingt sich, wieder und wieder dieselben Themen zu behandeln: eine wahre Sisyphosar-beit.[30] Ohnmacht? Unfruchtbarkeit? Sein poetisches Ideal er-scheint ihm nahezu unerreichbar.

»Ich habe ein entsetzliches Jahr hinter mir: Mein Denken hat sich gedacht ... Mein vom Traum befallenes Gehirn, das sich seinen äußeren Funktionen verweigerte, die es nicht mehr anfor-derten, siechte in seiner anhaltenden Schlaflosigkeit dahin; ich habe die Große Nacht angefleht, die mich erhört und ihre Fins-ternis ausgeweitet hat. Die erste Phase meines Lebens ist zu Ende. Das von Schatten erschöpfte Bewußtsein erwacht langsam wieder, bildet einen neuen Menschen und muß, nachdem es ihn

geschaffen, meinen Traum wiederfinden. Es wird einige Jahre dauern, in denen ich das Leben der Menschheit seit ihrer Geburt und Bewußtwerdung noch einmal durchleben muß.«[31]
Während dieser Periode schickt er L'Isle-Adam fünf *Vergessene Stücke*, Gedichte der Erinnerung, darunter »Der Leierkasten« und »Herbstklage«, wahrscheinlich 1863 in London entstanden. Ein Leierkasten gab ihm damals den Traum ein von Geistern und Einsamkeit:

»*Seit Maria mich verlassen hat,* um auf einen anderen Stern zu gehen – Oh! welcher mag es sein, Orion, Altair oder du, grüne Venus? – habe ich immer die Einsamkeit geliebt. Wie lange Tage habe ich allein mit meiner Katze verbracht. Mit allein meine ich, ohne ein materielles Wesen, denn meine Katze ist ein mystischer Gefährte, ein Geist … seit das weiße Geschöpf nicht mehr ist, habe ich, seltsam und sonderbar, all das geliebt, was mit dem einen Wort gesagt ist: Untergang.«[32]

Eine Reminiszenz? Bei der Beerdigung seiner Schwester Maria, sagt er, habe er einen Leierkasten gehört »in der hohen Pappelallee, deren Blätter mir stumpf erscheinen, selbst im Frühling, seit Maria dort entlangzog mit Kerzen, zum letztenmal …«[33]
Auch das Thema des »Igitur«, das er zur selben Zeit wieder aufzunehmen versucht, ist autobiographisch: Ein junger Mann, Igitur, der gelähmt und der letzte seines Geschlechts ist, gerät an den Rand des Wahnsinns durch eine Fülle von Befürchtungen und Ängsten, wie sie auch der Dichter erlebt.
Zwischenzeitlich beschäftigt er sich mit Linguistik. Wozu? Um sich eine wissenschaftliche Basis für das Erkennen der *verborgenen Arbeit der Sprache* anzueignen, die er für eine Hauptquelle seiner Nervenkrankheit hält. Dieses Studium löst eine kreative Explosion aus: Wieder arbeitet er an *Hérodiade* mit dem Ziel, die Sprache einer neuen Poetik zu erfinden:

»Wenn ich die Wahl der Mittel habe, um mich zu zerstören, ziehe ich es vor, meinen eigenen Gedanken zu erliegen. Ihnen kann ich immer entwischen, aber nicht anderem.«

Als er erfährt, daß sein Freund Henri Regnault im Krieg gefallen ist, schreibt er an Cazalis:

»Aus den paar erhaltenen Zeilen weißt Du, daß sogar sein Körper unter anderen Soldatenleichen verloren gegangen ist. Willst du, Lieber, ihn in die Bahnen unseres besten Gedenkens betten und ihm von uns zweien einige Seiten widmen, die sagen, was er nicht mehr tun konnte?«[34]

Vor dem Psychoanalytiker weiß der Dichter, daß das Verschwinden des Körpers ein Hindernis für die Trauer ist, ein Hindernis für die Gedächtnisarbeit. Die *Grabmale* für seine verschiedenen Freunde und Lehrer feiern den »schönen Tod« nach Art der Griechen.

»Es gibt nur ein Mittel, unseren Freund zu rächen«, fährt Stéphane fort, »und das Verbrechen weniger unwiderruflich zu machen. Ist es nicht das, ihn in unseren verschiedenen Naturen zu verkörpern? Und das kann man!«

Es geht nicht darum, dem Toten ein Grabmal zu errichten, sondern ihn zu inkarnieren. Zu gewissen Stunden fühlt er ungewollt die Kugel im Herzen, die den Freund getötet habe. Inkarnation oder einfach Identifikation mit dem leidenden Körper des anderen? Henri Regnault war ihm zweifellos besonders teuer, weil er in Stéphane *ein Kind ohne Mutter* erkannt hatte.

Diese Periode endet mit der Entscheidung, das Lehramt aufzugeben, und mit einem neuen Werkplan, der Anatole gilt.

»Für ein Grab für Anatole«

Seit Anatoles Tod notiert Stéphane Mallarmé Entwürfe für eine Dichtung zum Ruhm seines Sohnes. In dem Testament für seine beiden Erbinnen, Marie und Geneviève, verfügt er, daß sie nach seinem Tod alle seine unvollendeten und nicht veröffentlichten Schriften vernichten sollen. Glücklicherweise konnte aber Jean-Pierre Richard von Geneviève alle diese Manuskripte in Empfang nehmen, die nach Anatoles Tod enstanden sind. Ganze zweihundertzwei Blätter hat er gezählt, geordnet, kommentiert und unter dem Titel *Für ein Grab für Anatole* (Pour un tombeau pour Anatole) herausgegeben. Von ihrem unschätzbaren poetischen Wert abgesehen, bezeugen diese Texte eines für gewöhnlich äußerst zurückhaltenden, sehr verschwiegenen Menschen, welche Stürme und reißenden Schmerzen er nach dem Tod seines Sohnes durchlebt hat.

Die Skizzen lassen sich in zwei Hauptgruppen einordnen.

– Das Thema: Verzweiflung, Gram und Verwirrung kulminiert in dem Wunsch, mit seinem Sohn zu sterben.

– Das Thema: Poetische Wiedergeburt erweitert sich zu einer Art Osmose zwischen Vater und Sohn, dem Schöpferpaar des großen literarischen Werkes, von dem Mallarmè träumte.

Beide Themengruppen wechseln einander ab oder durchdringen sich, je nach den Schwankungen im Denken und in der Stimmung des Dichters. Ob die kreative Wiedergeburt gelungen ist? Gleichviel, jedenfalls ist Stéphane Mallarmé nicht dem Tod verfallen, auch wenn sein früher Tod – mit fünfzig Jahren – ahnen läßt, wie stark der Todestrieb sein geheimes Werk in ihm verrichtete.

Unsere Auswahl unter den Fragmenten ist willkürlich auf jene genannten Themen beschränkt: Mallarmés Notizen richten sich nach keiner Chronologie, aber sie geben den Weg der Trauer um ein Kind wieder, angefangen während seiner Krankheit, in Erwartung des Unausweichlichen und auf die Suche nach einem möglichen »gemeinsamen« Überleben ausgerichtet. Anders als bei der Trauer um seine Mutter und dann um seine Schwester steht Mallarmé hier nicht der Bereich des Imaginären zu Gebote, von dem aus er die Zwiesprache mit den Schatten aufrechterhalten konnte, als ob sie nicht gestorben wären, und die sich mit heftiger Empörung gegen Gott verband (ein »vergottetes« Bild des Vaters?). Als er Anatoles Sterben erlebt, verzeichnet er alle Aspekte der Tragödie, die ihn bewegen und weiter bewegen werden, um schließlich eine Welt zu schaffen, in der das gestorbene

Kind in das kreative Leben seines Vaters eingeht. Stéphane wird in dieser Vereinigung, einem wahren »hymen«, zum Interpreten, zum Mittler, während der eigentliche Inspirator und Schöpfer Anatole ist. All die Wege und Umwege hin zu einer Symbolisierung und weiter zu einer heilträchtigen Synthese bilden das Grundmuster des *Tombeau*.

Verzweiflung

Noch lebt er

Man weiß, das Kind ist zum Sterben verurteilt, aber die Eltern haben es noch nicht verloren:

»man nützt diese Stunden, vom Tod *geschlagen / lebt er noch / gehört uns noch ...*

ist er noch krank? Man klammert sich an die Krankheit, damit man ihn länger behält.«

Es ist der eingestandene, unausgesprochene oder verdrängte Wunsch von Eltern, die sich durchaus bewußt sind, wie ernst der Zustand ihres Kindes und wie nahe ihm der Tod ist, und die dennoch wünschen, es zu behalten, auch wenn es leidet. Trotz seiner Krankheit spielt Tole, er tut als ob: Aber was denkt er? Was verschweigt er?

»Tod gesehen, wieder da, hinter Krankheit – seine Augen möchten Helle ausgießen – tut als ob, willigt ein, zu spielen, gleichgültig – *er weiß, ohne zu wissen,* und wir beweinen ihn, ohne es ihm zu zeigen.

so Vater – sieht, daß er sterben muß – Mutter, letzte Illusion etc., Tod-Läuterung.«

Hier wird der Abstand zwischen dem Realismus des Vaters und der Hoffnung der Mutter beklagt. Es stellt sich eine Uneinigkeit heraus, die sich zwischen den Eltern vielleicht schon eingenistet hat.

»Wenigstens bekommt Tod den Sinn, daß er (oder Mutter) es manchmal weiß, er wendet sich von mir ab ...

oh! grausiges Geheimnis, um das ich weiß (was damit anfangen).«

Wenn es wirklich ums Sterben geht, muß man Mutter und Kind schützen. Aber wenn das Kind sich abwendet, offenbart es dann nicht, daß es *weiß*? Schützen schließt Lügen ein – und Lügen, auch frommes Lügen ist ein Verrat.

»oh – wenn er doch nur nichts wüßte – nichts ahnte – (Gang der Krankheit – aber Verrat wenn Tod verschwiegen).«

Der Vater rechtfertigt seine Entscheidung: So wird er diesen Tod als einen Übergang vom realen Leben in das Leben innerhalb seines väterlichen Gedenkens betrachten können. Wenn Anatole gestorben ist, wird er in der seelischen Realität des Überlebenden, seines Vaters, weiterleben; er wird die Zwiesprache mit seinen Toten fortsetzen. So wird der Tod, der Feind, besiegt:

»Ein Glück nur, daß er es nicht weiß … Übergang von einem Zustand in einen anderen – so noch nicht tot – Tod der lächerliche Feind – der dem Kind die Kenntnis nicht aufzwingen kann, daß du bist! Tod ist nichts … Gebet der Mutter … das Kind möge es nicht wissen! – und Vater nützt es.«

Vater und Mutter leben im Wechsel zwischen Todesangst und Verzweiflung:

»weine nicht so laut, er kann dich hören

die Mutter: wozu all die Angst – er wird leben! (letzter Aufschrei).«

Es sind die Momente der Vor-Trauer. Der Blick des Sterbenden bezeugt seine Hoffnungslosigkeit, seine Fragen, seine Erwartung, seinen Wunsch … ein Blick, den man nicht aushalten kann, ein Blick, der die letzte Befragung bleiben wird, das letzte Bild.

»Seine Augen sehen mich an, doppelt, und es ist genug – geraubt schon vor Abwesenheit und Abgrund – alles darin? …

die Augen schließen – ich will die Augen nicht schließen – die mich immer ansehen werden.«

Er ist tot

Vor dem Fortschreiten der Krankheit brechen die Eltern zusammen. Die Mutter: »*Man kann doch mit solchen Augen nicht sterben.*« Der Vater glaubt, das Kind sei schon tot. In seinem Schrecken schluchzt er laut:

»er ist tot

auf der Woge des Schreis … erhebt sich das Kind auf dem Bett – Es sucht.«

Was sucht es? Wer bei ihm ist? Worte? Es wäre an dem Vater, ihm die Wahrheit zu sagen:

»du bist jetzt ein Mann – ich kann dir sagen, was *du nicht weißt*, daß du verraten bist – Lüge etc.

O Grauen, er ist tot! Er *ist* … tot – unwiderruflich, ist geschlagen.«

In einem *flash* überlagert sich das Bild des lebenden Anatole mit dem Bild dessen, der er hätte werden können:

»So schön, das Kind – auf das der wilde Schrecken des Todes fällt (gestört vom Schrei der Mutter) und auf den Mann, der es werden sollte.«

» *Mit deinen kleinen Händen kannst du …*
mich mitziehen in dein Grab.«

Die Mutter reagiert, »als ob«: Sie verkriecht sich in sich selbst, wird für ihren Mann zum Schemen. Von nun an ist der Weg des Paares dadurch geprägt, daß Maria Mallarmé für immer in der Trauer befangen bleibt – daß sie den Abwesenden in sich bewahrt?

»Fiktion, Mutter hütet in sich die Abwesenheit

ich weiß nicht, was mit ihm gemacht worden ist – vor Wirrnis und vor Tränen – ich weiß nur, er ist nicht mehr da

Mutter selbst zum Schemen geworden, vergeistigt durch Gewohnheit, mit einer Vision zu leben.«

Vater und Mutter existieren in Einsamkeit nebeneinander her.

»Tränen beider, verborgen voreinander.«

Gab es diese Entzweiung nicht schon vor dem Tod? Ist sie nicht etwa die Ursache der Krankheit? Geteilte Schuldgefühle zehren an dem Paar, das dieses Kind gezeugt hat. Gewiß war die Familie ein Bild des Gleichgewichts:

»Vollkommene Familie / Gleichgewicht Vater Sohn / Mutter Tochter / gebrochen.«

Die Tatsache, das Kind überlebt zu haben, fördert die Differenzen des Paares zutage:

»Kind aus uns beiden hervorgegangen – zeigte uns unser Ideal, den Weg – unseren! Vater und Mutter die ihn in traurigem Dasein überleben wie zwei Extreme – schlecht in ihm vereint und jetzt getrennt – daher sein Tod – hebt dieses kleine ›Ich‹ des Kindes auf.

Schmerz – keine vergeblichen Tränen – fallen in Unwissen.«

Empfinden macht ihn uns gegenwärtig:

»– aber Empfinden, deinen Schatten nährend, der sich in uns belebt, in uns befestigt, belebender Tribut an ihn.«

Man kann die Tränen nicht immer verbergen. Sie fließen ungewollt, aus Schmerz, wie aus Schuldgefühl:

»Oh! du weißt, wenn ich einwillige, zu leben – wenn ich wirke, als ob ich dich vergesse – so um meinen Schmerz zu nähren – und daß dies scheinbare Vergessen – desto heftiger in Tränen strömt, wann immer du mir, mitten in diesem Leben, erscheinst …

und habe ich ihm schon kein gutes Blut mitgegeben – so wenigstens Geist – auf daß mein Denken ihm ein reineres Leben bereite.«

Tatsächlich klagte Mallarmé sich an, seinem Sohn ein schlechtes Erbe übertragen zu haben.

Die Beerdigung löst bei dem Überlebenden einen Sog aus, er fühlt sich gerufen und trägt sich mit dem Phantasma einer Vereinigung in diesem Grab.

»Du kannst mit deinen kleinen Händen mich mitziehen in dein Grab –

du hast das Recht dazu – ich folge dir, ich lasse mich los.«

Jeder Gedanke an ein anderes Kind, ein neues Leben, wird verworfen.

»Vater und Mutter versprechen einander, kein weiteres Kind zu haben – mit Grab, von ihm gegraben / hört Leben auf.«

Geneviève, die ältere Schwester, die durch Anatoles Tod wie betäubt ist, hat künftig eine klar umrissene Aufgabe:

»– und du, seine Schwester, die eines Tages – uns alle drei in deinem Denken, deinem Gedenken vereinen wirst ... wie in einem Grab.«

Anatoles Tod erinnert Mallarmé an den Tod der Mutter:

»Erschienen – Schatten – meine Mutter, Mutter und Sohn nicht gekannte Mutter, und Sohn, der mich nicht gekannt! Anderes Bild von mir in Tod mitgenommen.«

In der neuen Trauer taucht der Schmerz um die Mutter wieder auf. Der Blick der Mutter, die den erwachsenen Stéphane nicht kennt, vermag ihm nur ein unvollständiges Bild von sich zurückzuwerfen. Ebenso ist es mit Anatole.

Transfiguration

»Schließen wir ein Bündnis, einen herrlichen hymen«

Anatole darf kein gewöhnlicher Toter sein, wie die Erwachsenen: Stéphane sucht einen Weg, das Kind über seinen Tod hinaus lebendig zu machen:

»Nein – nicht mit den großen Toten – solange wir leben, lebt er – in uns – erst nach unserem Tod ist es vorbei und läuten für ihn die Totenglocken ...

während er, Vater – der Grab errichtet – ... weiß – und sein Geist nicht den Spuren der Zerstörung nachgeht – diese in reinen Geist verwandelt? Auf daß Reinheit aus Verderbnis erstehe!«

Gelöst von seiner fleischlichen Hülle, wird das Kind durch den Tod verwandelt:

»Warum, sagt der Tod, bedrängt ihr mich, daß ich ihn herausgebe, beladen, traurig – entstellt – während ich ihn für den schönen und heiligen Tag bereite, da er nicht mehr leidet – auf dem Totenbett

Ganz ausgeleert (nicht wenig) und aufgebahrt – so schöne Leiche – daß Grab Fiktion (man läßt ihn verschwinden, damit er in uns bleibt ... *schon so verändert* daß es nicht mehr er ist – und *die Vorstellung (von ihm) so!* So *wird er allmählich* junger Gott, Heros, durch Tod geheiligt.«

Nach der Entkörperlichung löst sich der Geist vom Körper und kann in uns wohnen. Diese geistige Ablösung bereitet in dem Überlebenden eine Neuerschaffung vor:

»Zeit – den Körper braucht, sich in Erde zu zersetzen – (sich nach und nach mit neutraler Erde zu vermischen, in weiter Ferne) dann entläßt er reinen Geist dessen, was man war – der an ihn organisch gebunden war – rein kann er in uns Zuflucht nehmen, herrschen (thronen) in uns Überlebenden – (oder in absoluter Reinheit, um welche die Zeit kreist und sich erneuert – (früher in Gott) der göttlichste Zustand.«

Das Leben des Kindes erlangt durch sein und seiner Eltern Leiden die Vollendung.

Obwohl die Mutter sich gegen die Opferung des Kindes aufbäumt – ein neues Abrahams-Opfer, wie Jean-Pierre Richard es nennt – wird das tote Kind vergöttlicht:

»Das Opfer – über dem Grab warum, Mutterliebe / es muß sein – damit er weiterlebe! ... Mutter will ihn für sich, sie ist Erde.«

Erde? Jene dritte Frau, in deren Armen der Mann Ruhe finden wird? Der Mutter, Mutter Erde, steht es zu, den Sohn leiblich zu behalten. Der Vater kann ihn im Geist bewahren:

»Erde Mutter nimm ihn auf in deinen Schatten – sein Geist in mir / Mutter hat geblutet und geweint / Vater *opfert* – und vergöttlicht.«

Der Vater:

»Wenn du willst, schließen wir zwei ein Bündnis / *einen herrlichen hymen* – und des in mit bleibenden Lebens bediene ich mich, um ...«

Es ist nicht ohne Belang, daß der Dichter den Pakt, den er seinem Sohn anbietet, mit dem Namen des heidnischen Gottes der Ehe bezeichnet. Wie Pygmalion hatte er Toles Geist bilden wollen. Seinem Wunsch war keine Zeit zur Verwirklichung vergönnt, und er ist durch die Opferung des Kindes hinfällig geworden. In entschiedener Abkehr von dem Todesweg, auf den ihn die Hände seines Sohnes ziehen, schlägt Mallarmé also ein gemeinsames Werk vor – ein Leben zu zweit in einem Dasein, das keine Tränen und keinen Schmerz mehr kennt. Es wäre ein zwiefaches Opfer. Aber wird er imstande sein, sich für den Sohn zu opfern?

»Vater, zu unguter Zeit geboren, hatte dem Sohn eine erhabene Aufgabe bereitet – nun die doppelte erfüllen – des Kindes und seine – der Schmerz der Wunsch, sich dem zu *opfern*, der nicht mehr ist / wird das Übermenschliche gelingen (Mann, der er nicht war) und kann er die Aufgabe des Kindes verrichten …
Ich nehme sie auf mich, fahre fort, und du wirst leben.«

Mit seinem Werkplan betet der Vater das tote Kind an wie einen jungen Gott:

»Ich bin niedergekniet – nicht mehr vor dem vertrauten Kind …
sondern vor dem jungen Gott, Heros, durch Tod geheiligt.«

Der Plan des Vaters nimmt dank der Intelligenz und des Einverständnisses seines Sohnes Gestalt an:

»Vater, dem das Herz klopft vor zu großen Plänen – die gescheitert. Als Erbe der wunderbaren Intelligenz des Sohnes muß er, um sie lebendig zu machen – dieses Werk mit seiner Luzidität errichten – zu groß für mich – (raubt mein Leben) *zum Opfer bringen* für das Werk – groß er sein, (beraubt) – und es tun ohne die Furcht, mit seinem Tod zu *spielen* – da ich ihm mein Leben *geopfert* – da ich diesen Tod angenommen habe (Klaustration) und ich bin der Mann, der du geworden wärest – denn ich werde von morgen an du *sein*.«

Nur so würde der unerträgliche Verlust aufgehoben werden, indem Stéphane sich auslöscht und den Platz seinem Musenkind überläßt. Er nimmt den Plan wieder auf – jenen, den er ihm wünschte – jenen, um den der Sohn gebracht worden ist, und macht sich ihn zum Träger und Meister des Werkes. Wenn Anatoles Körper auch ganz und auf immer dem Grab in der Mutter Erde überlassen bleibt, wird seine geläuterte Seele in ein anderes Grab eingehen, in Stéphane, seinen liebenden Vater. Diesem fruchtbaren Zufluchtsort wird das gemeinsame Werk entspringen: das Buch. Der lebende Vater, Mallarmé, bietet seinem toten Sohn das, was er selbst, als lebender Sohn, sich sosehr von seiner toten Mutter ersehnt hatte: eine kreative Verschmelzung in Liebe.

Dieser große Plan aber bleibt unbewältigt: Mallarmé hinterläßt der Nachwelt davon nur diese zweihundertzwei Blätter – und das sogar gegen seinen Willen. Dennoch ist Anatole letztlich in ihn eingegangen und hat ihm zweifellos jene Kraft und Inspiration gegeben, ein Werk zu schaffen, das ruhmvoll in unserer Literatur besteht.

Nach Tole

Außerhalb dieser literarischen Trauerarbeit bringt Mallarmé in den Jahren nach Anatoles Tod nichts Bemerkenswertes hervor. Wieder befällt ihn sein rheumatisches Leiden, macht ihn ab Mai 1880 bettlägerig, und er muß sich krankheitshalber beurlauben lassen.

Im Jahr danach gehen die Dienstagssoireen weiter, die kurz vor Anatoles Tod begonnen hatten, mit Verlaine, Cazalis, Mendès, Villiers, Roujon und anderen. Ebenso wie Mallarmé die Krise nach dem Tod seiner Großmutter zu überwinden suchte, indem er »Igitur« schrieb, verarbeitet er nun Anatoles Tod und seine Reaktionen darauf in Dramenplänen.

Im Jahr 1883 stirbt sein großer Freund Manet: Stéphane kümmert sich um die Witwe, Suzanne Manet, und mehr noch um

Méry Laurent. Ziemlich schnell widmet er die Stunde, die Manet gehört hatte, seinen Besuchen bei dieser jungen Dame, die für ihre Schönheit, ihr prächtiges blondes Haar und für ihre Freundlichkeit gegen die Herrenwelt bekannt ist. Auch sie wird zu einer Schwester:

> Mein Herz, das manchmal nächtens sucht, sich zu
> >begreifen
> Und zärtlichst dich in einem Worte nennen will
> Kennt nur als höchstes ein geflüstert' *Schwester* ...

Der Riß in der Ehe, den schon die Blätter des *Tombeau* enthüllen, wird immer größer. Während Marie, seine Frau, sich durch Überlastung zerstört und in immer tiefere Trauer verschließt, beginnt für Mallarmé nach Schweigen, Rückzug und Schmerz von 1884 an eine ruhmvolle Periode, die mit umfänglicher Aktivität auf sozialer Ebene, mit einem reichen poetischen Schaffen und zweifellos auch einem neuen Liebesleben einhergeht.

Im Januar 1885 bringt er *Prose pour des Esseintes* heraus. Im November bezeugt sein berühmter autobiographischer Brief an Verlaine, *Le Livre*, die Auferstehung des Dichters auch auf der Ebene der Libido.

Fasziniert von der Hamlet-Figur, erkennt er sich selbst in dem »Jüngling, der in den Anfängen des Lebens in uns erlosch und der die großen, denkenden Geister immer aufs neue beschäftigt durch die *Trauer, die zu tragen er sich gefällt*, ich erkenne ihn wieder, der sich mit der Qual der Beschwörungen schlägt; nun, und weil Hamlet auf der Bühne diese einmalige Figur einer intimen und okkulten Tragödie ist, übt schon allein *sein Name* auf dem Anschlag ... einen der Angst verwandten Bann auf mich aus ... So sehe ich zum erstenmal auf dem Theater die krankhafte Dualität dargestellt, die den Hamlet ausmacht, ja, wahnsinnig nach außen hin und unter der widersprüchlichen Geißel der Pflicht, aber wenn er die Augen nach innen richtet, auf sein Bild von sich, ist es so unbeschadet wie *eine nie ertrunkene Ophelia*!

Immer bereit, sich wieder zu raffen, versinkt er, unverdorbener Edelstein, in der Katastrophe.«[35]

Die große Periode der Berühmtheit dauert gute zehn Jahre. Im Lauf des Winters 1893 jedoch zeigen sich beunruhigende Symptome. Von seiner Lehrtätigkeit erschöpft, ersucht er um seinen Ruhestand, der ihm dank der aktiven Unterstützung guter, einflußreicher Freunde im November gewährt wird.

Nach einer kurzen Phase der Begeisterung über diese neue Freiheit verausgabt sich Mallarmé in einem zu anstrengenden gesellschaftlichen Leben. Er ist oft krank, trotzdem raucht er stark und leidet unter schwerer, anhaltender Schlaflosigkeit. Dabei faßt er die ehrgeizigsten Pläne, zum Beispiel, die Welt auf vier Seiten zu erklären. Er schreibt ein zehnseitiges Gedicht mit dem Titel *Die Würfel werden nie den Zufall aufheben*; es ist der erste Versuch, das seit Jahren angekündigte literarische Denkmal der nachchristlichen Epoche zu schaffen. Der Drucker erschrickt vor der ziemlich originellen Typographie. Das Gedicht erscheint 1897 in *Cosmopolis*.[36]

Er verliert seine Freunde: Berthe Morisot im Winter 1895, Paul Verlaine im Januar 1896. Totenreden auf Freunde hat er oft gehalten. Nach der auf Verlaine wird er zum »Dichterfürsten« erklärt. Auf diese Ernennung reagiert die Presse mit heftigen Angriffen. Die *Abschweifungen*, im Januar 1897 erschienen, stoßen auf scharfe Kritik.

»Nichts interessiert mich«, schreibt er an Elémir Bourges. »Also bleibe ich zu Hause und arbeite unter schlimmsten Bedingungen, ohne Luft zu schöpfen, ohne auszugehen. Meiner allnächtlichen Schlaflosigkeit folgt ein vor Müdigkeit leerer Tag, nutzlos. Täglich steige ich die Leiter eine Sprosse tiefer in Leere und Ekel hinab. Hinzu kommt das unerträgliche Bewußtsein, daß alles, was ich mache, sinnlos ist.«[37]

Und an seine Tochter Geneviève: »Ich bin unfähig zu was auch immer ... und ebenso wirr wie ausgelaugt – es wird eine Zeit dauern, bis ich mich wieder finde.« In Valvins bei Paris wendet er sich manuellen Tätigkeiten zu, empfängt Freunde und rudert. Von Paris will er nichts mehr wissen, er fährt nicht einmal hin, um Zola im Dreyfus-Prozeß beizustehen. Er sichtet seine Papiere. »Gerne würde ich den Dichter in mir verbrennen, der schon so gut wie abgestorben ist.« [38]

Im Sommer 1898 besucht ihn Paul Valéry in Valvins. Er findet ihn sehr matt und fahl. Trotz immer größerer Schwierigkeiten müht sich Mallarmé stets aufs neue, an *Hérodiade* zu arbeiten. Aber dieser Hymnus auf den Glanz der Sprache, die harte, unerschöpfliche Fürstin und Quelle der Dichtung bleibt unvollendet.

Im September lösen scheinbar harmlose Halsschmerzen einen ersten Erstickungsanfall aus. Auf eine Erholungsphase folgt ein zweiter Anfall mit einem Stimmritzenkrampf, der zu völligem Ersticken führt.

Stéphane Mallarmé stirbt am 9. September 1898 im Alter von fünfzig Jahren.

Er wird bei Anatole begraben. Roujon hält eine Rede. Valéry kann vor Erschütterung nicht sprechen.

Die Wege der Trauer

Aus unserer Untersuchung ergeben sich eine Reihe von Fragen. Die Hauptfrage aber ist: Was haben die Eltern eigentlich verloren? Oder: Was ist ein Kind? Was ist der Wunsch, ein Kind zu haben?

Kinderwunsch

Wenn man von einer gewissen Logik des gesunden Menschenverstandes, vom konventionellen Moralkodex und schließlich auch von einem Unterschied zwischen dem Normalen und dem Pathologischen einmal absieht, wird man die letzte Frage nur sehr vorsichtig beantworten können. In der modisch gewordenen Auffassung, daß es ein Recht auf den Kinderwunsch gebe, sind die verschiedenen Gründe dafür verschmolzen. Dabei werden aber jene Probleme, die mit den spezifischen Blutsbanden eines jeden Subjekts verbunden sind, verdrängt und geleugnet. Kinderwunsch? Viele Frauen – Männer weniger oft (?) – sind zu einer »Trauer«[1] nicht bereit: zu der um ihr Wunschkind nämlich – genauer gesagt, um ihren Wunsch nach einem Kind. Die große Nachfrage nach den verschiedenen Befruchtungstechniken wird durch die Entwicklung eben dieser neuen Technologien gefördert, die wiederum die Nachfragen begünstigen, die sich auf ein »Naturrecht« auf ein Kind berufen. Hierbei scheint der Zusammenhang zwischen dem Status des Kindes und dem Kinderwunsch kaum in Betracht zu kommen. Nun, die Berechtigung eines Wunsches macht sein Objekt – in diesem Fall das Kind – zu einem Soll, das diesen Wunsch zu befriedigen, zu erfüllen habe.

An dieser Stelle wollen wir erst einmal auf die vielen Fallen hinweisen, die in der Mehrdeutigkeit oder der schlichten Verwechslung von Begriffen liegen. Der Begriff *Objekt* bezeichnet geläufigerweise etwas Unbelebtes, Manipulierbares, das man nach Belieben formen, benutzen, nach Gebrauch wegwerfen oder aussondern kann. In der psychoanalytischen Sprache und Theorie enthält dieses Wort zugleich die Strebung – oder die grundierende Energie eines Subjekts –, und das, was für das Subjekt den Pol der Anziehung, der Liebe bildet (meistens eine andere Person, ein anderes Subjekt), und das stets eine narzißtische Implikation hat. Wenn also von einem Kind als einem Objekt gesprochen wird, bewegt man sich immer auf psychoanalytischem Feld. Unsere heutige westliche Kultur hat das Kind zum König erhoben. Das ist in manchen anderen Ländern und Kulturen durchaus nicht so, in denen das Kind benutzt, rentabel gemacht, bei Untauglichkeit ausgesondert, bei bewaffneten Konflikten in die erste Reihe gestellt oder wegen seines Geschlechts getötet wird. Seien wir trotzdem aber nicht zu stolz auf unsere scheinbar soviel edlere Auffassung, auf die sich auch die Forderung nach den *Rechten der Kinder* gründet. Tatsächlich besagt diese *Konvention* ja, wie relativ der dem Kind beigemessene Wert und wie allgemein das Unwissen über seine Existenz als Subjekt sind. Müssen wir nicht täglich erfahren, wie auch bei uns mit ihm umgegangen wird, welchen Lebensbedingungen, Mißhandlungen oder welcher Gewalt es zum Opfer fällt? Wissen wir nicht, daß dieses Objekt unter dem Decknamen »Kinderwunsch« produziert wird, daß es nicht mehr in einem Liebesakt empfangen, sondern auf Bestellung hergestellt wird und noch bevor es geboren ist, verkauft, gekauft und gehandelt wird … und das mit den großmütigsten Argumenten? Daß es das alles gibt, fordert zu der grundlegenden Frage heraus: Was ist ein Kind für diejenigen, die es wollen? Diese Frage untergliedert sich wiederum je nach dem Geschlecht, nach dem unterschiedlichen Status des Kindes im psychischen Haushalt des Mannes oder der Frau, nach dem jeweiligen Individuum. Innerhalb dieser Fragestellung sollte ein Hauptproblem aber nicht ausgespart werden: Ein Kind zu verlieren heißt nicht immer, um es zu »trauern«. Das Kind kann anstatt mit Liebe ebensogut mit Haß besetzt sein und eine ganz spezifische Aggression auf sich ziehen. Doch übersteigt diese Frage unser Vorhaben, dafür beschäftigt sie jene Kollegen, die das Problem Gewalt untersuchen.[2]

Enthüllung des Mangels

Lassen wir solche Situationen nun als atypisch außer acht, stellt der Tod eines Kindes einen Einschnitt, eine Leere her, vor der wir hilflos stehen. Eine Leere in unserem Dasein, die unser Denken, unsere Gedankenwelt, unsere persönliche Sprache, unsere Gefühlswelt, ja alles verheert, was uns als Subjekt ausmacht. In diesem Augenblick der Wahrheit zeigt es sich, was dieses bestimmte Kind – das jäh für immer aus der Wirklichkeit geschieden ist – für ein bestimmtes Elternteil, einen bestimmten Angehörigen dargestellt hat, welcher Art seine Bindungen waren und wie gegenwärtig dieses Kind in der psychischen Realität des Überlebenden weiterlebt, obwohl es aus der normalen Wirklichkeit entschwunden ist. Ein Kind ist unser Hoffnungsträger, auf ihm ruhen all jene Hoffnungen, die wir ein Leben lang gehegt, aber die sich für uns nicht erfüllt oder vor denen wir versagt haben. Es ist unser zweites Ich, dem es vermeintlich offensteht, alles von vorn anzufangen und zum Erfolg zu führen, was uns nicht gelungen ist, wo wir nicht weiterkamen, jenen Traum, den wir nicht verwirklichen konnten, jenes Leben, für das wir soviel geopfert haben – jenes Leben, das wir sosehr genossen haben, daß es sich über uns hinaus in einem zweiten Ich fortsetzen soll. Der Tod dieses Kindes verweist uns in die Realität unseres Seins zurück: unser menschliches, geschlechtliches, sterbliches Sein, in jene Realität, die ein jeder von uns ein Leben lang versucht hat, auf sich zu nehmen oder zu vermeiden, zu umgehen und auf den verschiedensten Wegen zu verändern, die von der Neurose bis zur Sublimierung reichen.

Der Verlust des Kindes, das gleichzeitig Bedeutungs- und Phantasieträger ist, reißt die Eltern in die qualvolle, schmerzvolle Suche nach dem, was ihnen verloren gegangen ist, was es mit sich fortgenommen hat. Ein solcher Ausfall eines fundamentalen »Objekts« mobilisiert unsere Signifikanten, um eine brutal zerbrochene Ordnung zu reparieren oder dies zumindest zu versuchen, eine symbolische Ordnung nämlich, die wir für unantastbar, unveränderlich, fehlerlos, makellos hielten, für unsterblich also. Freud hat dies in den berühmten Satz gefaßt: »Unser Unbewußtes glaubt nicht an den Tod.« Die Äußerungen schwerkranker Kinder entkräften dieses Wort weder noch bekräftigen sie es, aber sie bezeugen ganz klar, daß ein solches Kind sehr bald nach einem möglichen Sinn dafür sucht, warum es krank ist und warum es diese Welt verlassen soll, in die es hineingeboren wurde. Dabei werden Signifikanten mobilisiert, die sich manchmal zerstörerisch auswirken, meist aber hilfreich für denjenigen sind, der sterben soll. Zerstörerisch, wenn es nur auf Lüge, Verneinung seiner Worte oder auf Schweigen trifft. Hilfreich, wenn seine Fragen oder Mutmaßungen, seine Rationalisierungen und Phantasmen, kurz alle seine Äußerungen von denjenigen, die es verlassen wird, mit Respekt aufgenommen und beantwortet werden.

Das sprachliche Universum

Jeder von uns ist auf ganz spezifische Weise durch seine Beziehung zur Sprache geformt, die ja vor ihm existiert, und durch die besondere Bedeutungswelt, die ihm durch den Diskurs eines Subjekts übertragen wird – im allgemeinen ist dies die Mutter, die ihn austrägt und aufzieht. Diese Person hat eine Gründerfunktion insofern, als sie Ort und Bedeutungsschatz, das heißt das Enthaltende und das Enthaltene der symbolischen Ordnung darstellt: Zwar ist sie weder dieser Ort noch dieser Schatz, aber sie ist deren Repräsentantin, das, was Lacan als das Sigel des großen Anderen bezeichnet hat.

Noch vor seiner Freud-Lektüre hat Lacan die vorrangige Bedeutung der Sprache bei der Strukturierung des Subjekts erkannt, und unsere unauslöschliche Prägung durch die Muttersprache steht seither bei Laien wie bei Fachleuten außer Frage.

Die subjektive Wieder-Erarbeitung, zu der der Tod eines Angehörigen zwingt, vollzieht sich für einen jeden in Abhängigkeit von den Modalitäten dieser ersten Beziehungen. Nach Freud hat Melanie Klein auf die Präsenz psychischer Räume in uns verwiesen, in denen sich die ersten Gestalten unserer Umgebung erhalten. Manchmal sind sie nur in fragmentarischer Form vorhanden, mehr oder minder wohltuend: Die Mutter in Gestalt eines guten Busens oder unheilvoll, zum Beispiel als verfolgendes Exkrement, oder aber als Phallus, die Quelle von Leben und Dynamik. Diese Bilder werden mobilisiert und tauchen in traumatischen Situationen wie dem Tod eines geliebten Wesens in uns auf. Allerdings ist es hierfür gleichgültig, ob der Verstorbene geliebt oder gehaßt wurde: Die Erschütterung nach dem Verlust richtet sich vielmehr nach der Stärke der Bindung als nach dem Affekttyp.

Auswirkungen des Verlusts

Welcher Natur ist der Schaden, den der Trauernde erleidet, welche psychischen Prozesse werden in Gang gesetzt? Wie entwickkeln sich diese nach dem Todesfall? Die verschiedenen hier vorgelegten Texte und Zeugnisse zeigen verschiedene Wege, den Verlust zu leugnen, den Bruch zu heilen, das Schweigen zu füllen, die Ablösung abzuwenden, eine Thanatos-Arbeit. Über die Bekundungen des Schmerzes und des Kummers hinaus vollziehen sich psychische Prozesse vor und während jeder dynamischen Wiederaufnahme der affektiven und sexuellen Bindungen. Man nennt dies, wie gesagt, die Trauerarbeit. Wie sind diese Arbeit und dieses Leiden zu verstehen?

Zweifellos ist die unmittelbarste Reaktion das Erschrecken vor diesem leblosen, erstarrten Ding, diesem abgestellten, kalten, unbeseelten Organismus, der an Stelle des lebendigen Kindes getreten ist, der dessen Anschein bewahrt, aber mit dem man sich nicht mehr identifizieren kann. Es ist auch das Grauen vor der Leiche, die wir selbst einmal sein werden.

Meistens neigen Eltern zu der Annahme, das Kind leide unter dem Totsein, das heißt darunter, daß es künftig um jeden Genuß gebracht und für immer verlassen ist. Geneviève Jurgensen spricht dies sehr beeindruckend für ihre Töchter aus. Das angenommene Leiden des toten Kindes, an dem die Mutter intensiven Anteil nimmt, kann nur reißende Schuldgefühle erzeugen.

Der Tod des Kindes zwingt dazu, endgültig auf gemeinsame Genüsse zu verzichten, auf Zärtlichkeiten und Liebkosungen, die täglichen Freuden. So ist Gustav Mahler jäh um die vertrauten Zwiegespräche mit seiner Tochter Putzi gebracht. Der Kraftstrom, die Lebensfreude, die dieses Kind erregte, sind endgültig abgebrochen, weil es nicht mehr da ist, den Trieb der Eltern zu mobilisieren.

Eine Brücke über den Abgrund

Der Tod des Kindes reißt eine Lücke in die Seelenwelt der Eltern. Kann diese Lücke wieder gefüllt werden? Und wie? Die hier vorgestellten Zeugnisse haben gezeigt, welche unterschiedlichen Strategien die einzelnen dazu anwandten. Nun, das ist nur eine Redensart, denn diese Versuche sind meist weit entfernt, bewußt und gewollt zu sein. Auch wenn sie so aussehen, gehorchen sie immer einem davor existierenden fundamentalen Streben.

Mehrere Wege sind möglich: Einige versuchen die Wirklichkeit zu bemänteln oder zu verleugnen, indem sie das gestorbene Kind imaginär in ihr Inneres aufnehmen. Beides kommt auf das gleiche heraus. Wenn Eltern die Realisierung eines gemeinsamen Plans auf sich nehmen, ist es in Wahrheit immer der, den sie ihrem Kind gewünscht hatten. Am eigenwilligsten sind hierfür zum einen das Beispiel von Geneviève Jurgensen, die Kinder zur Welt bringt, die ihre Töchter hätten haben können, und zum anderen das von Stéphane Mallarmé, der das Werk zu schaffen versucht, dessen Autor der Sohn sein sollte. Andere fliehen aus der Alltagswirklichkeit in die Phantasie, die ihnen eine Kontinuität zwischen Lebenden und Toten gewährt. Rosamond Lehmann setzt auf diese Weise die Zwiesprache mit ihrer Tochter fort, als wären sie noch zusammen. Victor Hugo versucht, mit den Toten zu sprechen, sogar mit dem Tod selbst.

Innerhalb ihrer liebenden Beziehung zu Gott finden sich Christen wie Luise Rückert damit ab, daß das Kind zu Gott heimgekehrt ist. In der ausweglosen Lage, die das Schiff mit dem gebrochenen Mast und dem unbrauchbaren Steuer versinnbildlicht, suchen die Eltern nach einem Halt, einem Richtpunkt, einem Sinn in der Katastrophe und in dem Leben, das sie weiterführen müssen. Die Gläubigen nehmen Zuflucht zu ihrer kulturellen und religiösen Tradition. Luise findet dadurch einen Sinn in dem Verlust, wie übrigens auch in allen anderen Schicksalsfragen. Dieser Weg schließt den Glauben an eine andere Welt und an einen großen Anderen ein, der meistens die Gestalt eines erträumten idealen Verwandten annimmt, eines, der alles heilen kann. Andere, wie Hugo, erweitern die traditionelle Religion zu einem philosophisch-religiösen Gedankengebäude.

Trotz aller Bemühungen der einen wie der anderen, Worte und eine neue symbolische Ordnung an die Stelle des verstorbenen Kindes zu setzen, kann dieses wirklich in Gestalt von Pseudo-Halluzinationen oder von paranormalen Phänomenen wiedererscheinen. So ist es bei Isadora Duncan, Rosamond Lehmann und Victor Hugo, während Geneviève Jurgensen und Yuko Tsushima das falsche Wiedersehen als Enttäuschung beschreiben.

Der Trieb, der Wunsch, den Körper des Entschwundenen wiederzuhaben, kann so stark sein, daß man Ersatz-Objekte, auch gleichgültige, zum Projektionsziel macht, so als erliege der beraubte Trauernde dem Zwang, sich engstens an einen konkreten, lebendigen Körper zu klammern: Isadora Duncan, Alma Mahler mit ihren vielen Liebschaften, Victor Hugo mit seinen zahl- und wahllosen sexuellen Abenteuern, Stéphane Mallarmé mit Méry Laurent.

Der Verarbeitungsprozeß

Die Konfrontation mit dem *radikalen* Verlust zwingt dazu, Wünsche in Frage zu stellen. Diese Arbeit wird durch bestimmte Konzeptionen oder »Situationen« erleichtert oder gehemmt. Diese können in verschiedenen Momenten dieses unvermeidlichen und vor allem bei jedem entsprechend seiner Struktur verlaufenden Prozesses nebeneinander existieren oder wiederauftauchen. Das neue psychische und affektive Gleichgewicht wird allmählich erarbeitet und komponiert, und zwar in einer Weise, daß Tempo und Stil dieser Arbeit sich nicht in Etappen oder Stadien definieren lassen.

Versuchen wir einige Vorbedingungen für diese Verarbeitung[3] zu formulieren:

– Bei seiner Geburt ist der Mensch vollkommen von anderen abhängig, im allgemeinen von seiner Mutter. Wenn diese verschwindet, gerät das Kind, das noch nicht sprechen kann, in Todesängste. Erst wenn es selbst die Sprache zu gebrauchen lernt, kann es Gegenwart im Vergleich zu Abwesenheit symbolisieren und damit den ersten Schritt zu anderen Bindungen machen.[4] Vor seinem eigenen Tod kann also der des anderen, kann dessen völliges Verschwinden, ungeachtet der Zeitfrage, es töten. Nach und nach führen allerhand Rationalisierungen und Verallgemeinerungen – und man weiß ja, wie gerne Kleinkinder theoretisieren – die Umkehr herbei, die erworben scheint: Von nun an geht es um den eigenen Tod. Ja, insofern er an den Anderen gebunden und die Konsequenz daraus ist.

Identifikation

Versetzt uns der Tod des Kindes wieder in die Ohnmacht zurück, die wir alle in jenem totalen Zusammenbruch erlebt haben? Dann wäre eine doppelte Identifikation im Spiel: die Identifikation *mit* dem Kind von damals und Identifikation *des* Kindes mit jenem Anderen, der uns in Abständen gefehlt hat? Da das Kind durch seinen Tod zu jenem »Anderen« geworden ist (der in Abständen verschwand), könnte es uns sehr wohl mit sich in den Tod reißen. Die Gefahr kann zur Versuchung werden. Sie kann auch Phantasmen vom Wiedersehen erzeugen, also Visionen oder Halluzinationen. Ebenso wie das Kind, das noch nicht sprechen kann, Abwesenheiten durch seine ersten Verbalisierungen zu meistern lernt, greift der Trauernde auf seine Fähigkeiten zur Symbolisierung zurück, um die Realität des Verlustes zuzulassen. Wenn diese Symbolisierungsfähigkeiten einer kreativen Gabe zu Gebote stehen, bedeutet dies aber nicht ipso facto, daß die Trauerarbeit sich weniger schmerzlich vollziehe. Die Geschichten von Künstlern, die hier referiert wurden, zeigen klar, daß ihr Weg durch die Trauer genauso schwer ist wie für jeden anderen, nur daß sie mittels ihrer Gabe imstande waren, diesen oder jenen Aspekt dieses bitteren Prozesses zu beleuchten. Bei einigen ist es die Übertragung auf Gott oder auf ein Jenseits, wo die Wiedervereinigung ohne Makel sein wird, wo der »große Andere«, dessen Bild von Vollkommenheit durch den Raub, den Verlust des Kindes zerstört worden war, wieder seine Aufgabe erfüllt.

»Ich hätte seinen Tod verhindern können, wenn ich ... es mehr geliebt, mehr beschützt hätte ...« (oder: »Ich habe vor ihm versagt oder habe vor meiner Aufgabe versagt.«). Diese Gedanken tauchen praktisch immer beim Tod eines Kindes auf und ziehen Gewissensqualen und Schuldgefühle nach sich. Yuko Tsushima meint, sie habe Daimons Tod durch ihre Nachlässigkeit verschuldet. Sie hängt seinem Bild nach und listet auf, was alles sie an ihren Sohn band. Trotz der Jahre, trotz ihrer Versuche, die Ahnin mit der Funktion der Weisen zu belehnen (wenn nicht der Psychoanalytikerin), bleibt sie »verfolgt vom Licht der Nacht«. Sich für die Ursache des tödlichen Unfalls zu halten, ist nicht der einzige Weg, sich mit dieser Ursache zu identifizieren. Der innerliche Kampf bei Eltern eines schwerkranken Kindes führt dazu, daß sie sich unbewußter Todesgedanken oder Todeswünsche anklagen, und wäre es in Form des Euthanasierungsprinzips: »Muß es denn so leiden? Wäre es nicht besser, wenn es stürbe?« Stéphane Mallarmé, der dem Tod das Wort übergibt, liefert uns verschiedene Momente eines solchen Kampfes.

– Auf symbolischer Ebene kann schon die Namenswahl unser Kind zu einem Wiedergänger machen, wie wir durch Freud wissen. Oft reaktiviert der Tod eines Kindes den Tod eines anderen Angehörigen, eines Vorfahren oder eines anderen Kindes. Wenn das elterliche Subjekt schon früher seinen Liebesobjekten entsagen mußte, wenn es nach der psychoanalytischen Formel den ödipalen Weg durchlaufen und sich genügend von seinen ersten Objekten gelöst hat, wird seine Liebesfähigkeit über die Tragödie hinaus erhalten bleiben. Wenn hingegen die Ablösung nicht stattgefunden hat, wird jeder spätere Verlust oder Tod einen Prozeß in Gang setzen, der die Existenz dieser Objekte in uns selbst trifft. In dieser Innenwelt, die jeder von uns in sich trägt, über die er aber nichts sagen kann, weil sie dem Unbewußten untersteht, bestimmen jene ersten Bindungen unsere Vorstellungen, Affekte, Triebe und Taten. In dieser Welt ist das Kind, ist jedes Kind bereits ein Ersatz-Kind. Es tritt an die Stelle jenes Objekts, das wir verloren (mit der Geburt, mit der Durchtrennung der Nabelschnur verloren) haben und das wir unser Leben lang durch verschiedene Substitute wiederzufinden suchen: durch unsere Lieben, unsere Glaubensüberzeugungen, unsere Ideologie. Mit der Trauer um dieses erste verlorene Objekt werden wir nie fertig.

– Im Extremfall ist die narzißtische Identifikation mit dem Toten derart, daß sie dem Lebenden keinen Raum läßt, sich von dem Toten zu lösen. Die Negation der Tatsache des unersetzlichen Verlustes kann eine psychotische Dekompensation bewirken. Der Tod wird als Zufall wahrgenommen, seine Endgültigkeit wird verleugnet. In der pathologischen Trauer wird der Tote ganz zum Fetisch oder Idol, das mit niemandem geteilt wird: Sein Zimmer, das keiner betreten darf, ist der Sarg, in dem alles begraben wird, was dem Verstorbenen gehörte. Der Tote bleibt ewig, wie er im Moment des Todes war, so daß sogar die Generationen durcheinandergeraten können.

»Das kannst du nicht verstehen, das ist nur mir passiert«: Dieser Satz impliziert die Weigerung, die Geschichte weiterzugeben. Diese Weigerung muß aber nicht einmal formuliert werden. Der Tod eines geliebten Menschen wird im Gedächtnis verkapselt, und das Denken des Trauernden erstarrt. Noch zerstörerischer werden die Wirkungen für die anderen, vor allem die Nachkommen. Bei vielen Patienten, die schulische Schwierigkeiten aufweisen, zum Beispiel Symptome wie mentale Anorexie, ergab die Anamnese, wie sie durch eine Psychoanalyse rekonstruiert werden kann, daß eine solche Blockade auf die Familiengeschichte zurückgeht.

Obwohl es hier nicht mein Anliegen ist, kann ich nicht umhin, auf die Ähnlichkeit der Wirkungen dieses Typs von individueller Zensur und jenen hinzuweisen, die durch Tragödien wie einen Genozid, etwa den Holocaust entstanden sind, aber die wir noch nicht hinreichend kennen. Wenn diese Ereignisse verleugnet, ja vollständig getilgt werden, wenn das Gedenken an die Vorfahren ausgelöscht ist, kann man nicht mehr von Vergessen oder Verdrängen sprechen, sondern tatsächlich von einem Loch, einem weißen Fleck, der schwer auf dem Dasein der folgenden Generationen lastet.[5]

Die Assimilation des Verlustes wird in unserem Unbewußten in einem nicht vorhersehbaren Zeitraum und unter Vorbedingungen vollbracht, die nicht a priori für alle gleichermaßen definiert werden können. Sie durchläuft eine mehr oder minder lange Phase der Idealisierung des Verlorenen, eine schmerzvolle Zeit (mit der Gefahr, daß der Schmerz übermächtig wird, »exquisit«, wie ihn Seneca diagnostiziert). Es ist die Phase der Überbesetzung, die dem Loslassen vorausgeht. Aber »zwischenzeitlich«, bis nach der dafür notwendigen Zeit der einem jeden eigene Lebenstrieb sich durchsetzt, bleibt das verlorene Kind in der Psyche gegenwärtig. Erst wenn der Verlust zugelassen wird, wenn die Wunde vernarbt, der erlittene Schaden anerkannt wird als Folge eines unumstößlichen Ereignisses, wird das verlorene geliebte Wesen in Form von Erinnerungen, Worten, Modi der Teilhabe in uns bewahrt, und das Feld ist frei, ein neues Liebesobjekt aufzunehmen. Dazu kommt es nicht, wenn eine Spaltung eingetreten ist: Scheinbar wird der Verlust zugestanden, aber die Bindung besteht unveränderlich. Die Trauer dieser Eltern dauert ohne Ende, jedes neue, andere Kind kann für sie nur das Double des toten sein.

Wenn eine Familie eines ihrer Mitglieder verliert, kommt es ihr zugute, wenn die Bande zwischen ihren Mitgliedern nicht durch zu viele Ambivalenzen belastet sind. Dann nämlich wird ein Sündenbock außerhalb der Familie erkoren (Arzt, Schwester, Krankenhaus, Verwaltung). Andererseits hält aber die Einheit mancher Familien dem Tod eines Kindes nicht stand, insbesondere wenn dieses Kind nicht ein Band zwischen den Eltern war, sondern eine Kette. Entzweiungen, Scheidungen nach dem Tod eines Kindes sind leider zahlreich. In solchen Fällen kann ein neues Kind der Preis (oder die Geisel?) für die Aufrechterhaltung der Einheit werden.

Rituale

Von der subjektiven Konstitution des einzelnen abgesehen, die durch den Tod seines Kindes elend wird, prägt der Diskurs der Gesellschaft, der wir angehören, der Welt, die uns bei unserer Geburt empfängt, unser Denken und Handeln. Anthropologen wie Louis-Vincent Thomas haben uns gezeigt, welche Bedeutung Totenrituale in manchen Kulturen haben, die immer noch mißbräuchlich als »primitiv« bezeichnet werden. Dort werden die Toten respektiert. Sie sind im täglichen Leben gegenwärtig. Weil sie zur Geschichte, zur Vergangenheit gehören, bürgen sie für die Fortdauer und die Zukunft der Lebenden. Und diese Rituale kehren bei alltäglichen Handlungen genauso wieder wie bei wichtigen Ereignissen im Leben der Individuen, die sich dadurch als Mitglieder der Sippe, der Gesellschaft bestätigt fühlen. Wer aber sagt, das Unbehagen unserer westlichen Gesellschaften angesichts des Todes und der Toten rühre daher, daß wir keine Rituale mehr haben, könnte einer Praxis das Wort reden, die ihren wahren Sinn eingebüßt hat. »*Si vis vitam, para mortem*«, erinnerte Freud. (»Wenn du das Leben aushalten willst, richte dich auf den Tod ein.«) Unter dem Vorwand, ein Ritual zu respektieren – also Überzeugungen und Formen –, könnten die durch die Umstände erzwungenen Zeremonien zu bloßen künstlichen, kurzzeitigen Zutaten des umgebenden Diskurses geraten, der die Toten und den Tod ausschließt. Schweigen, Lüge und Fiktion haben die Wesensmerkmale und Werte der menschlichen Gattung, lebendige, sprechende und sterbliche Wesen zu sein, in den Hintergrund gedrängt. Eine solche Nachstellung eines Rituals verwehrt der echten Besinnung Zeit und Raum. Gerade ihre Künstlichkeit kann den Sinn des Todes erst recht verleugnen, wie es sich auch in faszinierenden Show-Produktionen der Unterhaltungsindustrie zeigt. Und was nun religiöse Riten angeht, so haben sie nur dann ihren Sinn, wenn der Trauernde an Gott glaubt.

Und wir?

Entscheidend für die Entwicklung der Trauer ist unser Verhältnis zum Tod, zu unserem eigenen künftigen Tod. Wenn wir akzeptieren können, daß es unser Schicksal ist, eines Tages zu sterben, können wir auch denken, daß der Tote seinen Tod irgendwann akzeptiert hat. Der Tod als solcher ist kein Unfall. Was immer seine unmittelbare Ursache sei – Unglück oder Krankheit –, er ist unvermeidlich, er muß sein, er ist. Aber wie viele unter uns gestehen sich diese Grenze ein? Hängt nicht der Kinderwunsch mit dem Wunsch oder vielmehr der unbewußten Zuversicht unserer Unsterblichkeit zusammen?

Wer von uns übernimmt Senecas Lob des Todes?

»Ach über jene, die ihr Unglück nicht kennen, die den Tod nicht als die beste Erfindung der Natur loben und erwarten, mag er Glück einschließen, mag er Unglück abweisen, mag er Überdruß und Ermattung des alten Menschen ein Ende setzen, mag er den jungen Menschen, während man noch Besseres erhofft, in der Blüte entführen, mag er das Kind vor härteren Lebensstufen abrufen – für alle das Ziel, für viele ein Heilmittel, für manche ein Wunsch, um niemanden von besserem Verdienst als um die, zu denen er kommt, bevor er gerufen wird!«[6]

Vielleicht berührt uns das Märchen von dem Kind stärker, das seiner Mutter erscheint und sie bittet, sie möge nicht mehr so weinen, damit sein Leichentuch trocknen könne?

Anmerkungen

Einleitung

[1] Psychoanalytiker in der Klinik? Therapeut und / oder Forscher? Arbeit mit den Betreuern, den Kindern, den Eltern? ... Ich gehe hier auf diese Fragen nicht ein, die stets Gegenstand leidenschaftlicher Debatten sind.

[2] Diese Gespräche werden analysiert in: *L'Enfant et la mort*, Paris 1995, und in: *Mors certa, Hora certa*, in: *Clinique du Réel: la psychanalyse et les frontières du médical*, Paris 1982.

[3] Vgl. Bruno Bettelheim, *Freud und die Seele des Menschen*, Düsseldorf 1984.

[4] Verwerfung, wir kommen auf diesen Begriff zurück.

[5] *Philippe*, Paris 1995.

[6] »Epitaphe für ein totes kleines Mädchen«, zitiert in: Pierre Riché und Danièle Alexandre-Bidon, *L'Enfance au Moyen Âge*, Paris 1994, S. 88.

[7] L. Annaeus Seneca, *Trostschrift für Marcia*, in: *Philosophische Schriften*, Erster Band, Darmstadt 1989, S. 317, 319, 339, 371.

[8] Godefroid Kurth, *Clovis*, Albert Dewitt, 1923, 3. Aufl., 2 Bde., XXVIII, Paris 1984.

[9] Robert Favre, *La mort au siècle des lumières*, Lyon 1978.

[10] In: *L'Enfance au Moyen Âge*, op. cit., S. 22.

[11] Grégoire de Tours (538–594), zitiert von Michel Rouche, »Le corps et le cœur«, in: *Histoire de la vie privée*, Paris Bd. 1, 1985, S. 437–465.

[12] Zitiert von J. Batany, »Regards sur l'enfance dans la littérature moralisante«, *Annales de démographie historique*, 1973, aufgenommen in: *Enfants et sociétés*, Paris 1975.

[13] Emmanuel Le Roy-Ladurie, *Montaillou. Ein Dorf vor dem Inquisitor 1294 bis 1324*. Frankfurt a. M./Berlin 1993.

[14] In: *L'Enfance au Moyen Âge*, op. cit., S. 84.

[15] Ibid. S. 98.

[16] In: Christiane Klapisch, »L'enfance en Toscane au début du XVIéme siècle«, in: *Enfants et sociétés*, op. cit., S. 99–122.

[17] Ibid.

[18] Arlette Farge und Natalie Zemon Davis, Hrsg., »Frühe Neuzeit«, Bd. 3 der Reihe *Geschichte der Frauen*, Hrsg. Georges Duby und Michelle Perrot, Frankfurt a. M./New York 1994, S. 48.

[19] Ibid. S. 231.

[20] Pierre Goubert, *Louis XIV und zwanzig Millionen Franzosen*, Berlin 1973.

[21] Saint-Simon, *Die Memoiren. 1691–1723.* Frankfurt a. M. u. a., 1985.

[22] Ibid.

Das Haus ohne Kinder! – *Victor Hugo*

[1] Alain Decaux, *Victor Hugo*, Paris, Librairie Académique Perrin, 1984, S. 388.

[2] *Victor Hugo, erzählt von Adèle*, Paris, 1985.

[3] Alain Decaux, op. cit., S. 418–421.

[4] Ibid. S. 463.

[5] »Einige Verse für meine Tochter«, Erinnerung an die Verse 2–3 der zehnten *Bucolica* des Vergil: »Pauca meo Gallo, sed quae legat ipsa Lycoris / Carmina sunt dicenda.« (wenige Verse – doch so, daß selbst Lycoris sie lese – / Sing' ich dem Gallus zulieb'.« Vergil, *Bucolica, Georgica, Aeneis*, Übers. R. A. Schröder, o. O. 1952, S. 34.)

[6] Victor Hugo, *Œuvres complètes*, chronologische Ausgabe unter Leitung von Jean Massin, Paris 1968.

[7] Wir haben die Daten respektiert, die Hugo setzte, auch wenn sie von seinen Biographen bestritten werden.

[8] Siehe das Kapitel »The Swan in the Evening«.

[9] Rechenschaftsbericht der »Tischsitzungen«, herausgegeben von den Beteiligten, in: Alain Decaux, op. cit., S. 838–839.

[10] Adèle Hugo, *Journal de l'exil*, in: Alain Decaux, op. cit., S. 838 bis 839.

[11] Alain Decaux, op. cit., S. 852.

[12] In *Les Contemplations* (Die Betrachtungen), S. 467.

[13] Zitiert von Pierre Moreau. In: *Victor Hugo*, Paris, 1967, S. 111.

Ein Nachmittag im April – *Geneviève Jurgensen*

[1] Narzißtische Verwundung: Verletzung, Amputation des mehr oder minder unbewußten Idealbildes, das man von sich hat.

[2] Claudine Vegh, *Ich habe ihnen nicht auf Wiedersehen gesagt*, Köln, 1981.

[3] Christiane Cellier, *Lettres à Anne*, Paris 1995. Christiane Cellier hat die Liga Anne-Cellier gegen die Unsicherheit auf Autostraßen gegründet.

[4] Verwerfung, französisch *forclusion*, englisch *repudiation* oder *foreclosure*. Von Jacques Lacan eingeführter Begriff, der einen spezifischen Mechanismus als Ursache des psychotischen Geschehens bezeichnet. Uranfängliche Verwerfung eines fundamentalen Bedeutungsinhaltes oder Signifikanten aus dem symbolischen Universum des Subjekts. Die Verwerfung unterscheidet sich von der Verdrängung in zwiefacher Hinsicht: 1. Die verworfenen Signifikanten werden nicht in das Unbewußte des Subjekts integriert. 2. Sie kommen nicht aus dem »Inneren« zurück, sondern erscheinen mitten im Realen, besonders im halluzinatorischen Phänomen. (Vgl. J. Laplanche, J.-B. Pontalis, *Das Vokabular der Psychoanalyse*, Frankfurt am Main 1994, S. 608.

[5] Yuko Tsushima und Isadora Duncan beschreiben solche Momente am Rande der Halluzination, das vermeintliche Wiedererkennen, das als Verlockung erkannt wird.

[6] Geneviève Jurgensen arbeitete als Sprecherzieherin an der von Bettelheim gegründeten Orthogenic School für autistische Kinder.

[7] Siehe die Arbeiten von Piera Aulagnier.

Tears in heaven – *Eric Clapton*

[1] Zu Claptons Leben und Werk s. Mickaël Schumacher, *Crossroads. The Life and Music of Eric Clapton*, New York 1995.

The Swan in the Evening – *Rosamond Lehmann*

[1] 1901–1990. Eine Aufstellung ihrer Schriften findet sich in der Bibliographie.

[2] Erste Auflage 1967, Nachauflage 1982 mit einem Epilog; deutsch: *Der Schwan am Abend*, Frankfurt a. M. 1987.

[3] Abgedruckt in: *The Invitation to the Waltz* (1932, dt. *Aufforderung zum Tanz*, 1938).

[4] J.-L. Vaudoyer, Vorwort zu Poussière (*Dusty Answer*, deutsch: *Dunkle Antwort*, Frankfurt a. M. 1986).

[5] G. Tindall, *Rosamond Lehmann. An Appreciation*, London 1985.

[6] Interview in der BBC, 1963, zitiert von Tindall.

[7] »Geh, geh, geh, sagte der Vogel: Das Menschengeschöpf / Kann die Wirklichkeit schwer ertragen.« Burnt Norton, *Four Quartets*, T. S. Eliot, in: *The Swan in the Evening*, S. 7.

[8] Einleitung zu *Album Rosamond Lehmann*, hrsg. von ihrem Enkel Roland. London 1985.

Kindertotenlieder – *Friedrich und Luise Rückert, Gustav und Alma Mahler, Sigmund Freud*

[1] Luise Rückert, *Aufzeichnungen zum Kindertod 1833/34*. In: Friedrich Rückert, *Kindertotenlieder*, Königstein/T. 1983, S. 77 f.

[2] Friedrich Rückert, *Gedichte*, H. Wollschläger, Nördlingen 1988.

[3] Brief an Josef Steiner, 17. Juni 1879, in: Gustav Mahler, *Briefe*, hrsg. v. Herta Blaukopf, Wien/Hamburg 1982, S. 9.

[4] Herbert Kilian, *Gustav Mahler in den Erinnerungen von Natalie Bauer-Lechner*, Hamburg 1984, S. 63.

[5] D. Mitchell, *Mahler, The Early Years*, London 1958, S. 5.

[6] Gustav Mahler, *Briefe 1879–1911*, hg. v. Alma Maria Mahler, Hildesheim / New York 1978, S. 187.

[7] Laurence Schifano, *Lucchino Visconti, Les Feux de la passion*, Paris 1987, 1989, S. 413–415.

[8] Brief an Josef Steiner, 18. Juni 1879, in: Mahler, *Briefe*, hg. v. Herta Blaukopf, op. cit., S. 10.

[9] Ahasverus: Name des irrenden Juden in der Sage von Chrisost Dudulaeus, erschienen in Leyden im Jahr 1602, *Kurtze Beschreibung und Erzählung von einen Juden mit Namen Ahasver*. Das Werk

autorisiert sich von einem Brief des Bischofs von Schleswig, P. von Eitzen. Darin berichtet er die Bekenntnisse des Juden Ahasverus, dem er 1542 in Hamburg begegnet war: ein Schuhmacher, installiert auf dem Leidensweg/Weg des Calvaire, während der Passion, dieser hatte den erschöpften Christus von seiner Schwelle verjagt. Jesus sagte zu ihm: »Ich werde anhalten und mich ausruhen, aber du wirst immer wandern.« Ahasverus, nachdem er der Kreuzigung beigewohnt hatte, nahm die Straße auf ewig.

Als Ursprung dieses Textes findet man drei Typen von orientalischen Legenden, die während der Kreuzzüge nach Europa gelangt sein sollen. Der deutsche Autor soll sie vereinigt haben. Er soll den persischen Namen Ahasverus irrtümlich für einen jüdischen Namen gehalten und einer protestantischen Bibel entnommen haben (*Catholicisme hier, aujourd'hui, demain*, Bd. 6, 1967, Paris).

[10] Auszug aus Briefen von Erika Tietze-Conrat an ihre Familie im Sommer 1904, in: Alma Mahler, *Ein Leben mit Gustav Mahler*, Manuskript, zit. in: Henry-Louis de la Grange, *Gustav Mahler*, Paris 1979, Bd. I, S. 90.

[11] Mahler, *Briefe 1879–1911*, op. cit., S. 5.

[12] Herbert Kilian, op. cit., S. 173 ff.: Mahler war völlig feindselig der Tradition, die musikalischen Werke mit angenommenen Programmen zu beschreiben, was der Komponist habe ausdrücken wollen. Er schlägt nichtsdestoweniger diese Arten von freien enthüllenden Assoziationen seiner Phantasmen vor.

[13] Ibid., S. 26.

[14] Ibid.

[15] Mahler, *Briefe 1879–1911*, op. cit., S. 188f.

[16] Henry-Louis de la Grange, op. cit., Bd. I, S. 1033.

[17] Alma Mahler, *Ein Leben mit Gustav Mahler*, Manuskript, zit. in: Henry-Louis de la Grange, *Gustav Mahler*, Paris 1979, Bd. II, S. 191–193.

[18] H. Albreich, »Arnold Schönberg et le judaisme«, *L'Avant-Scène Opéra*, Nr. 167, S. 68.

[19] Alma Mahler, *Gustav Mahler. Erinnerungen*, Frankfurt a. M. 1991, S. 67. Hervorhebung von uns.

[20] Alma Mahler-Werfel, *Mein Leben*, Frankfurt a. M. 1969, S. 95.

[21] Alma Mahler, *Gustav Mahler. Erinnerungen*, op. cit., S. 147 f.

[22] Henry-Louis de la Grange, op. cit., Bd. III, S. 79.

[23] Ibid. S. 89.

[24] Alma Mahler-Werfel, *Mein Leben*, op. cit., S. 46.

[25] Henry-Louis de la Grange, op. cit., Bd. III, S. 87.

[26] Bruno Walter, *Briefe 1894–1962*, Frankfurt a. M. 1969, S. 95.

[27] *Gustav Mahler, Ein Porträt von Bruno Walter*, Frankfurt 1957, S. 49.

[28] Alma Mahler-Werfel, *Erinnerungen an Gustav Mahler*. Gustav Mahler, *Briefe an Alma Mahler*, hg. v. Donald Mitchell, Frankfurt a. M./Berlin 1972, S. 155 f.

[29] Ibid. S. 156.

[30] Ibid. S. 161.

[31] Gustav Mahler, *Briefe 1879–1911*, S. 410 f.

[32] Alma Mahler-Werfel, *Mein Leben*, op. cit., S. 44 f.

[33] Henry-Louis de la Grange, op. cit., Bd. III, S. 355–356.

[34] Ibid. S. 378.

[35] Gustav Mahler, *Briefe 1879–1911*, S. 414.

[36] Henry-Louis de la Grange, op. cit., Bd. III, S. 478.

[37] Oskar Fried, *Erinnerungen an Mahler*, in: *Musikblätter des Anbruch* 1 (1919–1920), S. 16–18, hier S. 17.

[38] Alma Mahler-Werfel, *Erinnerungen*, op. cit., S. 367.

[39] Ernest Jones, *La Vie et l'œuvre de Sigmund Freud*, Bd. II, Paris 1969, S. 64.

[40] Sigmund Freud, *Eine Kindheitserinnerung aus Dichtung und Wahrheit*, in: Sigmund Freud, *Studienausgabe*, Bd. X, Bildende Kunst und Literatur, Frankfurt a. M. 1994, S. 266.

[41] Sigmund Freud, Brief vom 12. Mai 1938 an Ernst Freud, in: Sigmund Freud, *Briefe 1873–1939*, hg. v. Ernst u. Lucie Freud, Frankfurt a. M. 1980, S. 459.

[42] Sigmund Freud, *Vergänglichkeit*, in: *Studienausgabe*, Bd. X.

[43] *Ein Glück ohne Ruh', Die Briefe Gustav Mahlers an Alma*, hg. v. Henry-Louis de la Grange u. Günther Weiß, Berlin 1995, S. 452, 457, 458.

[44] Interview vom 13. Mai 1911, *Musical America*, zit. in: Henry-Louis de la Grange, op. cit., Bd. III, S. 942.

[45] Ibid. S. 957.

[46] Ibid. S. 984.

[47] Sigmund Freud. Ludwig Binswanger, *Briefwechsel 1908–1939*, Frankfurt a. M. 1992, S. 169.

[48] Brief an Jones, 8. Februar 1920, in: Max Schur, *Sigmund Freud. Leben und Sterben*, Frankfurt a. M. 1982, S. 393.

[49] Brief an Pfister, 27. Januar 1920, in: Sigmund Freud, *Briefe 1873 bis 1939*, op. cit., S. 345.

[50] Brief an Ferenczi, 4. Februar 1920, ibid., S. 346.

[51] Brief an Eitingon, 27. Mai 1920, in: Max Schur, op. cit., S. 395.
[52] Eine Stelle aus *Jenseits des Lustprinzips*, zit. in: ibid., S. 396.
[53] Brief an Binswanger, 15. Oktober 1926, in: Sigmund Freud. Ludwig Binswanger, op. cit., s. 208.
[54] Brief an Kata und Lajos Levy, 11. Juni 1923, in: Sigmund Freud, *Briefe*, op. cit., S. 362.
[55] Brief an Binswanger, 15. Oktober 1926, in: Max Schur, op. cit., S. 428.
[56] Brief an Jones, 11. März 1928, ibid., S. 480.
[57] Brief an Fließ, 2. November 1896, in: Sigmund Freud, *Briefe*, op. cit., S. 244 f.
[58] Sigmund Freud, *Studienausgabe*, Bd. II, *Die Traumdeutung*, Frankfurt a. M. 1994, S. 24.
[59] Françoise Giroud, *Alma Mahler oder die Kunst, geliebt zu werden*, Wien/Darmstadt, S. 147.
[60] Françoise Giroud, *Alma Mahler*, op. cit.
[61] Ibid. S. 169.
[62] Alma Mahler-Werfel, *Mein Leben*, op. cit., S. 195. Alle folgenden Zitate – falls nicht anders bezeichnet – sind diesem Buch entnommen.
[63] Elias Canetti, *Das Augenspiel, Lebensgeschichte 1931–1937*, München/Wien 1994, S. 54.

Geschenk der Isis – *Isadora Duncan*

[1] 1878–1927.
[2] *Life into Art, Isadora Duncan and her World*, hg. v. Duncan Dorée, Pratl Carol, Splatt Cynthia (ed.), Vorwort von Agnès de Mille, New York/London 1993.
[3] Isadora Duncan, *The Dance of the Future*, 1903, zit. in: *Life into Art*, op. cit.
[4] Maurice Lever, *Primavera. Tanz und Leben der Isadora Duncan*, München/Hamburg, 1988, S. 196.
[5] François Delsarte (1811–1871) studierte Physiologie und Psychologie, um eine Verbindung zwischen emotionalen Stimuli, Bewegung und Ausdruck herzustellen. Er lehrte eine »Wissenschaft der angewandten Ästhetik«.
[6] *Life into Art*, op. cit., S. 122.
[7] Kursivierung von uns.

[8]   Ibid. S. 274.
[9]   Kursivierung von uns.
[10] Kursivierung von uns.
[11] Isadora Duncan, *Memoiren*, Zürich/Leipzig/Wien 1928.

Verfolgt vom Licht der Nacht – *Yuko Tsushima*

[1]   Siehe Ginette Raimbault, *L'Enfant et la mort*, Paris, 1975, Wiederaufl. 1995.
[2]   Ibid.

Ein »Grab« für Anatole – *Stéphane Mallarmé*

[1]   Brief an Cazalis, 2. Februar 1871.
[2]   *Correspondance*, zitiert von Jean-Pierre Richard, der diesen Ausdruck zum Titel seines Buches wählte, den Mallarmé oft in seinen vielen Trauerreden benutzt hat.
[3]   Henri Mondor, *Vie de Mallarmé*, Paris 1941, S. 407.
[4]   Mallarmé, »Diptyque«, *Œuvres complètes*, op. cit., S. 278.
[5]   Henri Mondor, op. cit., S. 399.
[6]   Ibid. S. 401.
[7]   Brief an Henri Roujon, nicht edierter Briefwechsel Stéphane Mallarmé – Henri Roujon.
[8]   Henri Mondor, op. cit., S. 401.
[9]   Brief an John Payne, 6.–7. Oktober 1878.
[10] »Diptyque«, op. cit., S. 275.
[11] Henri Mondor, op. cit., S. 402.
[12] Ibid.
[13] Brief an Henri Roujon, op. cit., S. 13.
[14] Henri Mondor, op. cit., S. 402.
[15] Ibid. S. 407.
[16] *Für ein Grab ...*, Le Seuil, 1961, S. 28.
[17] Jean-Paul Sartre zerreißt sich das Maul über diese Familiengeschichte in der Registratur, *Mallarmé, la lucidité et sa face d'ombre*, Paris 1986.
[18] Charles Mauron, *Des métaphores obsédantes au mythe personnel, introduction à la psychocritique*, Paris 1963.
[19] *Œuvres complètes*, Paris 1945, S. 1383.

20 Im März 1859.

21 Das Sonett war vermutlich an Maspéro gerichtet mit der Widmung: »Für Ihre teure Tote, von ihrem Freund, 2. November 1877.«

22 Aus Mallarmé, *Sämtliche Dichtungen*.

23 Cellier, *Mallarmé et la morte qui parle*, PUF, 1959, S. 158.

24 Kursiv von uns.

25 *Correspondance*, Bd. IV, Gallimard, 1959–1985, Brief vom 28. August 1873, S. 388–389.

26 Brief an Cazalis vom 27. April 1863, zitiert in: Henri Mondor, op. cit., S. 87.

27 Kursiv von uns.

28 Brief an Frédéric Mistral, 30. Dezember 1864.

29 Brief an Cazalis, Januar 1865.

30 Nach dem Ausdruck von Pierre-Olivier Walzer. *Mallarmé Stéphane*, Seghers, »Poètes d'aujourdhui«, 1963.

31 Brief an Cazalis, 19. Februar 1869.

32 Aus Mallarmé, *Sämtliche Dichtungen*, S. 129.

33 Walzer, op. cit., S. 99.

34 Henri Mondor, op. cit., S. 305–306.

35 Henri Mondor, op. cit., S. 494.

36 Gordon Millan, *Mallarmé. A Throw of the Dice*, London 1994, S. 312.

37 *Correspondance*, Bd. IX, S. 92.

38 *Correspondance*, Bd. X, 18. Mai 1898.

Die Wege der Trauer

1 In Anführungszeichen, um auf die Nähe zwischen dem Verlust infolge eines Todes und dem Wunschverzicht hinzuweisen.

2 Seminar von Françoise Héritier über »Die Gewalt« am Collège de France und Psychoanalyse mit Kindern der DASS, geleitet von Caroline Éliacheff und ihrer Forschungsgruppe. Siehe *À corps et à cris* in der Bibliographie.

3 Guite Guérin hat diese Vorfragen in dem Kapitel »Être en Deuil«, in: *L'Enfant et la mort* entwickelt, op. cit.

4 Freud hat das Prinzip dafür gefunden, als er beobachtete, wie sein Enkel mit einer Holzspule spielte, die er verschwinden und wiederkehren ließ, indem er diese Bewegungen mit den berühmt gewordenen Lautnachahmungen kommentierte: *Fort – Da*.

[5] Siehe besonders die Forschungen von Hélène Piralian über den armenischen Genozid in: *Génocide et transmission* und ihr Buch *Un enfant malade de la mort* (siehe Bibliographie).

[6] Seneca, op. cit., S. 371.

Bibliographie

Danksagung

Véronique Debellemanière hat mich bei der Erstellung dieser Bibliographie kundig beraten. Sie weiß, wie sehr ich ihr und ihrer Familie danke. Dominique Prévot hat mir wichtige Hinweise zur Geschichte der Antike gegeben. Die Gespräche mit Caroline Éliacheff haben mich auf der manchmal öden Strecke aufgemuntert.

Alain Decaux' Victor-Hugo-Biographie war nicht nur interessant zu lesen, sondern hat mir wichtige und für meine Arbeit unverzichtbare Einzelheiten vermittelt. Françoise Théret hat im Hugo-Museum an der Place des Vosges wichtige Dokumente und Bilder gefunden.

Geneviève Jurgensen stand mir freundlicherweise zu einem Gespräch zur Verfügung, das über unsere beruflichen Beziehungen hinausging. Rose-Marie Fayolle, die Übersetzerin von Tsushima, hat mir das Klima, in dem die japanischen Frauen des 11. Jahrhunderts lebten, vermittelt und mir erklärt, wie eine Schriftstellerin dort heute lebt.

Sehr freundlich hat mich die berühmte Buchhandlung Village Voice in der Rue Princesse in Paris empfangen. Hier erhielt ich die notwendigen Dokumente, um Isadora Duncans Leben nachzuvollziehen. Den Bibliothekaren der American Library und des British Council in Paris verdanke ich Hinweise zu Rosamond Lehmann, einer gegenwärtig unterschätzten Autorin.

Ohne die große Biographie von Henry-Louis de la Grange hätte ich wohl kaum Zugang zu dem Komponisten Mahler erhalten. Der Autor weiß, wie sehr es mich freute, ihm zu begegnen und ihn über einen Menschen reden zu hören, dem er soviel Zeit seines Lebens und Denkens gewidmet hat. In der Bibliothèque Mahler fand ich einen Ort der Anregung und Inspiration dank Marie-Joe Blavette. Françoise Bernard hat mir mit ihren hervorragenden Deutschkenntnissen sehr geholfen, Gustav Mahler zu verstehen. Insbesondere bei der Liebesgeschichte der großen Verführerin Alma Mahler bin ich weitgehend Françoise Girouds exzellentem Buch gefolgt.

Die Trauer

Abelhauwer, A.: Figures du destin. In: Esquisses psychanalytiques 17 (1992).

–: La mort et l'inconscient. In: Esquisses psychanalytiques 13 (1990). S. 63–73.

Abraham, N., Torok, M.: L'Écorce et le noyau. Paris 1984–1994.

Allouch, J.: Érotique du deuil au temps de la mort sèche. Paris 1995.

–: Marguerite ou l'Aimée de Lacan. Paris 1990.

Amar, N., Couvreur, C., Hanus, M. (Hg.): Le Deuil. In: Revue française de psychoanalyse. Paris 1994.

Anthony, J., Koupernic, C.: The Child in his Family. The Impact of Disease and Death. New York 1973.

Ariès, P.: Essais et mémoires. 1943–1983. Paris 1993.

–: Geschichte des Todes. München 1995.

Ariès, P., Pontalis, J.-B.: Entretien. In: Nouvelle Revue de psychanalyse 19 (Frühling 1979). S. 13–26.

Ariès, P., Dolto, F., Kardinal Marty, F., Raimbault, G., Schwartzenberg, L.: En face de la mort. Toulouse 1983.

Augé, M. (Hg.): La Mort, moi et nous. Paris 1955.

Augé, M.: Pouvoirs de vie, pouvoirs de mort. Paris 1977.

Aulagnier, P.: Naissance d'un corps, origine d'une histoire. In: Corps et Histoire. IVe rencontres psychanalytiques d'Aix-en-Provence (1985). Paris 1986.

Bacqué, M.-F.: Mut zur Trauer. Die Akzeptanz eines notwendigen Lebensgefühls. München 1996.

Balmary, M.: La Divine Origine. Dieu n'a pas créé l'homme. Paris 1983.

Bettelheim, B.: Freud und die Seele des Menschen. Düsseldorf 1984.

Bonaparte, M.: De la mort et des fleurs. In: Revue française de psychanalyse 51 (1987). S. 231–235.

Bourguignon, O.: Mort des enfants et structures familiales. Paris 1984.

Bourrat, M., Hellouin, M.: La place du mort. In: Revue française de psychiatrie (März 1991).

Boyer, J.-P., Porret, P.: L'échographie et l'attente d'un enfant. Mise en question du concept de deuil de l'enfant imaginaire et de ses utilisations. In: Neuropsychiatrie de l'enfance 39, 2–3 (1991). S. 72 bis 77.

Briole, G.: Peut-il me perdre?. In: Psychologie médicale 25, II (1995). S. 1077–1079.

Brunetière, H.: Leurre de la naissance. L'enfant de remplacement. In: L'Information psychiatrique 66, 1 (1990). S. 39–42.

Bufalino, G.: La Lumière et le deuil. Paris 1991.

Castoriadis-Aulagnier, P.: La Violence de l'interprétation. Paris 1975.

Cerisy-la-Salle: La mort dans les textes. Actes du Colloque. Lyon 1988.

Chicheportiche, A.: La Pierre d'Israël. Lois et coutumes du deuil. Paris 1990.

Choron, J.: Der Tod im abendländischen Denken. Stuttgart 1967.

Cline, S.: Lifting the Taboo, Women, Death and Dying. London 1995.

Cournut, J.: Deuils ratés, morts méconnues. In: Bulletin de la Société de psychanalyse de Paris 2 (1983). S. 9–26.

Cramer, B.: Deuil, réincarnation et naissance. De l'autre côté du roman familial. In: Le Nouveau Roman familial ou On te le dira quand tu seras plus grand. Hg. v. Soulé, M. Paris 1984.

Czechowski, N., Danziger, C.: Deuils. Vivre c'est perdre. In: Autrement 128 (1992).

Desnos, R.: La Liberté ou l'amour. Suivi de Deuil pour deuil. Paris 1982.

Devereux, G.: Femme et mythe. Paris 1982.

Deuil d'enfant. In: Littoral. Paris 1995.

Dubois, P.: Sowing the Body. Psychoanalysis and Ancient Representations of Women. Chicago 1988.

Eissler, K. R.: Der sterbende Patient. Zur Psychologie des Todes. Stuttgart/Bad Cannstatt 1978.

Elias, N.: Über den Prozeß der Zivilisation. Soziogenetische und psychogenetische Untersuchungen. Frankfurt a. M. 1991.

Favret-Saada, J.: Les Mots, la mort, les sorts. Paris 1980.

Fedida, P.: La mort vue par les vivants. In: Greco 2 (1993). S. 7–18.

Gagnebin, M.: Les ensevelis vivants. Les mécanismes psychiques de la création. Seyssel 1987.

Gauthier, Y., Lebovici, S., Mazet, P., Visier, J.-P. (Hg.): Tragédies à l'aube de la vie. Répercussions sur les familles. La Colle sur Loup 1993.

Godin, A. (Hg.): Mort et présence. Études de psychologie. Brüssel 1971.

Gorer, G.: The impact of disease and death. In: The Child in his Family: the Impact of Disease and Death. Hg. v. Anthony, J., Koupernic, C. New York 1973.

–: Ni pleurs ni couronnes. Précédé de Pornographie de la mort. Paris 1995.

254

Gudi, P., Vernant, J.-P.: La Mort, les morts dans les mondes anciens. Paris 1982.

Guérin, G.: L'Enfant inconcevable. Histoires de femmes. Paris 1988.

Guillaumin, J.: La métapsychologie du deuil et le lieu de l'objet perdu (ou la topique revisitée par l'absence). In: Revue belge de psychanalyse 10 (1987). S. 1–12.

–: L'objet de la perte dans la pensée de Freud. In: Revue française de psychanalyse 53, 1 (1989). S. 297–303.

Guttières-Green, L.: Le tombeau vide, douleur de l'oubli. In: Revue française de psychanalyse 4 (Juli 1991).

Guyotat, J.: Mort, naissance et filiation. Études de psychopathologie sur le lien de filiation. Paris 1980.

–: Recherches psychopathologiques sur la coïncidence mort-naissance. In: Psychanalyse à l'Université 2 (1982). S. 463–476.

Hanus, M.: Objet de remplacement, enfant de remplacement. In: Revue française de psychanalyse 6 (1982). S. 1133–1147.

–: Pathologie du deuil. Paris 1976.

Hassoun, J.: L'enfant mort comme passage du mythe à la théorie. In: L'Ordinaire du psychanalyste 6.

Hersch, J.: Das philosophische Staunen. Einblicke in die Geschichte des Denkens. München/Zürich 1992.

Hummel, G.: À propos de deuils maternels. In: Revue française de psychanalyse 53, 1 (1989). S. 285–290.

Humphreys, S. C.: The Family, Women and Death. Comparative Studies. Michigan 1993.

INFOKARA: Le suivi du deuil. L'expérience du CESCO. Institution universitaire de gériatrie de Genève 35 (September 1994).

Israël, L.: Le Deuil de l'objet perdu. In: Apertura 2 (1988). S. 25 bis 34.

James, F.: »Je veux un enfant«. Pour une ethnopsychanalyse du désir d'enfant. In: Médecine et Hygiène 47 (1989). S. 1012–1021.

Jankélévitch, V.: La Mort. Paris 1966.

Juranville, A.: La Femme et la mélancolie. Paris 1993.

Kimbrell, A.: Ersatzteillager Mensch. Die Vermarktung des Körpers. Frankfurt/New York 1994.

Klein, M.: Die Trauer und ihre Beziehung zu manisch-depressiven Zuständen. In: Gesammelte Schriften. 4 Bde. Bd. 1, 2: Schriften 1920 bis 1945. Stuttgart/Bad Cannstatt 1996.

Lacan, Jaques: De la psychose paranoïaque dans ses rapports avec la personalité. Paris 1975.

–: Les Complexes familiaux. Navarin 1984.

–: Le Séminaire. Livre III. Les Psychoses. 1955–1956. Paris 1982.

–: Le Séminaire. Livre IV. La Relation d'objet. 1956–1957. Paris 1994.

–: Le Séminaire. Livre VII. L'Éthique de la psychanalyse. 1959 bis 1960. Paris 1986.

–: Le Séminaire. Livre VIII. Le Transfert. 1960–1961. Paris 1991.

–: Das Seminar. Buch XI. Die vier Grundbegriffe der Psychoanalyse. Berlin 1978.

–: Schriften. Bd. 1–2. Berlin 1991. Bd. 3. Berlin 1986.

Lagache, D.: Agressivité, structure de la personalité et autres travaux. In: Œuvres IV (1956–1962). Paris 1982. S. 2–28.

–: Le travail du deuil. In: Revue française de psychanalyse 12 (1938). S. 693.

La Mort. In: Terrain 20. Revue du patrimoine ethnologique (März 1993).

Lang, J.-L.: Bibliographie historique des œuvres et des écrits de Sigmund Freud sur: dépression, deuil, mélancolie, manie, suicide et mort. In: Psychanalyse à l'Université 4 (1976). S. 725–744.

Laplanche, J.: Leben und Tod in der Psychoanalyse. Frankfurt a. M. 1985.

Lauru, D.: Du deuil de l'objet à l'objet du deuil. In: Analyse freudienne 10 (1995). S. 6–9.

Lebovici, S.: Le travail du deuil chez l'enfant. In: Le Deuil. Paris 1994.

Leclaire, S.: On tue un enfant. Suivi d'un texte de Nata Minor. Paris 1975.

Lévi-Strauss, C.: Das Wilde Denken. Frankfurt a. M. 1991.

Lewis, E., Bourne, S.: Mourning by the family after a still birth of neonatal death. In: Archives of Disease in Childhood 54 (1979). S. 303–306.

Lortz, R.: Deuil après deuil. Paris 1994.

Loux, F.: Une si longue naissance. Les premiers mois d'un enfant prématuré. Paris 1983.

Maître, J.: L'Orpheline de la Berezina – Thérèse de Lisieux. Paris 1995.

Mannoni, O. (Hg.): Des psychanalystes vous parlent de la mort. Paris 1979.

Mazet, P., Lebovici, S. (Hg.): Mort subite du nourrisson. Un deuil impossible? Paris 1996.

Melman, C.: Pourquoi est-il si difficile d'être aimé? In: Bulletin de l'Association freudienne 38 (Juni 1990). S. 5.

Mémoires des mères. Une anthologie littéraire et photographique. Textes réunis. Paris.

Mitscherlich, A.: Die Unfähigkeit zu trauern. Grundlagen kollektiven Verhaltens. Leipzig 1990.

Montandon-Binet, C., Montandon, A. (Hg.): Savoir mourir. Paris 1993.

Murray-Parkes, C., Weiss, R. S.: Recovery from Bereavement. New York 1983.

M'Uzan, M. de: De l'art à la mort. Paris 1977.

Nachin, C.: Les Fantômes de l'âme. À propos des héritages psychiques. Paris 1983.

Nathan, T.: Les Rituels de deuil, travail de deuil. Toulouse 1994.

–: Le temps ininterrompu. Pathologie du deuil et de l'exil. In: Revue d'ethnopsychiatrie 11 (1988).

Ohrbach, C. E.: The multiple meanings of the loss of a child. In: Am J. Psychotherapy 13 (1959). S. 906–915.

Pasquier, M.-C.: Avec lui, sans lui. In: Sorcières 23 (November 1981). S. 137–143.

Peter, J.-P.: Le corps du délit. In: Nouvelle Revue de psychanalyse 3–4 (1972). S. 71–108.

Piralian, H.: Un enfant malade de la mort. Lecture de Mishima, relecture de la paranoïa. Paris 1989.

–: Génocide et transmission. Paris 1994.

Pollock, L.: Forgotten Children. Parent-Child Relation from 1500 to 1900. Cambridge 1983.

Pontalis, J.-B.: Entre le rêve et la douleur. Paris 1977.

Porot, M.: L'Enfant de remplacement. Paris 1994.

Rafael, B.: The Anatomy of Bereavement. New York 1982.

Raimbault, E.: La Délivrance. Paris 1976.

Raimbault, G.: Arzt, Kind, Eltern. Erfahrungen von Kinderärzten in einer Balint-Gruppe. Frankfurt a. M. 1977.

–: Clinique du Réel. Paris 1995.

–: Le concept de la mort chez l'enfant. In: En face de la mort. Toulouse 1983.

–: L'Enfant et la mort. Montrouge 1995.

–: L'intervenant et l'adolescent suicidaire. In: Adolescence et suicide, épidémologie, psychodynamique, interventions. Creil 1989.

–: Kinder sprechen vom Tod. Klinische Probleme der Trauer. Frankfurt a. M. 1980.

Raimbault, G., Zygouris, R.: L'Enfant et sa maladie. Toulouse 1991.

Raimbault, G., Éliacheff, C.: Les Indomptables. Figures de l'anorexie. Paris 1995.

Raimbault, G., Manciaux, M.: Enfance menacée. INSERM 1991.

Revue d'ethnopsychiatrie (Nouvelle): À qui appartient l'enfant?. In: Dass. 21 (1993).

–: Rituels de deuil, travail de deuil. In: Dass. 10 (1988).

Revue française de psychanalyse (Monographie de la): Le Deuil. Hg. v. Amar, N., Couvreur, C., Hanus, M. Paris 1994.

Revueltas, J.: Le Deuil humain. Paris 1987.

Safouan, M.: Échec du principe de plaisir. Paris 1979.

–: La Parole ou la mort. Comment une société humaine est-elle possible?. Paris 1993.

–: La Sexualité féminine dans la doctrine freudienne. Paris 1976.

Sanders, C. M.: A Comparison of Adult Bereavement in the Death of a Spouse, Child and Parent. In: Omega 10, 4 (1979 bis 1980). S. 303–322.

Sarnoff Schiff, H.: The Bereaved Parents. New York 1977.

Serra, A.: Marie à Cana, Marie près de la croix. Paris 1983.

Sorcières: La Mort. Paris 1980.

Soulé, M.: Le Secret des origines. Creil 1985.

Stedeford, A.: Facing Death, Patients, Families & Professionals. Heineman Medical Books 1985.

Thomas, L. V.: À propos du deuil. In: Synapse 35 (1987). S. 25–38.

–: Civilisation et divagations. Mort, fantasmes. Paris 1979.

–: La Mort en question. Traces de mort et mort des traces. Paris 1991.

Thomas, L. V., Sergent, B., Romain, W. P., Nathan, T. (Hg.): Rituels de deuil, travail du deuil. In: Nouvelle Revue d'ethnopsychiatrie 10 (1988).

Thomas, Y.: Le ventre, corps maternel, droit paternel. In: Le Genre humain 14 (Frühling-Sommer 1986). S. 211–236.

Torok, M.: Maladie du deuil et fantasme du cadavre exquis. In: Revue française de psychanalyse XXXII, 4 (1968). S. 715–734.

Van der Cruysse, D.: La Mort dans les »Mémoires« de Saint-Simon. Nizet 1981.

Vernant, J.-P.: Tod in den Augen. Figuren des Anderen im griechischen Altertum: Artemis und Gorgo. Frankfurt a. M. 1988.

Vigouroux, F.: Le Secret de famille. Paris 1993.

Wholey, D.: When the Worst that Can Happen Already has. Conquering Life's most Difficult Times. New York 1992.

Winnicott, D. W.: Babys und ihre Mütter. Stuttgart 1990.

–: Un cas de psychiatrie infantile illustrant un après-coup à la perte. In: Le deuil. Paris 1994. S. 51–76.

Trauer im Verlauf der Geschichte

Antikes Zeitalter und Mythologie:

Aeschylus: Tragödien. Zürich/München 1990.

Ariès, P., Duby, G. (Hg): Geschichte des privaten Lebens. Bd. 1: Vom Römischen Imperium zum Byzantinischen Reich. Hg. v. Veyne, P. Frankfurt a. M. 1989.

Bonnefoy, Y. (Hg.): Dictionnaire des mythologies. Paris 1981.

Brunel, P.: L'Évocation des mortes et descente aux enfers. Homère, Virgile, Dante, Claudel. Quebec 1974.

Burguière, A., Klapisch-Zuber, C., Segalen, M.: Geschichte der Familie. Bd. 1. Frankfurt a. M./New York/Paris 1996.

Euripides: Tragödien. Zürich/München 1990.

Griffin, J.: Homer on Life and Death. Oxford/Toronto/Melbourne 1980.

Grimal, P.: Dictionnaire de la mythologie grecque et romaine. Paris 1994.

Gudi, P., Vernant, J.-P.: La mort, les morts dans les sociétés anciens. Paris 1982.

Homer: Ilias. Stuttgart 1994.

–: Odyssee. Stuttgart 1995.

Hopkins, K.: Death and Renewal. Sociological Studies in Roman History. 2 Bde. Cambridge 1983.

Loraux, N.: Le deuil du rossignol. In: Nouvelle Revue de psychanalyse 34 (1986). S. 253–257.

–: Die Trauer der Mütter. Weibliche Leidenschaft und die Gesetze der Politik. Frankfurt a. M./New York/Paris 1992.

–: Tragische Weisen, eine Frau zu töten. Frankfurt a. M./New York/Paris 1993.

Néraudeau, J.-P.: Être enfant à Rome. Paris 1984.

Ovidius Naso, P.: Metamorphosen. Frankfurt a. M. 1995.

Ridder, A. de: De l'idée de la mort en Grèce à l'époque classique (thèse). Paris 1896.

Romilly, J. de: Patience, mon cœur. L'essor de la psychologie dans la littérature grecque classique. Paris 1994.

Seneca, L. A.: Philosophische Schriften. Bd. 1: Dialoge I–VI. Darmstadt 1989.

Sophocles: Tragödien. Zürich/München 1990.

Vernant, J.-P.: L'individu, la mort, l'amour, soi-même et l'autre en Grèce ancienne. Paris 1989.

–: Mythos und Gesellschaft im alten Griechenland. Frankfurt a. M. 1987.

Vidal-Naquet, P.: Der schwarze Jäger. Denkformen und Gesellschaftsformen in der griechischen Antike. Frankfurt a. M./New York 1989.

Vom Mittelalter bis zum zwanzigsten Jahrhundert:

Alexandre-Bidon, D: L'Enfant à l'ombre des cathédrales. Lyon 1985.

Alexandre-Bidon, D., Treffort, C. (Hg.): La Mort au quotidien dans l'Occident médiéval. Lyon 1993.

Andrieu, B.: Le Corps dispersé. Une histoire du corps au XXe siècle. Paris 1993.

Ariès, P.: Attitudes devant la vie et devant la mort du XVIIe au XIXe siècle. In: Essais et Mémoires 1943–1983. Paris 1993.

–: Geschichte der Kindheit. München 1996.

–: Studien zur Geschichte des Todes im Abendland. München 1981.

Armangaud, A.: L'attitude de la société à l'égard de l'enfant au XIXe siècle. In: Enfants et Sociétés. Annales de démographie historique (1973). S. 303–304.

Badinter, E.: Die Mutterliebe. Geschichte eines Gefühls vom 17. Jahrhundert bis heute. München/Zürich 1991.

Batany, J.: Regards sur l'enfance dans la littérature moralisante. In: Enfants et Sociétés. Annales de démographie historique (1973). S. 123–128.

Bisiaux, M., Jagolet, C.: 40 Écrivains parlent de la mort. Paris 1990.

Bodhaert, F.: Petites Portes d'éternité. La mort, la gloire et les littérateurs. Paris 1993.

Burguière, A. (Hg.), Klapisch-Zuber, C., Segalen, M.: Geschichte der Familie. 3 Bde. Frankfurt a. M./New York/Paris 1996.

Burguière, A., Revel, J.: Histoire de France. Bd. 4: Les formes de la culture. Paris 1993.

Cerati, M.: Marguerite de Navarre. Paris 1981.

Duby, G.: Dames du XIIe siècle. Héloïse, Aliénor, Iseut et quelques autres. Paris 1995.

Dumontier, M.: L'Empire des Plantagenêts. Aliénor d'Aquitaine et son temps. Paris 1980.

Ernst, G.: Georges Bataille. Analyse du récit de la mort. Paris 1993.

Ernst, G. (Hg.): La Mort en toutes lettres. Actes du colloque organisé par le département de littérature comparée de l'université de Nancy II. Nancy 1983.

Favre, R.: La Mort dans la littérature et la pensée française au siècle des lumières. Lyon 1978.

Flandrin, J.-L.: L'attitude à l'égard du petit enfant et les conduites sexuelles dans la civilisation occidentale. Structures anciennes et évolution. In: Annales de démographie historique (1973). S. 142–210.

Frappier, J.: La douleur et la mort dans la littérature française des XIIe et XIIIe siècles. In: Il dolore e la morte nella spiritualità medievale. Todi (1967). S. 67–110. Convegni del Centro di studi sulla spiritualità medievale 5 (7.–10. Oktober 1962).

Geary, P. J.: Living with the Death in the Middle Ages. Cornell University 1994.

Goubert, P.: Ludwig XIV. und zwanzig Millionen Franzosen. Berlin 1973.

Jourda, P.: Marguerite d'Angoulême, duchesse d'Alençon, reine de Navarre. Paris 1930.

Kelly, A.: Eleanor of Aquitaine and the Four Kings. Harvard University Press 1959.

Klapisch, C.: Attitudes devant l'enfant au Moyen Âge. In: Annales de démographie historique (1973).

–: L'enfance en Toscane au début du XVe siècle. In: Enfants et Sociétés. Annales de démographie historique (1973). S. 99–122.

Knibiehler, Y., Fouquet, C.: L'Histoire des mères du Moyen Âge à nos jours. Paris 1980.

Kurth, G.: Clovis. 2 Bde. Brüssel 1923.

L'enfant au Moyen Âge. In: Sénéfiance 8. Paris 1980.

La Mort au Moyen Âge. Actes du VIe colloque de la Société des historiens médiévistes de l'enseignement supérieur public (Juni 1975). Straßburg 1977. S. 87–102.

Le Goff, J.: Colloque Famille et Parenté dans l'Occident médiéval. 1974. Paris (6.–8. Juni 1974) / École pratique des hautes études. VIe section. Diffusion de Boccard 1977.

Le Roy-Ladurie, E.: Montaillou. Ein Dorf vor dem Inquisitor 1294 bis 1324. Frankfurt a. M./Berlin 1993.

Le Sentiment de la mort au Moyen Âge. Études présentées au Ve colloque de l'Institut d'études médiévales de l'université de Montréal. Montreal 1979.

Lorcin, M.-T.: L'Enfant au Moyen Âge. Littérature et civilisation. Paris 1980.

Martineau Genieys, C.: Le Thème de la mort dans la poésie française. De 1450 à 1550. Paris 1978.

Mause Lloyd, O. (Hg.): Hört ihr die Kinder weinen. Eine psychogenetische Geschichte der Kindheit. Frankfurt a. M. 1994.

Mercier, R.: L'Enfant dans la société du XVIIIe siècle avant »L'Émile«. Dakar 1961.

Morin, E.: L'homme et la mort devant l'histoire. Paris 1970.

Perez, J.: Ferdinand und Isabella. Spanien zur Zeit der katholischen Könige. München 1995.

Pernoud, R.: La Femme au temps des cathédrales. Paris 1980.

–: König der Troubadoure. Eleonore von Aquitanien. München 1991.

Pichot, A.: Histoire de la notion de vie. Paris 1993.

Poèmes de la mort de Turold à Villon. Bibliothèque médiévale 1979.

Riché, P., Alexandre-Bidon, D.: L'Enfance au Moyen Âge. Paris 1994.

Riché, P.: L'enfant dans le haut Moyen Âge. In: Enfants et Sociétés. Annales de démographie historique (1973). S. 95–98.

Saint-Simon, L. de Rouvray, Duc de: Die Memoiren des Herzogs von Saint-Simon. 1691–1723. Frankfurt a. M./Berlin/Wien 1985.

Schmitt, J. C. L.: Die Wiederkehr der Toten. Geistergeschichten im Mittelalter. Stuttgart 1995.

Scholz Williams, G.: Vision of Death. A study of the »Memento Mori« – Expressions in some latin, german & french didactic Texts of 11th & 12th Centuries. Kummerle 1976.

Siggins, L.: Mourning. A critical review of the literature. In: The Intern. J. of Psycho-Anal. 47 (1966). S. 14–25.

Tenenti, A.: Témoignages toscans sur la mort des enfants autour de 1400. In: Enfants et Sociétés. Annales de démographie historique (1973). S. 133–134.

Vadin, B.: L'absence de représentation de l'enfant et / ou du sentiment de l'enfance dans la littérature médiévale. In: Sénéfiance 5. Aix-en-Provence 1977–1978. S. 363–382.

Valici-Bosio, S.: La Mère et l'Enfant dans l'ancienne France. Paris 1988.

Van der Cruysse, D.: La Mort dans les mémoires de Saint-Simon – Clio au jardin de Thanatos. Nizet 1981.

Vovelle, M.: La Mort et l'Occident de 1300 à nos jours. Paris 1983.

–: Mourir autrefois. Attitudes collectives devant la mort aux XVIIe et XVIIIe siècles. Paris 1974.

Wilson, A.: The Infancy of the History of Childhood. An Appraisal of Ph. Ariès. In: History and Theory (1980). S. 132–153.

Trauer, Literatur und Poesie:

Arvignes, G.: Quelques mois pour l'aimer. Paris 1994.

Ambrière, F.: Le Siècle des Valmore. Marceline Desbordes-Valmore et les siens. Paris 1987.

Banks, R.: De beaux lendemains. Maussane les Alpines 1994.

Bequie, J.-M.: Charles. Paris 1993.

Bergounioux: L'Orphelin. Paris 1992.

Blanchot, M.: Das Unzerstörbare. Ein unendliches Gespräch über Sprache, Literatur und Existenz. München/Wien 1991.

Bourgeois, L.: Poètes de l'au-delà. D'Eluard à René Char. Paris 1984.

Cellier, C.: Lettres à Anne. Paris 1995.

Chabot, A.: La Mort et ses poètes. Anthologie. Paris 1993.

Chambaz, B.: Martin cet été. Paris 1994.

Delay, F.: Course d'amour pendant le deuil. Paris 1986.

Ernoult-Delcourt, A.: Apprivoiser l'absence. Paris 1992.

Goncourt, E. de, Goncourt, J. de: Renée Mauperin. Stuttgart 1996.

Jabès, E.: Die Schrift der Wüste. Gedanken, Gespräche, Gedichte. Berlin 1989.

–: Le Seuil, Le sable. Poésies complètes. 1943–1988. Paris 1993.

James, F.: Le Deuil des primevères. 1898–1900. G. Grès 1920.

Jouvenel, M. de: Au diapason du ciel. Paris 1994.

Kelley-Lainé, K.: Peter Pan ou l'Enfant triste. Paris 1992.

Laurens, C.: Philippe. Paris 1995.

Lund, D.: Eric. Der wunderbare Funke Leben. München 1990.

Mathis, P.: Le Corps et l'écrit. Paris 1981.

Maurice, J.: Bruno, mon fils. Paris 1978.

Miquel, A.: L'Inaccompli. Paris 1971.

Motte, M., Mansot, M.: Tu seras toujours avec nous, Calinou. Paris 1993.

Papadiamantis, A.: Les Petites Filles et la mort. Paris 1976.

Pieyre de Mandiargues, A.: Die Trauer der Rosen. Erotische Erzählungen. Reinbek 1989.

Poe, E. A.: Erzählungen. Stuttgart 1991.

Raimbault, E.: Handschriftliche Notizen.

Robert, M.: La Traversée littéraire. Paris 1994.

Sharkey, F.: Geschenk zum Abschied. Eine Ärztin erzählt von ihren Erfahrungen mit krebskranken Kindern. München 1994.

Trier Mørch, D.: Winterkinder. Stuttgart 1981.

Troyat, H.: Ein Toter greift in das Leben. Düsseldorf 1949.

Vegh, C.: Ich habe ihnen nicht auf Wiedersehen gesagt. Gespräche mit Kindern von Deportierten. Köln 1981.

Vercors: Beline, la troisième oreille. Paris 1972.

Wilson, E.: Stendhal as a replacement child. Theme of the dead child in Stendhal's writings. In: Psychoanalytic Writings 1, 8 (1988). S. 108–133.

Zorn, F.: Mars. »Ich bin jung und reich und gebildet, und bin unglücklich, neurotisch und allein ...«. Frankfurt a. M. 1994.

Victor Hugo

Hugo, Adèle: Journal. Bd. 1: 1852. Paris 1968.

–: Le Journal d' Adèle Hugo. Bd. 2: 1853. Paris 1971.

–: Victor Hugo, erzählt von Adèle. Paris 1985.

Hugo, V.: Ausgewählte Gedichte. Berlin 1903.

–: Écrits sur la peine de mort. Maussane les Alpines 1979.

–: Journal. 1830–1848. Paris 1954.

–: Les Contemplations. Paris 1969.

–: Œuvres complètes. Paris 1968.

–: Sämtliche Werke. Bd. 1–17. Frankfurt a. M. 1835–1839. Bd. 18 bis 25. Stuttgart 1842–1843.

Baudoin, C.: Psychanalyse de Victor Hugo. Genf 1943.

Castelnau, J.: Adèle Hugo. L'épouse d'Olympio. Paris 1941.

Decaux, A.: Victor Hugo. Paris 1984.

Gohin, Y.: Victor Hugo. Paris 1987.

Grimaud, M. (Hg.): Série Victor Hugo. Paris 1991.

Geneviève Jurgensen

Jurgensen, G.: An einem Nachmittag im April. München/Zürich 1995.
–: À peine un désordre. Paris 1981.
–: La Chevelure de la nuit. Paris 1983.
–: Dis-moi, grand-mère. Paris 1984.
–: La Disparition. Paris 1994.
[–: Die Schule der Ungeliebten. Als Kindertherapeutin bei Bruno Bettelheim. München/Zürich 1976.]
Laplanche, J. und J.-B. Pontalis: Das Vokabular der Psychoanalyse. Frankfurt a. M. 1994.

Eric Clapton

Schumacher, M.: Crossroads. The Life and Music of Eric Clapton. New York 1995.

Rosamond Lehmann

Codaccioni, M. J.: L'Œuvre de Rosamond Lehmann. Sa contribution au roman féminin, 1927–1952. 2 Bde. Lille 1983.
Lehmann, R.: Aufforderung zum Tanz. Frankfurt a. M. 1990.
–: Der begrabene Tag. Frankfurt a. M. 1994.
–: Dunkle Antwort. Frankfurt a. M. 1986.
–: The Gypsy's Baby and Other stories. London 1982.
–: Der Schwan am Abend. Fragmente eines Lebens. Frankfurt a. M. 1987.
–: A Sea-Grape Tree. London 1982.
–: Unersättliches Herz. Frankfurt a. M./Berlin 1992.
–: Wie Wind in den Straßen. Frankfurt a. M. 1992.
–: Wintermelodie. Frankfurt a. M. 1995.
Rosamond Lehmann's Album. With an Introduction & Postscript by Rosamond Lehmann. London 1985.
Simons, J.: Rosamond Lehmann. Basingstoke 1992.
Tindall, G.: Rosamond Lehmann. An Appreciation. London 1985.

Gustav und Alma Mahler, Friedrich und Luise Rückert, Sigmund Freud

Albreich, H.: Arnold Schönberg et le judaisme. L'Avant-scène Opera, Nr. 167.

Bahr, H.: Mahler Biographie. In: Ders.: Essays. Wien 1962.

Canetti, Elias: Das Augenspiel. Lebensgeschichte 1931–1937. München / Wien 1994.

Chamouard, P.: Gustav Mahler tel qu'en lui-même. Paris 1989.

Dargie, E. M.: Music & Poetry in the Songs of Gustav Mahler. Bern 1981.

Dubois, E.: Le Statut et le rôle de la parole dans l'œuvre de Gustav Mahler. Mémoire maîtrise. Hg. v. Guiomar, M. Paris 1992–1993.

Feder, S.: The music of fratricide (Youth's wondrous horn). In: Psychoanalytic Explorations in Music. Madison 1990.

Filler, S. M.: Gustav and Alma Mahler. A Guide to Research. New York 1989.

Fried, O.: Erinnerungen an Mahler. In: Musikblätter des Anbruch 1–2 (1919–1920). S. 16–18.

Garcia, E.: A new look at Gustav Mahler's fatefull encounter with S. Freud. In: Journal of the conductors' Guild. Bd. 12, 1–2. S. 16–30.

Giroud, F.: Alma Mahler oder Die Kunst, geliebt zu werden. Wien / Darmstadt 1995.

Grun, B., Alban, B. (Übrs.): Gustav Mahler. Letters to his Wife. New York/London 1971.

Kilian, H.: Gustav Mahler in den Erinnerungen von Nathalie Bauer-Lechner. Hamburg 1984.

La Grange, H. L. de: Gustav Mahler. 3 Bde. New York 1973.

–: Ma musique est vécue. La biographie comme outil d'analyse. In: Colloque International Gustav Mahler. Paris 1985. S. 31–39.

La Grange, H. L. de, Weiß, G. (Hg.): Ein Glück ohne Ruh'. Die Briefe Gustav Mahlers an Alma. Berlin 1995.

Lebrecht, N.: Gustav Mahler. Erinnerungen seiner Zeitgenossen. Mainz 1993.

Mahler, A.: Mein Leben. Frankfurt a. M. 1969. 1996.

–: And the Bridge is Love. New York 1958.

–: Gustav Mahler. Erinnerungen. Frankfurt a. M. 1991.

Mahler, G.: Briefe. Wien/Hamburg 1972.

–: Briefe 1879–1911. Hg. v. Mahler, A.. Hildesheim/New York 1978.

Mitchell, D.: Gustav Mahler. Songs & Symphonies of Live & Death. Berkeley/Los Angeles 1985.

–: Gustav Mahler. The Early Years. London/Boston 1980.

–: Mahler & Freud. In: Chord & Discord. Bd. 2, 8 (1958).

Pollock, G.: Mourning through music. Gustav Mahler. In: Psychoanalytic Explorations in Music. Madison 1990.

Reeser, E. (Hg.): Gustav Mahler und Holland. Briefe. Wien 1980.

Reik, T.: The Haunting Melody. New York 1953.

Robin, G.: Mahler's Rückert Settings. Study of the Kindertotenlieder & the 5 Rückert Lieder about Literary Background. In: Monthly Musical Record 84 (1954). S. 92–96.

Rovart, M.-F.: Le Mythe du Juif errant dans l'Europe du XIXe siècle. J. Corti 1988.

Rückert, Friedrich: Gedichte. H. Wollschläger. Nördlingen 1988.

–: Kindertodtenlieder. Königstein/T. 1983.

Schifano, Laurence: Luchino Visconti. Les Feux de la passion. Paris 1987, 1989.

Walter, B.: Briefe 1894–1962. Hg. v. Lindt, L. W. Frankfurt a. M. 1969.

–: Gustav Mahler. Ein Porträt. Wilhelmshaven 1989.

Wiljins, E., Kaiser, E., Kopkins, B. (Hg.): Mahler G. Selected Letters. London/New York 1979.

Sigmund Freud

Freud, S.: Briefe 1873–1939. Frankfurt a. M. 1980.

–: La dénégation. In: Le Coq Héron 8 (1982).

–: Drei Abhandlungen zur Sexualtheorie. Frankfurt a. M. 1991.

–: Fetischismus. In: Das Ich und das Es. Metapsychologische Schriften. Frankfurt a. M. 1992.

–: Hemmung, Symptom und Angst. Frankfurt a. M. 1992.

–: Die Ichspaltung im Abwehrvorgang. In: Das Ich und das Es. Metapsychologische Schriften. Frankfurt a. M. 1992.

–: L'Inquiétante Étrangeté et autres essais. Paris 1985.

–: Jenseits des Lustprinzips. In: Das Ich und das Es. Metapsychologische Schriften. Frankfurt a. M. 1992.

–: Selbstdarstellung. Frankfurt a. M. 1993.

–: Sexualleben. In: Sigmund Freud. Studienausgabe. 10 Bde. Bd. 5: Sexualleben. Frankfurt a. M. 1989.

–: Totem und Tabu. Einige Übereinstimmungen im Seelenleben der Wilden und der Neurotiker. Frankfurt a. M. 1991.

–: Trauer und Melancholie. In: Das Ich und das Es. Metapsychologische Schriften. Frankfurt a. M. 1992.

–: Die Traumdeutung. Frankfurt a. M. 1991.

–: Triebe und Triebschicksale. In: Das Ich und das Es. Metapsychologische Schriften. Frankfurt a. M. 1992.

–: Vergänglichkeit. In: Sigmund Freud. Studienausgabe. 10 Bde. Bd. 10: Bildende Kunst und Literatur. Frankfurt a. M. 1989.

–: Die Verneinung. In: Das Ich und das Es. Metapsychologische Schriften. Frankfurt a. M. 1992.

–: Der Wahn und die Träume in W. Jensens 'Gradiva'. In: Sigmund Freud. Studienausgabe. 10 Bde. Bd. 10: Bildende Kunst und Literatur. Frankfurt a. M. 1989.

–: Zeitgemäßes über Krieg und Tod. In: Das Unbehagen in der Kultur. Und andere Kulturtheoretische Schriften. Frankfurt a. M. 1994.

–: Zur Einführung des Narzißmus. In: Das Ich und das Es. Metapsychologische Schriften. Frankfurt a. M. 1992.

Ders., Abraham, K.: Briefe 1907–1926. Frankfurt a. M.

Ders., Binswanger, L.: Briefwechsel 1908–1938. Frankfurt a. M. 1992.

Zu Freud:

Balmary, M.: Le Sacrifice interdit. Freud et la Bible. Paris 1986.

Bettelheim, B.: Freud und die Seele des Menschen. Düsseldorf 1984.

Jones, E.: Das Leben und Werk von Sigmund Freud. 3 Bde. Bern 1982.

Roudinesco, É.: Wien – Paris. Die Geschichte der Psychoanalyse in Frankreich. Bd. 1. Weinheim 1994.

–: Histoire de la psychanalyse en France. 2 Bde. Bd. 1: 1885–1939. Bd. 2: 1925–1985. Paris 1994.

–: Généalogies. Paris 1994.

Schur, M.: Sigmund Freud. Leben und Sterben. Frankfurt a. M. 1982.

Isadora Duncan

Blair, F.: Isadora. Portrait of the Artist as a woman. New York 1986.

Dillon, M.: After Egypt – Isadora Duncan and Mary Cassati. A Dual Biography. London 1990.

Duncan, D., Pratl, C., Splatt, C. (Hg.): Life into Art. Isadora Duncan and her World. New York/London 1993.

Duncan, I.: Memoiren. Zürich/Leipzig/Wien 1928.

Hausser, E.: Paris au jour le jour. 1900–1919. Paris 1968.

Lever, M.: Primavera. Tanz und Leben der Isadora Duncan. München/Hamburg 1988.

Negulesco, J.-P.: Things I Did and Things I Think I Did. New York 1984.

Yuko Tsushima

Dazai, Osamu: Das Geheime und andere Erzählungen. München 1992.

Le Journal de Sarashina. Cergy 1978.

Littérature japonaise contemporaine. Hg. v. Vos, P. de. Arles 1989.

Oe Kenzaburô: Dites-nous comment survivre à notre folie. Paris 1982.

–: Le Jeu du siècle. Paris 1985.

–: Eine persönliche Erfahrung. Frankfurt a. M. 1995.

–: Stille Tage. Frankfurt a. M./Leipzig 1994.

–: Stolz der Toten. Frankfurt a. M. 1994.

–: Der Tag, an dem Er selbst mir die Tränen abwischt. Frankfurt a. M. 1995.

–: Und plötzlich stumm. Berlin 1994.

[–: Verwandte des Lebens. Frankfurt a. M. 1996.]

Tsushima, Y.: Au bord du fleuve de feu. Paris 1987.

–: L'Enfant de fortune. Paris 1985.

–: La Femme qui court dans la montagne. Paris 1994.

–: Lichtkreise. Zürich/München 1991.

–: Les Marchands silencieux. Paris 1988.

–: Poursuivie par la lumière de la nuit. Paris 1990.

Wohlgehütete Pfirsiche oder über die Traurigkeit. Japanische Erzählungen der letzten Jahre. Hg. v. Miyazaki, N. Tübingen 1992.

Stéphane Mallarmé

Mallarmé, S.: Correspondance. 11 Bde. Paris 1959–1985.

–: Correspondance II – 1871–1885. Paris 1965.

–: Correspondance complète. 1862–1871. Suivi de Lettres sur la Poésie. 1872–1898. Paris 1995.

–: Les »Gossips« de Mallarmé. Atnanéum 1875–1876. Paris 1962.

–: Œuvres complètes. Paris 1945.
–: Pour un tombeau d'Anatole. Paris 1961.
–: Sämtliche Dichtungen. München 1995.

Zu Mallarmé:

Assad Maria, L.: La Fiction et la mort dans l'œuvre de Stéphane Mallarmé. New York/Bern/Paris 1987.
Benichou, P.: Selon Mallarmé. Paris 1995.
Cellier, L.: Mallarmé et la morte qui parle. Paris 1959.
Cohn, R. G.: Mallarmé's Divagations. A guide and commentary. New York/Bern/Frankfurt a. M./Paris 1990.
Colloque Mallarmé en l'honneur de Austin Gill. Glasgow (November 1973). Text: Barbier, C. P. Nizet 1975.
Documents Stéphane Mallarmé. 7 Bde. Nizet 1968–1980.
Mauron, Ch.: Introduction à la psychanalyse de Mallarmé. La Baconnière 1978.
–: Mallarmé l'obscur. Paris 1986.
–: Des métaphores obsédantes au mythe personnel. Introduction à la psychocritique. Bologna 1963.
Millan, G.: Mallarmé. A Throw of the Dice. The Life of S. Mallarmé. London 1994.
Mondor, H.: Vie de Mallarmé. Paris 1941.
Mondor, H., Austin, M. J.: Autres Précisions sur Mallarmé et inédits. Paris 1961.
Richard, J.-P.: L'Univers imaginaire de Mallarmé. Paris 1961.
Sartre, J.-P.: Mallarmé, la lucidité et sa face d'ombre. Paris 1986.
Vial, A.: Mallarmé. Tétralogie pour un enfant mort. J. Corti 1976.
Walzer, P.-O.: Mallarmé Stéphane, Seghers. Paris 1963.